绿色营销

包月姣 著

LÜSE
YINGXIAO

郑州大学出版社

图书在版编目(CIP)数据

绿色营销/包月姣著. —郑州:郑州大学出版社,
2018.5(2022.8 重印)

ISBN 978-7-5645-5364-7

Ⅰ.①绿…　Ⅱ.①包…　Ⅲ.①企业管理-营销管理-研究　Ⅳ.①F274

中国版本图书馆 CIP 数据核字(2018)第 041268 号

郑州大学出版社出版发行	
郑州市大学路 40 号	邮政编码:450052
出版人:孙保营	发行部电话:0371-66966070
全国新华书店经销	
河南承创印务有限公司印制	
开本:787 mm×1 092 mm　1/16	
印张:11	
字数:247 千字	
版次:2018 年 5 月第 1 版	印次:2022 年 8 月第 3 次印刷

书号:ISBN 978-7-5645-5364-7	定价:38.00 元

本书如有印装质量问题,由本社负责调换

内容提要

绿色营销是20世纪90年代以后建立起来的一门新兴的边缘性学科,国内外学者的研究存在较大的差异。

本书理论联系实际,将内容分为十章,具体为:绿色营销概论,绿色消费市场分析,绿色营销的理论基础,绿色教育,绿色营销战略,绿色产品策略,绿色产品价格策略,绿色产品分销渠道策略,绿色产品促销策略,绿色营销评价体系。

本书广泛参考国内外学者的研究成果,结合当前社会绿色产品营销发展现状,大量运用实际案例,既具有较强的理论研究基础,又紧扣社会企业现实:一方面弥补国内对绿色营销理论研究的不足,促进绿色营销的研究与发展;另一方面对于从事高校市场营销专业研究的师生及社会从事营销活动,尤其是绿色营销战略的企业人员具有一定的参考价值。

作者简介

包月姣,湖南环境生物职业技术学院教师,讲师,湖南慈利县人,1975年生,42岁,在读硕士,主要研究方向市场营销,主持2015年湘职成学会"湖南省高职经管类专业生产性实训基地运行机制研究",在《福建茶叶》(北大核刊)上发表论文《论我国中小茶饮料企业营销策略》(2016.09),《农业科技与经济》发表论文《互联网时代农林类产品营销渠道研究》(2016年08期),《农业科技与信息》上发表论文《湖南农林类产品营销创新路径与策略分析》(2016年09期),《中国集体经济》上发表《大数据环境下湖南农产品精准营销模式研究》(2016年第22期),《现代营销》上发表《电子商务时代背景下高校网络营销教学改革探索》(2016.04期)等教研教改论文20多篇。

目 录

第一章 绿色营销概论 …………………………………………………… 1
- 第一节 绿色营销的定义 ……………………………………………… 2
- 第二节 绿色营销观念 ………………………………………………… 3
- 第三节 绿色营销的学科性质与内容 ………………………………… 15

第二章 绿色消费市场分析 ……………………………………………… 18
- 第一节 绿色消费的含义 ……………………………………………… 23
- 第二节 绿色消费模式 ………………………………………………… 29
- 第三节 绿色消费者行为分析 ………………………………………… 31

第三章 绿色营销的理论基础 …………………………………………… 41
- 第一节 可持续发展理论 ……………………………………………… 41
- 第二节 循环经济 ……………………………………………………… 53
- 第三节 生态经济理论 ………………………………………………… 63

第四章 绿色教育 ………………………………………………………… 65
- 第一节 绿色教育概论 ………………………………………………… 67
- 第二节 绿色教育的分类和内容 ……………………………………… 70

第五章 绿色营销战略 …………………………………………………… 75
- 第一节 绿色营销战略概述 …………………………………………… 76
- 第二节 绿色营销战略的内容及影响因素 …………………………… 79
- 第三节 绿色企业文化 ………………………………………………… 83

第六章　绿色产品策略 …… 88
第一节　绿色产品 …… 94
第二节　绿色产品包装 …… 97
第三节　绿色食品 …… 108

第七章　绿色产品价格策略 …… 115
第一节　绿色产品价格 …… 115
第二节　影响绿色产品价格的主要因素 …… 121
第三节　绿色产品定价方法 …… 128
第四节　企业绿色营销中常见定价策略 …… 133

第八章　绿色产品分销渠道策略 …… 137
第一节　绿色产品分销渠道概论 …… 137
第二节　绿色产品分销渠道的选择策略 …… 140
第三节　绿色产品分销渠道的管理 …… 142
第四节　企业建立绿色产品分销渠道应该注意的问题 …… 146

第九章　绿色产品促销策略 …… 152
第一节　绿色产品促销 …… 153
第二节　绿色产品的广告策略 …… 154
第三节　绿色产品的公共宣传策略 …… 157
第四节　绿色产品的促销组合策略 …… 159

第十章　绿色营销评价体系 …… 161
第一节　ISO14000 环保认证标准 …… 162
第二节　绿色产品的评价指标 …… 164

参考资料 …… 167

第一章 绿色营销概论

日益增大的生态压力使人类不得不转变传统的生产生活方式,企业作为社会系统的重要组成部分,其生存与发展直接关系到生态环境的发展变化。保护生态环境,促进企业经济发展与生态环境的协调发展,既是企业生存的需要,也是企业的责任。20世纪90年代兴起的绿色营销理念以寻求经济发展与环境保护的平衡为出发点,将社会发展与企业发展融为一体,使企业的发展趋于理性,回归自然。

党的十八大以来,习近平总书记对生态文明建设做出了一系列重要论述。我们既要绿水青山,也要金山银山。宁要绿水青山,不要金山银山,而且绿水青山就是金山银山。中国未来的经济绝不走先发展后治理的老路。

【导入案例】

绿色营销走进企业

早在1994年3月,美国商务部门就把环保产业列为重点出口企业之一,并规定环保产业享受出口免税;日本政府提出了以"21世纪新地球"为主题的绿色管理计划。

进入20世纪90年代以后,世界上许多公司正在纷纷实践"绿色营销"的战略思想。例如,日本一家超级市场要求顾客自备购物袋,以便减少使用塑料袋。超级市场发给每位顾客登记卡,自备购物袋的顾客,商店每次在登记卡上盖章,积累到一定数量后,商店免费赠送一定价值的商品。英国恩斯伯里超级市场集团不仅声称自己是"最绿杂货店",而且推出了一系列"护绿"家庭用取代化学清洁剂的植物制成品,从而使其营业额大幅度上升,取得了竞争优势。在日本、美国,被人们称为"生态服装"的图案、色彩、文字极富特色与寓意:用珍稀动植物作图案,以花草树木为色调,甚至用简洁明了的文字写在服装上,如"我爱大自然""保护臭氧层"等直接来表达消费者的心声。

同时,各种"绿色广告"应运而生,不少著名的跨国公司和大企业纷纷利用"绿色商品"大做"绿色广告",不少新兴的中小企业也不断强化自己的"绿色企业"形象,以谋求飞跃发展。美国生产尿布的企业,从环保角度出发,进行广告促销,强调布尿片埋在土里至少要经过500年才能分解,而纸尿片在土里很快分解,于是纸尿片在公众心中树起了"绿色形象",短短三年,销售量猛增1.8倍。

2006年7月5日,格兰仕在北京推出"绿色回收废旧家电——光波升级以旧换新"活动,消费者手中任何品牌的废旧家电,均可折换30~100元,用于购买格兰仕部分型号微波炉和小家电的优惠,同时格兰仕联合专业环保公司对回收的废旧小家电进行环保处理,为绿色奥运做出自己的贡献。活动推出后,北京市场连续3日单日销售突破1000台,高端光波炉的销售同比增长69.6%。北京电视台、《北京晚报》《北京青年报》《中国青年报》《京华时报》《北京娱乐信报》《中国经营报》等都对活动进行了追踪报道。随后活动向山东、福建、辽宁、云南、吉林、重庆等省市10多个城市蔓延。格兰仕"绿色回收废旧家电"的活动成为2006年淡季小家电市场一道亮丽的风景。

(资料来源 百度资料:http://www.xuexila.com/success/chenggonganli/525378.html)

第一节 绿色营销的定义

一、绿色营销

绿色营销是指企业在生产经营过程中,将企业自身利益、消费者利益和环境保护利益三者统一起来,以此为中心,对产品和服务进行构思、设计、制造和销售。绿色营销是指企业以环境保护为经营指导思想,以绿色文化为价值观念,以消费者的绿色消费为中心和出发点的营销观念、营销方式和营销策略。它要求企业在经营中贯彻自身利益、消费者利益和环境利益相结合的原则。

英国威尔斯大学肯·毕提(Ken Beatty)教授在其所著的《绿色营销——化危机为商机的经营趋势》一书中指出:"绿色营销是一种能辨识、预期及符合消费的社会需求,并且可带来利润及永续经营的管理过程。"绿色营销观念认为,企业在营销活动中,要顺应时代可持续发展战略的要求,注重地球生态环境保护,促进经济与生态环境协调发展,以实现企业利益、消费者利益、社会利益及生态环境利益的协调统一。从这些界定中可知,绿色营销是以满足社会和企业的共同利益为目的的社会绿色需求管理,以保护生态环境为宗旨的绿色市场营销模式。

目前,发达国家对于绿色的需求非常广泛,而发展中国家由于资金、消费导向和消费质量等原因,还无法真正实现对所有消费需求的绿化。以我国为例,目前只能对部分食品、家电产品、通信产品等进行部分绿化;而发达国家已经通过各种途径和手段包括立法等来推行和实现全部产品的绿色消费,从而培养了极为广泛的市场需求基础,为绿色营销活动的开展打下了坚实的根基。以绿色食品为例,英国、德国绿色食品的需求完全不能自给,英国每年要进口该食品消费总量的80%,德国则高达98%。这表明,绿色的市场潜力非常巨大,市场需求非常广泛。

绿色营销只是适应21世纪的消费需求而产生的一种新型营销理念,也就是说,绿色营销还不可能脱离原有的营销理论基础。因此,绿色营销模式的制定和方案的选择及相关资源的整合还无法也不能脱离原有的营销理论基础,可以说绿色营销是在人们追求健康(healthly)、安全(security)、环保(environmental protection)的意识形态下所发展起来的新的营销方式和方法。

经济发达国家的绿色营销发展过程已经基本上形成了绿色需求—绿色研发—绿色生产—绿色产品—绿色价格—绿色市场开发—绿色消费为主线的消费链条。

第二节 绿色营销观念

企业的市场营销活动,是在特定指导思想或经营观念指导下进行的。所谓市场营销观念,是指企业在开展市场营销管理过程中,处理企业、消费者、社会和自然四者之间的关系所持的态度。

市场营销观念是随着营销环境的变化而转变的。从市场营销发展史考察,市场营销观念经历了前营销观念、市场营销观念和新市场营销观念三个大的阶段。这三个阶段营销观念的转变都是在相应社会、经济、自然条件下发生的。因此,研究市场营销观念及其形成条件,有助于用正确的营销观念来指导营销实践。

一、市场营销观念及其演变

(一)前营销观念

20世纪50年代,西方社会经济条件发生了深刻变化,由卖方市场转变为买方市场。以此为分水岭,市场营销观念发生了第一次大的转变,由以企业为导向的前营销观念转变为以消费者需求为导向的市场营销观念。

【知识链接】

买方市场与卖方市场

买方市场是指供大于求、商品价格有下降趋势的市场形势。这时,买方在交易上处于有利地位,有任意挑选商品的主动权。卖方市场是指供不应求、商品价格有上涨趋势的市场形势。这时,买方很少有挑选商品的余地,而卖方则在交易上处于有利地位。

买方市场与卖方市场这一对概念,来源于西方资产阶级经济学,是指资本主义市场供求不平衡的两种状况和价格的涨落趋势。在资本主义条件下,买方市场和卖方市场是在价值规律的自发调节下,伴随着资本主义经济危机而交替出现的商品供求关系。萧条阶段和危机阶段一般表现为买方市场,复苏阶段和繁荣阶段一般表现为卖方市场。它们的出现,对生产和消费即对社会再生产都会产生不良影响。但是,买方市场和卖方市场并不是资本主义的特有现象,而是商品经济所共有的现象。只要有商品生产和商品交换,价值规律就要发生作用。比如,当社会总劳动过多地分配在某种商品的生产上时,这种商品出现供大于求,那么这种商品就只能按低于其价值的价格出售,甚至有一部分卖不出去;反之,则能按高于其价值的价格出售。价值规律的这种作用并不随着社会制度的改变而改变,所不同的是形成买方市场和卖方市场的社会原因和性质有本质的区别。

(资料来源:baike.baidu.com/)

前营销观念以企业为中心,没有把消费者需求纳入企业的营销决策和管理之中,企业生产什么,消费者就购买和消费什么,"以产定销"的卖方主导思想是前营销观念的显著特征。在近半个世纪里,经历了生产观念、产品观念和推销观念三个阶段。

1. 生产观念

它盛行于19世纪末20世纪初。该观念认为,消费者喜欢那些可以随处买到和价格低廉的商品,企业应当组织和利用所有资源,集中一切力量提高生产效率和扩大分销范围,增加产量,降低成本。显然,生产观念是一种重生产、轻营销的指导思想,其典型表现就是"我们生产什么,就卖什么"。以生产观念指导营销活动的企业,称为生产导向企业。

20世纪初,美国福特汽车公司制造的汽车供不应求,亨利·福特曾傲慢地宣称:"不管顾客需要什么颜色的汽车,我只有一种黑色的。"福特公司1914年开始生产的T型车,就是在"生产导向"经营哲学的指导下创造出的奇迹——使T型车生产效率趋于完善,降低成本,使更多人买得起。到1921年,福特T型车在美国汽车市场上的占有率达到56%。

中国香港HNH国际公司营销它的耐克斯(Naxos)标签,为我们提供了一个当代生产观念的例子。耐克斯标签是在当地市场用低成本销售经典音乐磁带的供应品,但它迅速走向了世界。耐克斯的价格比它的竞争者(宝丽金和EMI)便宜1/3,因为它的管理费只有3%(大音乐制作公司为20%)。耐克斯相信,若它比其他公司的价格低40%的话就有利润。它希望用低价与削价政策来扩大市场。

2. 产品观念

它是与生产观念并存的一种市场营销观念,都是重生产轻营销。产品观念认为,消费者喜欢高质量、多功能和具有某些特色的产品。因此,企业管理的中心是致力于生产优质产品,并不断精益求精,日益完善。在这种观念的指导下,公司经理人常常迷恋自己的产品,以至于没有意识到产品可能并不迎合时尚,甚至市场正朝着不同的方向发展。

他们在设计产品时只依赖工程技术人员而极少让消费者介入。下一代电脑（Next generation computer），在1993年投资花费了2亿美元，出厂1万台后便停产了。它的特征是高保真音响和带CD-ROM，甚至包含桌面系统。然而，谁是感兴趣的顾客，定位却是不清楚。因此，产品观念把市场看作是生产过程的终点，而不是生产过程的起点；忽视了市场需求的多样性和动态性，过分重视产品而忽视顾客需求。当某些产品出现供过于求或不适销对路而产生积压时，却不知产品为什么销不出去。最终导致"市场营销近视症"。杜邦公司在1972年发明了一种具有钢的硬度，而重量只是钢的1/5的新型纤维。杜邦公司的经理们设想了大量的用途和一个10亿美元的大市场。然而这一刻的到来比杜邦公司所预料的要长得多。

产品观念容易导致"营销近视症"，缺乏远见，只看到自己的产品质量好，致力于大量生产或精工制造而忽视市场需求的差异性和变化趋势，最终结果是其产品被市场冷落，产生供需矛盾，使经营者陷入困境。

3. 推销观念

它产生于资本主义经济由卖方市场向买方市场的过渡阶段。盛行于20世纪30—40年代。推销观念认为，消费者通常有一种购买惰性或抗衡心理，若听其自然，消费者就不会自觉地购买大量本企业的产品，因此企业管理的中心任务是积极推销和大力促销，以诱导消费者购买产品。其具体表现是："我卖什么，就设法让人们买什么。"执行推销观念的企业，称为推销导向企业。在推销观念的指导下，企业相信产品是"卖出去的"，而不是"被买去的"。它们致力于产品的推广和广告活动，以求说服甚至强制消费者购买。它们收罗了大批推销专家，做大量广告，对消费者进行无孔不入的促销信息"轰炸"。如美国皮尔斯堡面粉公司的口号由原来的"本公司旨在制造面粉"改为"本公司旨在推销面粉"，并第一次在公司内部成立了市场调研部门，派出大量推销人员从事推销活动。但是，推销观念与前两种观念一样，也是建立在以企业为中心的"以产定销"，而不是满足消费者真正需要的基础上。因此，前三种观念被称之为市场营销的旧观念或前营销观念。

（二）市场营销观念（marketing concept）

由于在20世纪50年代中期，市场形势急剧变化，形成完全由买方主导的买方市场。在这种条件下，传统的企业经营哲学发生由内而外的变化，企业改变营销思维模式，不再仅从企业的角度去思考消费者，而是从消费者的需求去思考企业的经营。因此，市场营销观念作为前营销观念的挑战应运而生。

市场营销观念是以消费者需要和欲望为导向的经营哲学，是消费者主权论的体现，形成于20世纪50年代。该观念认为，实现企业诸目标的关键在于正确确定目标市场的需要和欲望，一切以消费者为中心，并且比竞争对手更有效、更有力地传送目标市场所期望满足的东西。

市场营销观念的产生，是市场营销哲学的一种质的飞跃和革命，它不仅改变了传统的旧观念的逻辑思维方式，而且在经营策略和方法上也有很大突破。它要求企业营销管理贯彻"顾客至上"的原则，从而实现企业目标。因此，企业在决定其生产经营时，必须进行市场调研,根据市场需求及企业本身条件选择目标市场,组织生产经营,最大限度地提高顾客满意程度。

树立市场营销观念的企业称为市场导向企业。其具体表现是:"尽我们最大的努力,使顾客的每一美元都能买到十足的价值和满意。"当时,美国贝尔公司的高级情报部所做的一个广告,称得上是以满足顾客需求为中心任务的最好的一个典范:"现在,今天,我们的中心目标必须针对顾客。我们将倾听他们的声音,了解他们所关心的事,我们重视他们的需要,并永远先于我们自己的需要,我们将赢得他们的尊重。我们与他们的长期合作关系,将建立在互相尊重、信赖和我们努力行动的基础上。顾客是我们的命根子,是我们存在的全部理由。我们必须永远铭记,谁是我们的服务对象,随时了解顾客需要什么、何时需要、何地需要、如何需要,这将是我们每一个人的责任。现在,让我们继续这样干下去吧,我们将遵守自己的诺言。"

从此,消费者至上的思潮为西方资本主义国家普遍接受,保护消费者权益的法律纷纷出台,消费者保护组织在社会上日益强大。根据"消费者主权论",市场营销观念相信,决定生产什么产品的主权不在生产者,也不在于政府,而在消费者。

(三)新市场营销观念

现代市场营销观念的核心是以消费者为中心,认为市场需求引起供给,每个企业必须依照消费者的需要与愿望组织商品的生产与销售。几十年来,这种观念已被公认,在实际的营销活动中也备受企业家的青睐。然而,随着消费需求的多元性、多变性和求异性特征的出现,需求表现出了模糊不定的"无主流化"趋势,许多企业对市场需求及走向常感捕捉不准,适应需求难度加大。另外,完全强调按消费者购买欲望与需要组织生产,在一定程度上会压抑产品创新,而创新正是经营成功的关键所在。为此,在当代激烈的商战中,一些企业总结现代市场营销实践经验,提出了创造需求的新观念。

1. 社会营销观念

它是以社会长远利益为中心的市场营销观念,是对市场营销观念的补充和修正。

从20世纪70年代起,随着全球环境破坏、资源短缺、人口爆炸、通货膨胀和忽视社会服务等问题日益严重,要求企业顾及消费者整体利益与长远利益的呼声越来越高。在西方市场营销学界提出了一系列新的理论及观念,如人类观念、理智消费观念、生态准则观念等。其共同点都是认为,企业生产经营不仅要考虑消费者需要,而且要考虑消费者和整个社会的长远利益。这类观念统称为社会营销观念。

社会营销观念的基本核心是:以实现消费者满意以及消费者和社会公众的长期福利作为企业的根本目的与责任。理想的营销决策应同时考虑到消费者的需求与愿望的满足、消费者和社会的长远利益、企业的营销效益。

2. 绿色营销观念

绿色营销观念是在当今社会环境破坏、污染加剧、生态失衡、自然灾害威胁人类生存和发展的背景下提出来的新观念。20世纪80年代以来,伴随着各国消费者环保意识的日益增强,世界范围内掀起了一股绿色浪潮,绿色工程、绿色工厂、绿色商店、绿色商品、绿色消费等新概念应运而生,不少专家认为,我们正走向绿色时代,21世纪是绿色世纪。在这股浪潮冲击下,绿色营销观念也就自然而然地相应产生。

绿色营销观念主要强调把消费者需求与企业利益和环保利益三者有机地统一起来,它最突出的特点,就是充分顾及资源利用与环境保护问题,要求企业从产品设计、生产、销售到使用整个营销过程都要考虑到资源的节约利用和环保利益,做到安全、卫生、无公害等,其目标是实现人类的共同愿望和需要——资源的永续利用与保护和改善生态环境。为此,开展绿色的生产与销售,发展绿色产业是绿色营销的基础,也是企业在绿色营销观念下从事营销活动成功的关键。

20世纪90年代,资本主义经济经过几十年的高速增长,逐渐暴露出新的问题:资源出现短缺,生态环境恶化,严重影响到了人类的生存和发展。人类须寻求新的发展出路,提出可持续发展思路,寻求"生态与经济协调","人与自然和谐"。企业是经济的细胞,企业的经营活动与整个经济布局与自然密不可分。绿色营销观念就在这种背景下产生。

3. 关系市场营销观念

关系市场营销观念是较之交易市场营销观念而形成的,是市场竞争激化的结果。传统的交易市场营销观念的实质是卖方提供一种商品或服务以向买方换取货币,实现商品价值,是买卖双方价值的交换,双方是一种纯粹的交易关系,交易结束后不再保持其他关系和往来。在这种交易关系中,企业认为卖出商品赚到钱就是胜利,顾客是否满意并不重要。而事实上,顾客的满意度直接影响到重复购买率,关系到企业的长远利益。由此,从20世纪80年代起美国理论界开始重视关系市场营销,即为了建立、发展、保持长期的、成功的交易关系进行的所有市场营销活动。它的着眼点是与和企业发生关系的供货方、购买方、侧面组织等建立良好稳定的伙伴关系,最终建立起一个由这些牢固、可靠的业务关系所组成的"市场营销网",以追求各方面关系利益最大化。这种从追求每笔交易利润最大化转化为追求同各方面关系利益最大化是关系市场营销的特征,也是当今市场营销发展的新趋势。

关系市场营销观念的基础和关键是"承诺"与"信任"。承诺是指交易一方认为与对方的相处关系非常重要而保证全力以赴去保持这种关系,它是保持某种有价值关系的一种愿望和保证。信任是当一方对其交易伙伴的可靠性和一致性有信心时产生的,它是一种依靠其交易伙伴的愿望。承诺和信任的存在可以鼓励营销企业与伙伴致力于关系投资,抵制一些短期利益的诱惑,而选择保持发展与伙伴的关系去获得预期的长远利益。因此,达成"承诺—信任",然后着手发展双方关系是关系市场营销的核心。

4. 文化营销观念

文化营销观念是指企业成员共同默认并在行动上付诸实施,从而使企业营销活动形成文化氛围的一种营销观念,它反映的是现代企业营销活动中,经济与文化的不可分割性。企业的营销活动不可避免地包含着文化因素,企业应善于运用文化因素来实现市场制胜。

在企业的整个营销活动过程中,文化渗透于其始终。一是商品中蕴含着文化,商品不仅仅是有某种使用价值的物品，同时，它还凝聚着审美价值、知识价值、社会价值等文化价值的内容。"孔府家酒"之所以能誉满海外，备受海外华人游子的青睐，不仅在于它的酒味香醇，更在于它满足了海外华人思乡恋祖的文化需要。日本学者本村尚三郎曾说过，"企业不能像过去那样，光是生产东西，而要出售生活的智慧和欢乐"，"现在是通过商品去出售智慧、欢乐和乡土生活方式的时代了"。二是经营中凝聚着文化。日本企业经营的成功得益于其企业内部全体职工共同信奉和遵从的价值观、思维方式和行为准则，即所谓的企业文化。营销活动中尊重人的价值、重视文化建设、重视管理哲学及求新、求变精神，已成为当今企业经营发展的趋势。美国IBM公司"尊重个人，顾客至上，追求卓越"三位一体的价值观体系，日本松下公司"造物之前先造人"的理念，瑞士劳力士手表"仁心待人，严格待事"的座右铭，等等，充分说明了企业文化的因素是把企业各类人员凝集在一起的精神支柱，是企业在市场竞争中赢得优势的源泉和保证。

5. 整体营销观念

1992年美国市场营销学界的权威菲利普·科特勒提出了跨世纪的营销新观念———整体营销，其核心是从长远利益出发，公司的营销活动应囊括构成其内、外部环境的所有重要行为者，它们是：供应商、分销商、最终顾客、职员、财务公司、政府、同盟者、竞争者、传媒和一般大众。前四者构成微观环境，后六者体现宏观环境。公司的营销活动，就是要从这十个方面进行。

在众多新市场营销观念中，绿色营销观念要求企业顺应社会可持续发展的要求，注重地球生态环境保护，促进经济与生态协调发展，以实现企业利益、消费者利益、社会利益及生态环境利益的统一，与传统的营销观念相比，绿色营销观念不仅注重消费者的需求，更注重的是社会利益，而且把社会利益的关注点明确定位于节能与环保，立足于可持续发展，放眼于社会经济的长远利益与全球利益，更加符合现代社会经济发展与自然发展的平衡。

绿色营销观念认为企业生产经营研究的首要问题不是在传统营销因素条件下，通过协调三方面关系使自身取得利益，而是将对市场消费者需求的研究着眼于绿色需求的研究上，并且认为这种绿色需求不仅要考虑现实需求，更要放眼于潜在需求。这种观念认为企业与同行竞争的焦点，不在于传统营销要素的较量，争夺传统目标市场的份额，而在于最佳保护生态环境的营销措施，并且认为这些措施的不断建立和完善，是企业实现长远经营目标的需要，它能形成和创造新的目标市场，是竞争制胜的法宝。

绿色营销观念认为企业营销决策的制定必须首先建立在有利于节约能源、资源和保护自然环境的基点上，这种营销决策思路的变化促使企业市场营销的立足点发生新的转移。这对于目前全球性的生态危机的治理与改变，促进人类经济发展与自然发展的平衡起着不容忽视的作用。

二、绿色营销观念

绿色营销观念要求企业顺应可持续发展的要求，注重生态环境的保护，促进经济与

生态协调发展,以实现企业利益、消费者利益、社会利益及生态环境利益的统一,其主要体现在以下几种观念:

(一)绿色营销的需求观

绿色营销需求观认为,市场营销活动要注重和强调需求的全面性。为实现人类生活质量的全面提高,企业经营活动必须关注消费者需求的全面性,这包括对健康、安全、无害的产品需求,对美好生存环境的需求,对安全、无害的生产和消费方式的需求,对和谐的人与人关系的需求。

绿色营销观念还认为,企业在从事营销活动时不仅要发现需求,满足需求,而且要引导需求。企业不应该单纯把消费者看成实现利润的手段和工具,把自然看成征服的对象,消极地去发现需求,满足需求,从而实现利润,而应积极主动地引导消费者进行合理消费,树立新的伦理观、价值观,避免不合理需求引发的生产和消费方式引起自然的浪费和耗损、生态环境的恶化,以及人的异化,造成人与自然的对立,人与人的不和谐。

(二)绿色营销的资源观

资源是指一国或一定地区内拥有的物力、财力、人力等各种物质要素的总称。分为自然资源和社会资源两大类。前者如阳光、空气、水、土地、森林、草原、动物、矿藏等;后者包括人力资源、信息资源以及经过劳动创造的各种物质财富等。

马克思在《资本论》中说:"劳动和土地,是财富两个原始的形成要素。"恩格斯的定义是:"其实,劳动和自然界在一起它才是一切财富的源泉,自然界为劳动提供材料,劳动把材料转变为财富。"[①]马克思、恩格斯的定义,既指出了自然资源的客观存在,又把人(包括劳动力和技术)的因素视为财富的另一不可或缺的来源。可见,资源的来源及组成,不仅是自然资源,而且还包括人类劳动的社会、经济、技术等因素,还包括人力、人才、智力(信息、知识)等资源。据此,所谓资源指的是一切可被人类开发和利用的物质、能量和信息的总称,它广泛地存在于自然界和人类社会中,是一种自然存在物或能够给人类带来财富的财富。或者说,资源就是指自然界和人类社会中一种可以用以创造物质财富和精神财富的具有一定量的积累的客观存在形态,如土地资源、矿产资源、森林资源、海洋资源、石油资源、人力资源、信息资源等。

资源动态平衡观是可持续发展的理论基础。在人与自然大系统中,人的发展变化要依靠开发利用自然资源,而自然资源系统由于自身动因和人的作用也在发展变化,在发展过程中人与自然要达到动态平衡,同时也需要地区间的资源互补和动态交流,防止资源组合错位的差距。

随着世界各国的经济发展和人口剧增,自然资源的供应能力与人类对它的需求之间的矛盾也日益尖锐起来。在这种情况下,充分合理地利用和开发自然资源,便成为社会经济发展的一项紧迫任务。因此,企业在进行营销活动时要树立绿色营销的资源观。具

---

① 《马克思恩格斯选集》第四卷,第373页,1995年6月第2版。

体包括以下内容：

（1）协调经济需求和自然资源的供给关系，科学开发、合理利用和节约资源，高效率地利用资源。

（2）知识经济是一种可持续发展的经济。进行技术创新，开发新的资源，创造不可再生资源的替代资源。

知识经济是以知识产业为基础产业的经济，其经济发展主要取决于智力资源的占有和配置。随着科学技术的高速发展，科学成果转化为产品的速度大大加快，形成知识形态生产力的物化，人类认识资源的能力、开发富有资源替代短缺资源的能力大大增强。因此，自然资源的作用退居次要地位，科学技术成为经济发展的决定因素。

现代社会人们对自然资源保证的估计，必须考虑高技术因素的影响。以智力资源为主要依托的知识经济是世界经济发展的必然趋势，是不以人们的主观意识为转移的。以信息技术、生物技术、新能源技术及新材料技术为核心的高技术将极大地改变世界面貌和人类生活。盲目的资源悲观论是没有根据的，但是如不下大力气扎实抓基础研究、可能有所突破的应用研究和高技术产业化，将来就可能制约人的发展。因此，在知识经济发展的条件下，所谓资源保证，关键在于这些高技术的科学应用，可以达到商用阶段，以便在经济生活中用富有资源替代短缺资源。目前的最新研究及实际发展成果表明，绝大多数高技术的应用期的预测都是提前的，这也证实了科学技术的加速发展趋势。因此，人们对前景持谨慎的乐观态度是有道理的。

（3）可持续发展的本质是人类社会自身的永续生存和发展，资源利用不能只顾及当代人的利益，还必须关注后代人发展的需要。

（三）绿色营销的环境观

环境既包括以大气、水、土壤、植物、动物、微生物等为内容的物质因素，也包括以观念、制度、行为准则等为内容的非物质因素；既包括自然因素，也包括社会因素；既包括非生命体形式，也包括生命体形式。环境是相对于某个主体而言的，主体不同，环境的大小、内容等也就不同。

狭义的环境，指如环境问题中的"环境"一词，大部分的环境往往指相对于人类这个主体而言的一切自然环境要素的总和。

由于人们对工业高度发达的负面影响预料不够，预防不力，导致了全球性的三大危机：资源短缺、环境污染、生态破坏。环境污染指自然的或人为的破坏，向环境中添加某种物质而超过环境的自净能力而产生危害的行为（或由于人为的因素，环境受到有害物质的污染，使生物的生长繁殖和人类的正常生活受到有害影响）。由于人为因素使环境的构成或状态发生变化，环境素质下降，从而扰乱和破坏了生态系统和人类的正常生产和生活条件的现象。

1. 全球环境保护形势严峻，我国更是不容乐观

（1）水污染是我国最严重的环境污染。当前我国水污染形势依然严峻，据《2013年中国环境状况公报》显示，全国十大流域劣Ⅴ类水质占9%，25%以上的湖库出现富营养

化。城市水体黑臭现象普遍,老百姓生活周边的景观水水质都得不到保证。地表水污染又造成地下水污染和土壤污染,目前全国超过50%的地下水已经污染,形成了常规污染物、有毒有机物、重金属、藻毒素、持久性有机污染物(POPs)等水体污染衍生物相互作用的复杂的流域性复合态势。流域水资源过度开发、水生态严重失衡、水质性缺水和水量性缺水问题并存。农村仍约有1亿人口饮水安全得不到保障,全国近岸海域四类和劣四类海水点位比例接近26%。

(2)空气污染造成的健康影响不可忽视。2011年,世界卫生组织(WHO)发布世界城市空气质量报告,在91个国家中我国排名倒数第15位。北京市PM10年平均浓度为WHO推荐标准的6.2倍,在91个国家1082个城市中排第1035名。全国估计90%的城市空气质量不能达标,有近6亿人口生活在有害于健康的空气中。近10年,全国城市能见度年平均下降了0.2公里。京津冀、长三角、珠三角等区域PM2.5污染严重,个别城市灰霾天数达200天以上。根据环境保护部环境规划院估算,2003—2010年期间,每年由于空气污染造成30万~50万人过早死亡。根据美国健康影响研究所(HEI)发布的《全球疾病负担报告2010》,我国由于细颗粒物造成的城市居民过早死亡人口为123万人,农村室内固体燃料污染造成的过早死亡人口约100万人。

(3)土壤污染正在威胁公众食品安全。土壤保护明显滞后,部分地区土壤污染严重,耕地土壤环境质量堪忧,工矿业废弃地土壤环境问题突出,危及食品安全,POPs的环境健康危害效应已经开始显现。根据全国第一次土壤污染状况调查公报,全国土壤总超标率为16.1%,与"七五"全国土壤环境总体清洁的调查结果相比,30年来我国土壤环境呈现急剧恶化的趋势。全国受重金属污染耕地达3亿亩,污水灌溉污染耕地3250万亩,固体废弃物堆存占地和毁田200万亩。根据全国第一次土壤污染状况调查公报,耕地土壤点位超标率达到19.4%。由土壤污染派生的食品、蔬菜安全问题日益严重。全国大约有60万~100万个污染场地。

(4)生态系统功能和质量继续下降。2007年我国人均生态足迹为2.2全球公顷,在核算的153个国家中居第74位。生态足迹增加的速度远高于生物承载力的增长速度,已是生物承载力的2倍。1985—2008年,我国除西藏、内蒙古、新疆与青海四个省区生态盈余外,其余大部分省份长期生态赤字。森林、草原等自然生态系统质量低下,结构简单化,局部破碎化、人工化明显。草地生态系统功能破坏,传统牧业区草地退化严重。湿地生态系统功能退化,湿地消失、面积萎缩严重,湿地自然调节能力下降。2010年,全国水土流失面积357万平方千米,占国土面积的37.2%,全国沙化土地总面积达173万平方千米,占国土面积的18.03%,我国南方8省(区、市)石漠化面积12.96万平方千米,并且以年均2%左右的速度扩展。据估计,我国野生高等植物濒危比例达15%,部分濒危生物资源向国外出口,造成了生物资源的严重流失,外来物种入侵对农业安全、食品安全和生物多样性造成严重危害。

(5)突发环境事件正在威胁社会稳定和安全。突发环境事件风险隐患大,布局性、结构性环境风险不容忽视。2005—2014年,发生了一批影响公众健康、社会稳定乃至国际影响的环境事件,环境保护部直接处置的事件共1078起,其中重特大事件83起。根据2009年环境保护部重点行业企业环境风险及化学品检查的结果,12.2%的企业距离饮用水水源保护区、重要生态功能区等环境敏感区域不足1公里,10.1%的企业距离人口集中居住区不足1公里,72%的企业分布在长江、黄河、珠江和太湖等重点流域沿岸。环境事件中以影响老百姓健康的事件最为突出,较大以上环境健康事件中累积性环境污染导致健康损害占总数的46.4%。

2. 绿色营销环境观要求企业把环境保护作为营销活动的导向,树立正确的环境观

(1)环境保护是人类生存与发展的需要。随着社会物质产品的日益丰富,人类的需要正日益向高层次发展,人类不仅仅只追求物质产品的富足,更重视生活质量的全面提高。人们不仅要求在物质产品和服务的数量上得到满足,同时也要求在环境质量上得到满足。改善人类生存环境,提高健康水平,成为人类关注的重点。作为经济主体、市场活动的主体、环境问题的主要责任者,企业须正视环境问题,关注人类对环境质量的需求,将其贯彻到企业的整个经营活动中。

(2)企业应该构造新的物流供应链。在传统的营销观念下,企业的整个供应链建立在需求的驱动下,是在权衡成本和服务成本的基础上追求利润最大化为准则建立的物流供应链。

在绿色营销观念的指导下,企业应该把环境纳入物流供应链决策系统之中,从原材料供应到产品的开发、制造、生产、运输、分销,整个物流过程均不对环境产生破坏性影响,或者把对环境所产生的破坏性影响消化或自净。而且绿色营销观念还要求企业生产者一方面要生产安全、健康、无害的产品,另一方面还需在消费过程中和消费之后对环境不产生破坏性影响。

(3)环境问题具有产业关联性。由于经济部门和产业之间是相互关联的,这使得环境问题成为一个由经济组合体产生的整体负面效果,而不是单一经济主体行为造成的简单外部不经济。经济结构中,一个产业因资源枯竭或环境危机造成中断,整个经济就会受阻。这表明不同产业的经营活动是相互依存,相互关联的。企业在进行环境因素的分析下,不能仅局限在产业内,还应考虑自身的经营活动对关联产业的影响,是否会引起关联产业的环境问题。

由于企业生产的不环保,消费过程中的不环保,已经引起社会各方面较为明显的影响,如:部分城市日益严重的雾霾。这些现象的出现,已经引起社会很多层次的联动反应。

【知识链接】

空气净化器中国环境标志标准

2016年12月,环保部环境发展中心发布国内首个空气净化器中国环境标志标准:HJ 2544—2016环境标志产品技术要求。

作为中国首个空气净化器环境标志产品标准,其建立在《空气净化器》(GB/

T18801—2015)国家质量标准的基础上,不仅明确了不同大小的房间所用的空气净化器产品去除PM2.5、甲醛等有机挥发物的最大净化指标、噪声等要求,还首次规定了静音状态下产品的净化指标要求。

标准实施后,消费者可以根据净化器产品上是否贴有中国环境标志作为购买产品的重要依据之一。

全面供应国Ⅴ标准车用汽、柴油

2016年12月26日,国家发展改革委等八部委联合发布公告称,自2017年1月1日起,我国将全面供应符合第五阶段国家标准的车用汽、柴油。

根据公告,我国在全面供应第五阶段国家标准(简称国Ⅴ标准)的车用汽油(含E10乙醇汽油)、车用柴油(含B5生物柴油)的同时,将停止国内销售低于国Ⅴ标准车用汽油(含E10乙醇汽油)、车用柴油(含B5生物柴油)。

公告要求,成品油生产、销售企业按照现行国家标准进一步加强油品质量管理和控制,保障清洁油品市场供应;加油站(点)应按照相关法规和标准要求,明确标注所售汽油、柴油产品名称、牌号和等级[如:92号汽油(Ⅴ)、0号车用柴油(Ⅴ)等],以便于消费者选择、政府监管和社会监督。

乘用车内空气质量评价指南

2017年1月1日起,所有新定型的销售车辆必须严格执行由环保部和国家质检总局联合制定的强制性国家标准《乘用车内空气质量评价指南》;而对于此前已经定型的车辆,则自2018年7月1日起开始执行。

新标准提出,汽车制造企业应保证批量生产车辆的内饰零部件与备案信息一致,否则将判定为环保一致性检查不合格。如果检测发现苯、甲苯、二甲苯、乙苯、苯乙烯、甲醛、乙醛、丙烯醛等8项指标中任何一种污染物超标,都将判定为不合格。

(资料来源:http://www.pincai.com/group/1058457.htm)

所有企业都是经济体系的命运共同体,更是整个生态系统的命运共同体。只有把短期利益和长远利益,局部利益和全局利益统一起来,企业才能实现永续经营,长盛不衰。

(4)环境问题可以转化为环境机会。人类环境意识的觉醒,必然对环保技术和环保产品形成巨大的需求。注重绿色营销的企业应该抓住市场机会,向环保产业和与之相关的领域投资,这对企业、对社会、对消费者、对生态都是有益的。

【知识链接】

掌握好"十三五"时期节能减排和环境保护新机会

李克强总理在2016年的政府工作报告中提出,要聚焦提质增效,推动产业创新升级。报告要求狠抓节能减排和环境保护,各项约束性指标超额完成。公布自主减排行动目标,推动国际气候变化谈判取得积极成果。

当前,我国经济发展进入新常态,部分行业出现产能过剩,使得一些企业分化更加明显,市场竞争要比以往更为激烈。党的十八届五中全会将生态文明建设提到了一个前所未有的新高度,牢固树立绿色发展的新理念,更加重视和加强生态环境保护工作,已经成为"十三五"时期最重要的发展实践之一。今后,我们国家将继续改善环境和保护生态,促进节能减排和低碳发展。以环境保护优化经济增长,经济社会活动的生产、建设和消费等各环节都不能以破坏生态为代价。

坚持生态优先、绿色发展,把生态环境保护摆上发展的优先地位,这将意味着节能环保产业已经从国家战略性新兴产业上升到国民经济新的支柱产业地位的新高度。过去的"十二五"期间,我国环保产业总产值已达到4.5万亿元,年均增长15%以上。"十三五"期间,在绿色发展新理念的风潮涌动下,我国节能环保事业还将"一枝独秀"。有预计称,节能环保产业在"十三五"时期年增速或超20%,总投资有望达17万亿元。可以说,节能环保产业将展现出广阔的投资和成长空间,企业应掌握好趋势,把握好新机会。

李克强总理在报告中特别提到严重雾霾天气的环境问题,"节能环保"也成为今年"两会"期间讨论很多、很热的话题。6日,国家发改委主任徐绍史在记者会上表示,要优化政府投资结构,今年要重点支持保障性安居工程、粮食水利、中西部铁路、科技创新、节能环保和生态建设。笔者也注意到,节能减排降碳指标已经成为各级政府尤其是各省级政府工作的一个目标硬任务,并成为推进供给侧结构性改革的一项重要内容。在加强生态环境建设、改善民生福祉方面,各地也在地方两会上出台新的举措。这次,李克强总理用"狠抓"二字,说明中央和国务院对节能减排和环境保护的治理决心,是要下更大的决心,以更大的作为来整治的。

绿色发展,是当今世界的时代潮流;"十三五"时期,绿色经济也将成为我国经济发展的新动能,绿色引领将让发展更可持续。总理报告和"十三五"规划为中国绿色发展勾勒了新图景,企业在组织生产与经营活动时要注重循环发展,更加重视资源节约循环高效使用。

在制定新的企业发展规划时,要前瞻性地考虑环境生态保护的前期布局,切实加大环保投资投入。循环经济、绿色消费、生态农业等方面,未来有很大的提升空间,也是企业加大转型升级、技改创新的努力方向。此外,要提升企业竞争力,就要完善现代企业制度,加强企业精细化管理,节能降耗、降低成本,向管理要效益,企业要抓住供给侧结构性改革契机,把"生态自觉""环保自觉"与改革紧密结合起来,闯出一条绿色发展新路。

(资料来源:中国网 2016-03-07)

（四）绿色营销的效益观

绿色营销的效益观,是指企业在从事营销活动时,正确处理和协调经济效益、环境效益和社会效益三者之间的关系,使三者达到统一。

绿色营销的效益观要求企业在从事经济活动时,把经济效益、环境效益和社会效益统一起来。经济效益、社会效益和环境效益三者之间的关系是对立统一的。

(1)经济效益和环境效益是对立的,往往存在短期类经济效益和环境效益是对立的,局部的经济效益和整体的环境效益在一定时期内是对立的。总体来说,企业的经济活动注重环境保护,其环境效益表现为总体和长远的利益。

(2)经济效益与环境效益又是相互联系、相互统一的。社会再生产即从环境中索取环境资源,又靠环境吸纳其排除的废弃物,经济系统依赖于环境系统而存在,环境的破坏将动摇人类一切社会经济活动的基础。社会化大生产把整个经济体系连在一起,局部的企业和个别部门对环境产生破坏引起负的生态环境效益,可导致整体经济效益的降低,甚至引起整个经济体系的全面崩溃。

绿色营销效益观认为,经济效益和环境效益是相互依赖、相互制约的。而强调经济效益和环境效益,目的都是为了社会效益。为了使社会各方面得到发展和改善,提高社会的整体利益,就必须把三者统一起来。

第三节　绿色营销的学科性质与内容

一、绿色营销的学科性质

绿色营销是以基础市场营销、可持续发展理论及循环经济、马斯洛的需求层次论、市场规律等为研究基础,研究以可持续发展为宗旨的企业绿色营销及其规律的一门综合性、边缘性、应用性的学科。

（一）绿色营销的基础理论

绿色营销的基础理论包括可持续发展理论、循环经济理论、马斯洛的需求层次理论、市场规律理论。

绿色营销隶属于市场营销学,是市场营销学发展的一个新兴的分支学科。因此,市场营销学以消费者为中心的基本宗旨,在市场调研和分析基础上制定和实施营销战略及4P(产品—product,价格—price,渠道—channel,推广—extension)为中心的营销策略的基本思路等,在绿色营销中都得到了充分的体现和运用。

可持续发展理论既是绿色营销的基础理论,又是学科的基本宗旨,它贯穿绿色营销的始终。

循环经济理论是当今企业开展绿色营销活动的基本指导思想。建立在生态经济学基础上的循环经济理论要求人类经济活动的开展应与生态经济环境相适应,使经济系统和生态系统(包括生命系统和环境系统)相互交织,相互作用,相互融合。

(二)绿色营销的研究对象

绿色营销以面向市场从事营销活动的企业为对象,研究以可持续发展为宗旨的企业的绿色营销活动及其规律。具体包括企业如何在以可持续发展为宗旨的前提下确立绿色营销观念,把握和引导市场绿色消费需求,制定绿色营销战略,实施绿色营销策略的一系列行为。

(三)绿色营销的特征

绿色营销是一门具有综合性、边缘性、实践性的应用学科。

学科的综合性体现在:一方面,绿色营销研究,既要考虑作为一个经济组织应注重的经济效益,更要考虑企业作为一个社会成员应承担的社会责任和应注重的社会效益。另一方面,绿色营销既注重从微观角度研究企业的绿色营销行为,又注重从宏观角度研究政府及社会对企业绿色营销的促进和约束。

学科的边缘性体现在:绿色营销及隶属于管理(营销)类的社会科学类,又综合运用了数学、环境科学等自然科学理论与方法,它是管理学(营销)、经济学、行为科学、环境科学等学科有机统一的一门学科,吸取了多学科的精髓,体现多学科的特点。

学科的实践性体现在:绿色营销研究的目的在于引导和促进企业顺应新营销发展的要求,树立可持续发展为己任的绿色营销观念,实施绿色营销。绿色营销研究的内容对于企业实施绿色营销既有一定的理论指导价值,又有一定的实践指导意义,具有较强的可操作性。

二、绿色营销的主要内容

绿色营销的推广,虽不能一蹴而就地让所有的企业或所有的产品都变成绿色,但任何产品中都隐含绿色价值,需要人们去开发与管理。绿色营销活动是一个极其复杂的系统工程,应由浅入深,不断深化。

企业开展绿色营销主要包括四个方面的内容:

(1)树立绿色营销观念。强化环保意识,树立绿色观念,将其彻底融入企业营销活动的各个环节。

(2)绿色市场调查与预测。分析绿色消费群体类型、分析绿色消费需求,包括绿色消费意识、绿色消费需求弹性、绿色消费行为特点及影响因素分析。

(3)创造绿色价值。以绿色为载体,通过研发和设计绿色、制定绿色价格、实施绿色宣传和绿色分销活动,为社会和消费者提供符合绿色的产品和服务。

(4)绿色营销管理。包括绿色营销战略的实施策划,绿色标准和评价体系的构建。

三、本书的内容结构

绿色营销是20世纪90年代以后建立起来的一门学科,国内外学者在研究基础上出版了有关专著,如英国威尔斯大学的肯·毕提教授,广东商学院的罗国民教授,上海复旦大学的沈根荣教授,王方华教授及中南财经政法大学万后芬教授的《绿色营销》,山东工商学院刘敏的《绿色消费与绿色营销》,湖南唐欣的《企业绿色经营理论整合研究》,王献新的《绿色市场认证基础知识》等。由于绿色营销是一门新兴的边缘性学科,国内外学者的研究存在较大的差异。本书将参考国内外学者的研究成果,将内容分为四大部分:

第一部分主要研究绿色营销的相关理论,包括第一、二、三章内容。

第一章　绿色营销概论,对绿色营销进行总体的介绍。内容包括对绿色营销的概念,绿色营销观念的发展演变,绿色营销的学科性质、研究对象及特点的阐述。

第二章　绿色消费分析,介绍绿色消费的基本知识。内容主要包括绿色消费的含义及兴起、绿色消费的理论基础、绿色消费模式、绿色消费者行为分析。

第三章　绿色营销理论基础,介绍绿色营销的基础理论。内容包括可持续发展、循环经济、生态经济理论。

第二部分研究绿色营销宏观战略问题,包括第四章内容。

第四章绿色营销教育,介绍绿色营销群体的绿色教育问题。内容主要包括绿色教育的内涵、绿色教育现状及存在的问题、绿色教育的内容及核心。

第三部分研究绿色营销微观策略问题,包括第五至九章内容。

第五章研究绿色企业形象战略问题。内容主要包括企业形象与企业绩效的关系,绿色企业形象的内涵,绿色企业形象战略的制定、实施与控制等。

第六章研究绿色企业产品策略问题。内容主要包括绿色产品的基本含义、绿色包装策略、绿色商标策略等。

第七章研究绿色企业价格策略问题。内容主要包括绿色价格形成机制、绿色价格影响因素、绿色价格制定方法与策略。

第八章研究绿色企业渠道策略问题。内容主要包括绿色渠道概念,绿色渠道的类型与特点,绿色分销渠道的建立、评价与激励等。

第九章研究绿色企业促销策略问题。内容主要包括绿色广告策略、绿色公共策略、绿色人员推销策略、绿色营销推广策略等。

第四部分研究绿色营销评价控制体系,包括第十章内容。

第十章内容研究绿色营销评价控制系统。内容主要包括ISO14000环保认证标、绿色产品评价标准等具体内容。

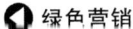 绿色营销

第二章 绿色消费市场分析

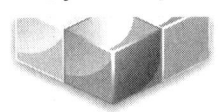

绿色消费,是指以节约资源和保护环境为特征的消费行为,主要表现为崇尚勤俭节约,减少损失浪费,社会进步与否和社会每个个体的消费观念息息相关。物质文明若不与环境文明与精神文明相结合,给人类带来的将是短暂的满足和永久的厄运。环境问题是由人类自己造成的,改善环境也要靠人类自身。值得欣喜的是,现在全球很多国家与机构已经深切意识到绿色消费的重要作用,并采取积极的管理措施。

【导入资料】

印发关于促进绿色消费的指导意见的通知发改环资[2016]353号

各省、自治区、直辖市及计划单列市、新疆生产建设兵团发展改革委、党委宣传部、科技厅(局)、财政厅(局)、环境保护厅(局)、住房和城乡建设厅(局)、商务厅(局)、质量技术监督局(市场监督管理部门)、旅游局、机关事务管理局:

为贯彻党的十八大和十八届三中、四中、五中全会精神,落实绿色发展理念,根据《中共中央 国务院关于加快推进生态文明建设的意见》、《中共中央 国务院关于印发生态文明体制改革总体方案的通知》、《国务院关于积极发挥新消费引领作用加快培育形成新供给新动力的指导意见》等文件要求,促进绿色消费,加快生态文明建设,推动经济社会绿色发展,我们制定了《关于促进绿色消费的指导意见》,现印发你们,请结合实际认真贯彻执行。

国家发展改革委,中宣部,科技部,财政部,环境保护部,住房城乡建设部,商务部,质检总局,旅游局,国管局 (2016年2月17日)

关于促进绿色消费的指导意见

为全面贯彻党的十八大和十八届三中、四中、五中全会精神,深入贯彻习近平总书记系列重要讲话精神,落实绿色发展理念,根据《中共中央 国务院关于加快推进生态文明建设的意见》、《生态文明体制改革总体方案》、《国务院关于积极发挥新消费引领作用加快培育形成新供给新动力的指导意见》等文件要求,促进绿色消费,加快生态文明建设,推动经济社会绿色发展,提出如下意见。

一、充分认识绿色消费的重要意义

绿色消费,是指以节约资源和保护环境为特征的消费行为,主要表现为崇尚勤俭节约,减少损失浪费,选择高效、环保的产品和服务,降低消费过程中的资源消耗和污染排放。我国人口众多,资源禀赋不足,环境承载力有限。近年来,随着经济较快发展、人民生活水平不断提高,我国已进入消费需求持续增长、消费拉动经济作用明显增强的重要阶段,绿色消费等新型消费具有巨大发展空间和潜力。与此同时,过度消费、奢侈浪费等现象依然存在,绿色的生活方式和消费模式还未形成,加剧了资源环境瓶颈约束。促进绿色消费,既是传承中华民族勤俭节约传统美德、弘扬社会主义核心价值观的重要体现,也是顺应消费升级趋势、推动供给侧结构性改革、培育新的经济增长点的重要手段,更是缓解资源环境压力、建设生态文明的现实需要。

二、总体要求和主要目标

全面贯彻党的十八大和十八届三中、四中、五中全会精神,深入贯彻习近平总书记系列重要讲话精神,按照绿色发展理念和社会主义核心价值观要求,加快推动消费向绿色转型。加强宣传教育,在全社会厚植崇尚勤俭节约的社会风尚,大力推动消费理念绿色化;规范消费行为,引导消费者自觉践行绿色消费,打造绿色消费主体;严格市场准入,增加生产和有效供给,推广绿色消费产品;完善政策体系,构建有利于促进绿色消费的长效机制,营造绿色消费环境。

到2020年,绿色消费理念成为社会共识,长效机制基本建立,奢侈浪费行为得到有效遏制,绿色产品市场占有率大幅提高,勤俭节约、绿色低碳、文明健康的生活方式和消费模式基本形成。

三、着力培育绿色消费理念

(一)深入开展全民教育

加强资源环境基本国情教育,大力弘扬中华民族勤俭节约传统美德和党的艰苦奋斗优良作风,开展全民绿色消费教育。从娃娃抓起,将勤俭节约、绿色低碳的理念融入家庭教育、学前教育、中小学教育、未成年人思想道德建设教学体系,组织开展第二课堂等社会实践。把绿色消费作为妇女和家庭思想道德教育、学生思想政治教育、职工继续教育和公务员培训的重要内容,纳入文明城市、文明村镇、文明单位、文明家庭、文明校园创建及有关教育示范基地建设要求。

(二)广泛推进主题宣传

深入实施节能减排全民行动、节俭养德全民节约行动,组织开展绿色家庭、绿色商场、绿色景区、绿色饭店、绿色食堂、节约型机关、节约型校园、节约型医院等创建活动,表彰一批先进单位和个人。把绿色消费纳入全国节能宣传周、科普活动周、全国低碳日、环境日等主题宣传活动，充分发挥工会、共青团、妇联以及有关行业协会、环保组织的作用，强化宣传推广。各主要新闻媒体和网络媒体要积极宣传绿色消费的重要性和紧迫性，在黄金时段、重要版面制作发布公益广告，及时宣传报道绿色消费的理念经验和做法，加强舆论监督，曝光奢侈浪费行为，营造良好社会氛围。

四、积极引导居民践行绿色生活方式和消费模式

（三）倡导绿色生活方式

合理控制室内空调温度，推行夏季公务活动着便装。开展旧衣"零抛弃"活动，完善居民社区再生资源回收体系，有序推进二手服装再利用。抵制珍稀动物皮毛制品。

推广绿色居住，减少无效照明，减少电器设备待机能耗，提倡家庭节约用水用电。鼓励步行、自行车和公共交通等低碳出行。鼓励消费者旅行自带洗漱用品，提倡重拎布袋子、重提菜篮子、重复使用环保购物袋，减少使用一次性日用品。制定发布绿色旅游消费公约和消费指南。支持发展共享经济，鼓励个人闲置资源有效利用，有序发展网络预约拼车、自有车辆租赁、民宿出租、旧物交换利用等，创新监管方式，完善信用体系。在中小学校试点校服、课本循环利用。

（四）鼓励绿色产品消费

继续推广高效节能电机、节能环保汽车、高效照明产品等节能产品，到2020年，能效标识2级以上的空调、冰箱、热水器等节能家电市场占有率达50%以上。加大新能源汽车推广力度，加快电动汽车充电基础设施建设。组织实施"以旧换再"试点，推广再制造发动机、变速箱，建立健全对消费者的激励机制。实施绿色建材生产和应用行动计划，推广使用节能门窗、建筑垃圾再生产品等绿色建材和环保装修材料。推广环境标志产品，鼓励使用低挥发性有机物含量的涂料、干洗剂，引导使用低氨、低挥发性有机污染物排放的农药、化肥。鼓励选购节水龙头、节水马桶、节水洗衣机等节水产品。

（五）扩大绿色消费市场

加快畅通绿色产品流通渠道，鼓励建立绿色批发市场、绿色商场、节能超市、节水超市、慈善超市等绿色流通主体。支持市场、商场、超市、旅游商品专卖店等流通企业在显著位置开设绿色产品销售专区。组织流通企业与绿色产品提供商开展对接，促进绿色产品销售。鼓励大中城市利用群众性休闲场所、公益场地开设跳蚤市场，方便居民交换闲置旧物。完善农村消费基础设施和销售网络，通过电商平台提供面向农村地区的绿色产品，丰富产品服务种类，拓展绿色产品农村消费市场。

五、全面推进公共机构带头绿色消费

（六）全面推行绿色办公

提高办公设备和资产使用效率，鼓励纸张双面打印。推进信息系统建设和数据共享

共用,积极推行无纸化办公。完善节约型公共机构评价标准,合理制定用水、用电、用油指标,建立健全定额管理制度。使用政府资金建设的公共建筑全面执行绿色建筑标准,凡具备条件的办公区要安装雨水回收系统和中水利用设施。到 2020 年,新增创建 3000 家节约型公共机构示范单位,全部省级机关和 50% 以上的省级事业单位建成节水型单位。

(七)完善绿色采购制度

严格执行政府对节能环保产品的优先采购和强制采购制度,扩大政府绿色采购范围,健全标准体系和执行机制,提高政府绿色采购规模。具备条件的公共机构要利用内部停车场资源规划建设电动汽车专用停车位,比例不低于 10%,引进社会资本利用既有停车位参与充电桩建设和提供新能源汽车应用服务。2016 年,公共机构配备更新公务用车总量中新能源汽车的比例达 30% 以上,到 2020 年实现新能源汽车广泛应用。

六、大力推动企业增加绿色产品和服务供给

(八)积极实施创新驱动

引导和支持企业利用大众创业、万众创新平台,加大对绿色产品研发、设计和制造的投入,增加绿色产品和服务有效供给,不断提高产品和服务的资源环境效益。做好绿色技术储备,加快先进技术成果转化应用。大力推广利用"互联网+"促进绿色消费,推动电子商务企业直销或与实体企业合作经营绿色产品和服务,鼓励利用网络销售绿色产品,推动开展二手产品在线交易,满足不同主体多样化的绿色消费需求。鼓励电子商务企业积极开展网购商品包装物减量化和再利用。

(九)强化企业社会责任

健全生产者责任延伸制,推动生产企业减少有毒、有害、难降解、难处理、挥发性强物质的使用,主动披露产品和服务的能效、水效、环境绩效、碳排放等信息,推动实施企业产品标准自我声明公开和监督制度。推动企业能源管理体系建设。鼓励企业推行绿色供应链建设,开展清洁生产审核,降低产品全生命周期的环境影响。鼓励批发市场、大型商业综合体等消费场所进行节能、节水改造。鼓励旅游饭店、景区等推出绿色旅游消费奖励措施。星级宾馆、连锁酒店要逐步减少"六小件"等一次性用品的免费提供,试行按需提供。商场、超市、集贸市场等商品零售场所要严格执行"限塑令",减少包装物的消耗,鼓励使用生物基材料的环保包装制品。

七、深入开展全社会反对浪费行动

(十)开展反过度包装行动

着力整治以奢华包装为代表的奢靡之风,在春节端午、中秋等重要节日期间,以粽子、月饼、红酒、茶叶、杂粮、化妆品等商品为重点,开展定期专项检查,加大市场监管和打

击力度,严厉整治过度包装行为,坚决制止商家在销售奢华包装产品中存在的价格欺诈、不按规定明码标价等违法行为。加强限制商品过度包装标准制修订工作,明确包装空隙率、包装层数和包装成本等方面要求。

(十一)开展反食品浪费行动

贯彻落实关于厉行节约反对食品浪费的意见,杜绝公务活动用餐浪费,在政府机关和国有企事业单位食堂实行健康科学营养配餐,条件具备的地方推进自助点餐计量收费,减少餐厨垃圾产生量。餐饮企业应提示顾客适当点餐,鼓励餐后打包,合理设定自助餐浪费收费标准。倡导婚丧嫁娶等红白事从简操办,推行科学文明的餐饮消费模式,提倡家庭按实际需要采购加工食品,争做"光盘族"。加强粮食生产、收购、储存、运输、加工、消费等环节管理,减少粮食损失浪费。

(十二)开展反过度消费行动

严格执行党政机关厉行节约反对浪费条例,严禁超标准配车、超标准接待和高消费娱乐等行为,细化明确各类公务活动标准,严禁浪费。以各级党政机关及党员领导干部为带动,坚决抵制生活奢靡、贪图享乐等不正之风,大力破除讲排场、比阔气等陋习,抵制过度消费,改变"自己掏钱、丰俭由我"的错误观念,形成"节约光荣,浪费可耻"的社会氛围。

八、建立健全绿色消费长效机制

(十三)健全法律法规

抓紧修订节能法、循环经济促进法等法律,研究制定节约用水条例、餐厨废弃物管理与资源化利用条例、限制商品过度包装条例、报废机动车回收管理办法、强制回收产品和包装物管理办法等专项法规,增加绿色消费有关要求,明确生产企业、零售企业、消费者、政府机构等主体应依法履行的责任义务。

(十四)完善标准体系

健全绿色产品和服务的标准体系,扩大标准覆盖范围,加快制修订产品生产过程的能耗、水耗、物耗以及终端产品的能效、水效等标准,动态调整并不断提高产品的资源环境准入门槛,做好计量检测、应用评价、对标提升等工作。加快实施能效"领跑者"制度、环保"领跑者"制度,研究建立水效"领跑者"制度。

(十五)健全标识认证体系

修订能效标识管理办法,扩大能效标识范围。落实节能低碳产品认证管理办法,做好认证目录发布和认证结果采信等工作,加快推行低碳、有机产品认证。推进中国环境标志认证。完善绿色建筑和绿色建材标识制度。制修订绿色市场、绿色宾馆、绿色饭店、绿色旅游等绿色服务评价办法。逐步将目前分头设立的环保、节能、节水、循环、低碳、再生、有机等产品统一整合为绿色产品,建立统一的绿色产品认证、标识等体系,加强绿色产品质量监管。

(十六)完善经济政策

对符合条件的节能、节水、环保、资源综合利用项目或产品,可以按规定享受相关税收优惠。把高耗能、高污染产品及部分高档消费品纳入消费税征收范围。落实好新能源汽车充电设施的奖补政策和电动汽车用电价格政策。全面实行保基本、促节约,更好反映市场供求、资源稀缺程度、生态环境损害成本和修复效益的资源阶梯价格政策,完善居民用电、用水、用气阶梯价格。

(十七)加强金融扶持

银行金融业机构要认真落实绿色信贷指引,创新金融产品和服务,积极开展绿色消费信贷业务。研究出台支持节能与新能源汽车、绿色建筑、新能源与可再生能源产品、设施等绿色消费信贷的激励政策,促进金融机构加大信贷支持力度。鼓励开发新能源汽车保险产品,鼓励保险公司为绿色建筑提供保险保障。研究建立绿色消费积分制。

第一节 绿色消费的含义

一、绿色消费的含义

国家发展改革委、中宣部、科技部等十部委2016年2月出台了《关于促进绿色消费的指导意见》,对绿色产品消费、绿色服务供给、金融扶持等进行了部署。

21世纪是绿色世纪。绿色,代表生命、健康和活力,是充满希望的颜色。国际上对"绿色"的理解通常包括生命、节能、环保三个方面。绿色消费,包括的内容非常宽泛,不仅包括绿色产品,还包括资源的回收利用、能源的有效使用、对生存环境和物种的保护等,可以说涵盖生产行为、消费行为的方方面面。

绿色消费,也称可持续消费,是指一种以适度节制消费,避免或减少对环境的破坏,崇尚自然和保护生态等为特征的新型消费行为和过程。绿色消费,不仅包括绿色产品,还包括物资的回收利用,能源的有效使用,生存环境、物种环境的保护等。

绿色消费的重点是"绿色生活,环保选购"。

绿色消费是一种权益,它保证后代人的生存与当代人的安全与健康;绿色消费是一种义务,它提醒我们环保是每个消费者的责任;绿色消费是一种良知,它表达了我们对地球母亲的孝爱之心。

具体而言,它有三层含义:一是倡导消费时选择未被污染或有助于公众健康的绿色产品。二是让消费者转变消费观念,崇尚自然、追求健康,在追求生活舒适的同时,注重环保,节约资源和能源,实现可持续消费。三是在消费过程中注重对垃圾的处置,不造成环境污染。符合"三 E"和"三 R",经济实惠(economical),生态效益(ecological),符合平等、人道(equitable),减少非必要的消费(reduce),重复使用(reuse)和再生利用(recycle)。

【知识链接】

三R和三E

唐锡阳先生(中国第一代环保活动家,著名环保作家,原国家环保总局特聘环境使者,被称作中国民间环保运动第一人。)把绿色消费概括为三R和三E:

reduce:减少非必要的消费,如一次性的餐具和毫无益处的色素、添加物等。

reuse:修旧利废。

recycle:提倡使用玻璃、纸、铝等再生原料的产品。

economic:讲究经济实惠如少用能源,少用包装,加工比较简单的产品。

ecological:讲究生态效益,如使用较少污染环境、很少破坏自然和野生动植物的企业和产品。

equitable:符合平等、人性的原则,如选择不严重剥削劳工,不侵犯原住民生存权,不进行非道德的推销,不经营非人道的动物实验的产品和企业。

国际上公认的绿色消费有三层含义:一是倡导消费者在消费时选择未被污染或有助于公众健康的绿色产品;二是在消费过程中注重对废弃物的处置;三是引导消费者转变消费观念,崇尚自然、追求健康,在追求生活舒适的同时,注重环保、节约资源和能源,实现可持续消费。

20世纪80年代后半期,英国掀起了"绿色消费者运动"后席卷了欧美各国。这个运动主要就是号召消费者选购有益于环境的产品,从而促使生产者也转向制造有益于环境的产品。这是一种靠消费者来带动生产者,靠消费领域影响生产领域的环境保护运动。这一运动主要在发达国家掀起,许多公民表示愿意在同等条件下选择购买有益于环境保护的商品。在英国1987年出版的《绿色消费者指南》中将绿色消费具体定义为避免使用下列商品的消费:①危害到消费者和他人健康的商品;②在生产、使用和丢弃时,造成大量资源消耗的商品;③因过度包装,超过商品本身价值或过短的生命周期而造成不必要消费的商品;④使用出自稀有动物或自然资源的商品;⑤含有对动物残酷或不必要的剥夺而生产的商品;⑥对其他国家尤其是发展中国家有不利影响的商品。

归纳起来,绿色消费主要包括三个方面的内容:消费无污染的物品;消费过程中不污染环境;自觉抵制和不消费那些破坏环境或大量浪费资源的物品等。

自1992年地球高峰会议正式提出"永续发展"主题,绿色消费被视为是达成全球永续发展目标之重要工作。绿色是生命的原色,从人类为了生存栽培植物开始,绿色就代表了生命、健康、活力,对美好未来的追求,哪里有绿色,哪里就有生命。在这里,绿色是一个特定的形象用语,而不仅仅指绿颜色、指有生命的植物,而是指一种自然万物和谐共存的生态环境及其保护和维护、改善,依据"红色"禁止、"黄色"警告,"绿色"通行的惯例,以"绿色"表示合乎科学性、规范性、规律性,能保持永久通行无阻的概念。

中国消费者协会确定2001年为"绿色消费"年,提倡"绿色消费"。①"绿色消费"年主题的确定基于四个方面原因:一是中国"十五"计划提出重视生态建设和环境保护、实现可持续发展的战略目标,实际上也是中国新世纪的发展目标。"绿色消费"正符合这一主旨。二是适应消费需求变化的需要,中国人民生活已达到小康水平,"绿色消费"既是对这一变化的适应,也是对消费者的引导。三是消费维权国际化的需要,它将标志着中国消费者权益保护事业加入了国际消费维权新潮流。四是解决维权热点的需要,不法经营者在食品中加入有害添加剂、装饰材料有害气体超标等,已成为消费维权新热点。

"绿色消费"要求经营者向消费者提供的商品或服务要符合保障消费者人身健康的要求,各级政府和有关部门要加强保护消费者健康权益的立法工作。

绿色消费的产生,要从人类经济发展的问题谈起。人类经济的发展,本质上就是与地球大自然系统的物质变换的过程,人类不断地从大自然取得物质资料,以满足自己的需要,尔后又不断将废物排放到大自然,经过大自然的"净化"作用,重新转化为自然物质。人类出现以来,就是不断地从自然获取物质资料,逐渐积累,终于达到了今天巨大的物质文明。没有自然资源,人类社会经济、文明的发展是不可思议的。

但是,自然资源并不无限的。人类与大自然的物质变换过程,必须建立在平衡的基础上。一方面,人类向大自然取得物质资料,要以自然的再生产能力为前提,而自然界许多资源本身是不可再生的,对于这些资源,就不能过快地将其耗尽;另一方面,人类将排出物返还自然,要以自然的"净化"能力为限,否则,就只能是对环境的污染。由于人类的过度开发,这种不平衡就不断地出现了。马克思在《资本论》中讲到资本主义大工业和城市的发展所产生的影响时曾经指出:大工业"一方面聚集着社会的历史动力,另一方面又破坏着人和土地之间的物质变换,……从而破坏土地持久肥力的永恒的自然条件"。如今,这种情况果然严重地摆在人们面前,使人在不能不考虑自己的行为到了该改变的时候了。

人们终于开始觉醒,"绿色"观念逐步形成。1962年,美国海洋生物学家蕾切尔·卡逊(Rachel Carson)经过4年时间,调查了使用化学杀虫剂对环境造成的危害后,出版了《寂静的春天》(*Silent Spring*)一书。在这本书中,卡逊阐述了农药对环境的污染,用生态学的原理分析了这些化学杀虫剂对人类赖以生存的生态系统带来的危害,指出人类用自己制造的毒药来提高农业产量,无异于饮鸩止渴,人类应该走"另外的路"。1968年3月,美国国际开发署署长W.S.高达在国际开发年会上发表了《绿色革命——成就与担忧》的演讲,首先提出了"绿色革命"的概念。从此,"绿色"一词就越来越多地出现在人们面

---

① 摘自《应用写作》杂志2001年第8期

前。1971年,加拿大工程师戴维·麦克塔格特发起成立了绿色和平组织。1972年罗马俱乐部提出"成长的极限",提醒世人重视资源的有限性和地球环境破坏问题。以后,越来越多的人认识到人类应该将自己与自然环境和社会环境协调起来,寻求生态、能源、人口三者协调、健康发展,与大自然和谐共处,建立一个环境优美的"绿色文明"。"绿色消费"就是在这一"绿色运动"中提出来的。

二、倡导绿色消费的意义

绿色消费,是以保护消费者健康权益为主旨、以保护生态环境为出发点、符合人的健康和环境保护标准的各种消费行为和消费方式的统称。发展绿色消费,是建设"两型社会"(资源节约型社会和环境友好型社会)的重要内容,也是建设"两型社会"不可缺少的重要条件。

(1)转变传统消费模式。传统消费模式本质上是一种资源耗竭型的消费模式。在这种模式下,经济系统致力于把自然资源转化成产品以满足人的需要,用过的物品则被当作废物抛弃。随着人口的增多以及人们生活水平的提高,消费规模日益扩大,废弃物不断增多,造成了资源的耗减和环境的恶化。20世纪30年代至60年代,西方国家发生了一系列严重的环境污染事件,造成巨大经济损失,危害人们的健康和生命安全。发生这些环境污染事件,一个重要根源是不可持续的消费方式:一方面,人们为了满足自己无限膨胀的欲望,肆意掠夺大自然,破坏生态环境;另一方面,人们又不顾及生态环境自身的"净化"能力,对消费所带来的废弃物处理不当,严重污染了生态环境。建设"两型社会",应认真汲取历史上的教训,转变传统消费模式,大力发展绿色消费。发展绿色消费,可以在一定程度上抵制破坏生态环境的行为,促使生产者放弃粗放型生产模式,减少对环境的污染和资源的浪费,逐步形成可持续生产模式;可以引导消费观念和消费行为,使人们注重保护自然,形成科学、文明、健康的消费方式,促进生态环境的优化。

(2)构建绿色消费模式。绿色消费模式包括:消费者在消费中,选择未被污染或有利于自身和公众健康的绿色产品;注重生态环境保护,在生产、消费和废弃物处理过程中注重保护环境;注重资源节约,包括资源的节约和重复利用等;树立可持续消费观,使消费行为不仅立足于满足当代人的消费和安全健康需要,还着眼于满足子孙后代的消费和安全健康需要。由于人口众多,中国是世界上人均自然资源占有量和环境容量水平很低的国家。发展绿色消费,构建绿色消费模式,有利于合理利用资源,提高资源利用率,化解中国人口、资源、环境的巨大压力,实现人与自然和谐相处。

(3)大力发展绿色消费。一是提高全民绿色消费观念。思想是行动的先导。政府部门和领导干部应带头树立绿色消费观,新闻媒体应大力宣传绿色消费观,使人们认识到发展绿色消费既保护自身健康,又保护生态环境;既提高消费质量,又引导发展转型;既造福于当代,又造福于子孙后代。应将绿色消费教育融入公民教育之中,以提高社会成员维护公众利益和生态环境的自觉性与责任感。二是大力发展绿色产业。发展绿色产业,开发绿色产品,是发展绿色消费的前提条件。应运用科学技术和科学管理,开发绿色产品,提高产品质量,降低生产成本,努力为广大消费者提供丰富实惠的绿色产品。建设绿色产品基地,运用各种经济杠杆扶持绿色产业。建立绿色产品营销体系,方便消费者购买。加强对绿色产品的监测、监督和管理,维护正常的市场秩序。三是培育优美的生态环境。优美的生态环境是绿色消费赖以存在和发展的根基。应加强国土绿化,提高森林覆盖率,从源头上保护好空气、水、土壤等;转变经济发展方式,形成有利于节约资源和保护环境的经济发展模式,遏制环境污染;加强法制建设,为保护生态环境提供法治保障。

三、绿色消费的误区

1. 绿色消费不等于消费绿色

很多消费者一听到绿色消费这个名词的时候,很容易把它与"天然"联系起来,这样就形成了一个误区——绿色消费变成了"消费绿色"。有的人非绿色食品不吃,但珍稀动物也照吃不误;非绿色产品不用,但是塑料袋却随手乱丢;家居装修时非绿色建材不用,装修起来却热衷于相互攀比。他们所谓的绿色消费行为,只是从自身的利益和健康出发,并不去考虑对环境的保护,违背了绿色消费的初衷。

真正意义上的绿色消费,是指消费活动中,不仅要保证人类的消费需求和安全、健康,还要满足以后的人的消费需求和安全、健康。尼泊尔是生态旅游搞得比较成功的国家。旅游者在进入风景区以前,随身所携带的可丢弃的食品包装必须进行重量核定,如果旅游者背回来的垃圾没有这么多,会遭到罚款。每个游客只允许携带一瓶水或可以再次装水的瓶子,而在山上,瓶装水是不准许出售的。

2. 绿色消费不意味夭人

"绿色"的含义是:给人民身体健康提供更多更好的保护,舒适度有更大的提高,对环境影响有更多的改善。绿色消费不是消费"绿色",而是保护"绿色",即消费行为中要考虑到对环境的影响并且尽量减少负面影响。如果沿着"天然就是绿色"的路走下去的话,结果将是非常可怕的。比如:羊绒衫的大肆流行,掀起了山羊饲养热,而山羊对植被的破坏力惊人,会给生态造成巨大的破坏。因此,绿色消费必须是以保护"绿色"为出发点。

3. 反对攀比和炫耀

随着生产力的发展和社会的进步,人的消费动机日益呈现出多元化的趋势。这本不是坏事。但是,在日常生活中,不少人热衷于相互攀比,追求奢侈豪华,以示炫耀。他们竞相追逐新鲜的、奇特的、高档的、名牌的商品,其行为可谓"醉翁之意不在酒",而在于那些商品的社会象征意义。由此容易形成浮华的世风,刺激人们超前消费和过度消费。

4. 反对危害环境

绿色消费主张食用绿色食品,不吃珍稀动植物制成品,少吃快餐,少喝酒,不吸烟。消费绿色食品有利于人体健康,可以促进有机农业的发展,减少化肥和农药的使用。保护珍稀动植物有利于维护物种的多样性,多样性意味着稳定性,稳定性意味着可持续发展。吸烟和酗酒除了危害人体健康,还影响空气质量和粮食供应。

5. 反对过度消费

过度消费不仅增加了资源索取和环境的污染荷载,而且助长了消费主义和享乐主义的滋生和蔓延。工业化国家比较普遍地存在着过度消费。中国民间流行的婚丧事大操大办、大吃大喝等现象也属于过度消费。这些行为既浪费资源,又没有给人民带来一种满意的生活,对人对己对环境都是弊大于利。节俭消费则会减少对资源的索取和环境的污染荷载,有利于环境保护;如果人主动地放弃多余的物质消费,对充实精神生活、提高精神境界也是很有好处的。在国外,节俭消费源远流长,即使在过度消费盛行的工业化国家,节俭消费也没有被消费主义的狂潮所淹没。在环境问题日益严重的现代社会,实行节俭消费尤其必要。

四、绿色消费亟须解决的问题

绿色消费是当今社会的一大热点话题。继 2008 年全国"两会"期间全国人大代表、天津市环境保护科学研究院总工程师包景岭建议以立法的方式促进绿色消费后,中消协又向中国消费者发出倡议,希望广大消费者从我做起,自觉响应"绿色奥运"的号召,在消费过程中努力做到绿色环保消费,以践行"科技奥运"的精神,弘扬"人文奥运"的理念。

诚然,绿色消费是一种高层次的理性消费,是带着环境意识的消费活动,它体现了人类崭新的道德观、价值观和人生观。事实上,绿色消费已得到国际社会的广泛认同,国际消费者联合会从 1997 年开始,连续开展了以"可持续发展和绿色消费"为主题的活动。在中国,原国家环保总局等 6 个部门在 1999 年启动了以开辟绿色通道、培育绿色市场、提倡绿色消费为主要内容的"三绿工程";中国消费者协会则把 2001 年定为"绿色消费主题年"。党的十七大报告也提出了建设生态文明的目标,并指出要基本形成节约能源资源和保护生态环境的消费模式。

随着环境意识日益深入人心,随着人们生活质量的提高,绿色消费已进入更多人的生活。据调查,至 2008 年 4 月绿色消费总量已达 2500 亿美元,未来 10 年,国际绿色贸易将以 12%~15% 的速度增长。47% 的欧洲人更喜欢购买绿色食品,其中 67% 的荷兰人、80% 的德国人在购买时会考虑环保因素。此外,中国 53.8% 的人乐意消费绿色产品;37.9% 的人表示已经购买过诸如绿色食品、绿色服装、绿色建材、绿色家电等绿色产品。

令人遗憾的是,虽然每年有如此之多的政府部门、专家学者在呼吁绿色消费,也有不少人选择了绿色消费,但绿色消费仍然难以在中国全面推广下去。对此,应该从三个方面来分析原因。

(1)人们的意识还不到位,个人消费需要对环境负责任的观念没有建立起来。大多数消费者虽然有绿色消费的意识,但离真正转化为绿色消费的行动还有很大差距。比如,在就餐时依然使用一次性筷子和一次性餐盒;购买生活用品的时候,基本不用环保购物袋;扔垃圾的时候没有进行可回收与不可回收的区分;有时候会购买过度包装的商品;等等。

(2)管理机制上的缺失,许多产品至今没有统一的绿色检验标准、认证机制,导致绿色市场上鱼目混珠的现象出现,使一些消费者失去购买绿色产品的信心。值得一提的是,由于缺乏政策上的支持,中国绿色产品的质量和技术水平比较低,与发达国家的绿色产品存在着不小的差距;目前绿色产品的品种也不够丰富,尚不能满足人们生活消费的需求。

(3)不少企业没有承担起自己的企业社会责任。企业市场推广的方式,是尽可能地让人们多消费,但这种推崇奢华、过度消费,消耗越来越多自然资源的导向是有问题的。同时,一些不和谐的因素也逐渐显露出来。其中,最典型的表现就是一些家居企业通过各种虚假宣传和假的绿色产品证书欺骗消费者。

解决了以上3个问题,才能让绿色消费真正"绿"起来。所以应长期加强环境教育,让公众了解过度消费的弊端,使绿色消费的理念深入人心。此外,用切实可行的方式推动绿色消费,比如建立绿色超市,把生产过程中超标排放的产品分门别类摆放,使消费者不去选择这些产品。

第二节 绿色消费模式

一、绿色消费与传统消费的差异

传统消费是以满足人的需求为中心的,不管这种需求是否合理、适度,也不管这种需求对生态环境是否造成破坏。在传统消费理念下,人们为满足自己无限膨胀的私欲,疯狂地掠夺大自然,破坏生态环境。绿色消费则以满足人的基本需求为中心,以保护生态环境为宗旨。在绿色消费理念下,人类在开发利用自然资源时,对人类的行为自觉地加以约束和限制,把人类消费行为对自然的破坏降到最低点,直至消失。

1. 着眼点不同

传统消费的着眼点是满足当代人的需求。为满足当代人的需要,大量开采有限的自然资源。这种行为不顾及子孙后代,剥夺了本应属于子孙后代所享有的那部分资源。绿色消费则着眼于可持续性,追求消费公平,这种公平既包括代内消费公平,也包括代际的消费公平。

2. 追求不同

传统消费追求奢华,倡导高消费、多消费和超前消费。在传统消费理念和消费方式下,消费水平的高低,成为衡量人们身份与地位的标准。因此,人们常常不是为满足人的需要而消费,而是为了面子而消费,其结果造成极大的浪费。绿色消费则崇尚自然、纯朴、节俭、适度,主张满足人的基本需要,但它不是倡导禁欲过苦行僧的生活,而是倡导在现有社会生产力发展水平下,在合理、充分利用现有资源的基础上,使人的需要得到最大限度的满足。

3. 结果不同

传统消费已经带来了资源短缺、生态破坏、环境污染的恶果。绿色消费则把环境保护和生态平衡放在首位。在绿色观念指导下,生产消费过程将实施清洁生产技术;生活消费首先是消费绿色产品,其次在消费过程中,不给环境带来污染。

二、绿色消费模式的含义与条件

消费模式是一种新的消费文化的体现,以遵循自然生态规律为基础,是为了实现经济发展和保护环境的双重目标而提出的,是一种有利于可持续发展经济发展的消费模式。建立绿色消费模式,是全面建成小康社会的重要内容,需要全社会的参与和共同努力。

(一)绿色消费模式的含义

绿色消费模式是绿色消费内容、结构和方式的总称。主要阐述两个方面的问题:一是消费者需要消费哪些绿色产品;二是消费者采取什么样的方法、途径和形式去消费这些产品。

绿色消费模式要求消费者在吃穿用住行方面,应积极主动选择绿色健康环保的绿色产品与服务,其次消费者在进行绿色产品的消费过程中应避免对资源的浪费及对环境的污染。

(二)绿色消费模式的条件

在西方,绿色消费模式的建立须具备三个必要条件:①社会公众及消费者要有强烈的绿色消费意识,并积极参与其中;②企业能自觉树立绿色经营观念并付诸实施;③政府参与并不断推动绿色消费运动的发展。

在我国,建立绿色消费模式也需要三个条件:①以政府为主导,推进绿色消费模式的建立;②以消费者为主导,推进绿色消费模式;③以企业主体为主导,推进绿色消费模式。

在绿色消费模式建立与推进的过程中,包括三个层次的内容:第一层次,绿色消费理论及观念的支持,提高国民绿色消费素质是根本,需要政府对国民绿色消费理念的灌输与宣传。第二层次,绿色产品的支持,需要企业实施绿色发展战略、生产绿色产品、传递绿色价值。第三层次,绿色消费模式的实现,需要消费者真正接受绿色产品,理解绿色价值,主动进行绿色消费。只有政府、企业、消费者三方面的共同参与,才能保证绿色消费模式的建立。

第三节 绿色消费者行为分析

一、绿色消费者行为的含义

(一)绿色消费者

绿色消费者是指那些关心生态环境、对绿色产品和服务具有现实和潜在购买意愿和购买力的消费人群。也就是说,绿色消费者是那些具有绿色意识,已经或可能将绿色意识转化为绿色消费行为的人群。

(二)绿色消费者的分类

绿色消费者虽然在总体上有很多共性,如有亲环境的意识、追求生活质量,但他们的绿色意识和绿色消费行为的深度和广度是有层次之分的。企业要想实施有效的绿色营销,搞清影响不同层次的绿色消费者做出购买决策的主要因素,对他们进行细分。

国外有学者根据消费者的环境意识水平对其进行分类,也有的利用消费者自我认定的"绿色度"来区分他们。根据人们消费选择中所体现的对环境关注的程度呈由低到高的一个连续不断的状态,可以将消费者大致分为浅绿色消费者、中绿色消费者、深绿色消费者。

(1)浅绿色消费者:此类消费者只有模糊的绿色意识,他们意识到应对环境进行保护,但没有在消费过程中把这种意识具体化,他们的绿色消费行为大多是无意识的和随机的,是潜在的、不稳定的绿色消费者,对绿色产品的溢价难以接受。群体特征表现为受教育程度和收入水平较低,对环境的态度不积极,比较容易受他人的影响。

(2)中绿色消费者:这类消费者具有较强的环保意识,但对绿色消费还缺乏全面的认识,比如只认识到产品无害性或包装的可循环使用性,而没有认识到生产过程的无污性。他们是选择性消费者,主要选择与自身利益联系比较紧密的绿色产品如绿色食品如绿色建材,对 5%～15% 的绿色产品溢价可以接受。群体特征表现为受教育程度和收入水平一般,对环境的态度比浅绿色消费者积极,受社会相关群体的影响更大。

(3)深绿色消费者:此类消费者的绿色意识已经深深扎根,对绿色消费有全面和深刻的认识,表现为自觉、积极、主动地参与绿色消费,对绿色产品的溢价接受程度大于 15%,会提出新的绿色消费需求。群体特征表现为受教育程度和收入水平较高,对环境的态度很积极。

(三)绿色消费者特征

1. 人口和社会经济因素特征

人口因素和社会经济因素通常包括年龄、职业、社会地位、经济状况、生活方式等。

对绿色消费者特征的分析最早就是从人口和社会经济因素开始的。不同的研究结果对人口和社会经济因素与绿色消费倾向到底是否存在相关性产生了分歧,对该因素内不同变量与绿色消费倾向之间到底存在正相关性还是负相关性的问题上也得出了相反的结论。因此,学术界普遍认为,在识别绿色消费者时,人口和社会经济因素虽然有一定的作用,但却非常有限,不能与个性心理等因素相提并论(Balderjahn)。

2. 文化因素特征

研究发现,绿色消费者倾向于具有较高的社会责任感。对社会责任最简单而又准确的定义是:个人在即使没有报酬的情况下,也愿意帮助他人(Anderson & Cunningham)。其原因在于有社会责任感的人往往受到自己接受的社会价值观的影响(Webest)。而具有较高社会责任感的消费者相比较而言往往会积极参与各种社区或社会活动(Webest)。因此,那些积极参与社区活动以及具有社会责任感的人具有更高的消费倾向,并认为这样的行为应该成为被社会接受的规范。

3. 个性心理因素特征

研究发现,与人口及社会经济因素相比,个性心理因素能更好地辨别绿色消费者(Taylopr & Ahmed)。这其中最主要的因素是控制范围和异化。我们可以把人划分为外在控制型和内在控制型。外在控制型的人往往相信命运或运气,而内在控制型的人相信自己可以掌握更大的控制权(Quick & Jonathan)。通过考察一个人的控制范围和绿色消费倾向的关系,人们发现,内在控制型和消费者的绿色消费倾向之间存在正相关性。内在控制型的消费者认为可以通过自身的努力改善环境质量,从而可能会积极追求绿色的生活方式与环境,因而也更有可能购买绿色产品。

相反,外在控制型的消费者在对待环境问题时,往往会觉得需要外界的帮助,或觉得自己的行为对改善环境没有什么帮助,这种无助的感觉从而会妨碍他们进行绿色消费。异化是指消费者觉得自己与所在社区、社会或文化的不相融程度的感受。一般认为,异化程度较低的消费者更有可能关心社区或社会。因此,他们可能会表示出对环境污染的不满,倾向于购买绿色产品。而异化程度较高的消费者可能对社区或社会的关心程度较低,不愿为购买绿色产品而付出额外的努力。

4. 态度特征

我们可以把消费者在"认为自己能在多大程度上有效减少污染"这个问题上的态度,作为识别绿色消费者的一个标准(Kinnear & Taylor)。识别绿色消费者的另一个重要标准是消费者在"对其他人是否也会有同样行为"这个问题上的态度。绿色消费者相信自己的行动能有效减少污染,相信其他人也会做出同样的行为。换句话说,消费者越相信自身的力量,对别人做出相似行为的认定程度越高,或越相信自己的绿色消费行为可以带动别人的绿色消费行为,就会购买、使用更多的绿色产品。

二、绿色消费者行为分析

(一)绿色消费者行为的含义

绿色消费者行为是指绿色消费者为获取、使用、处理消费物品所采用的各种行动以及事先决定采取这些行动的决策过程。绿色消费者行为研究除了可以了解消费者是如何获取产品与服务,还可以了解消费者是如何消费产品,以及产品在用完或消费之后是如何被处置的。

(二)绿色消费者行为分析研究概况

对绿色消费行为的研究可以追溯到20世纪70年代。这一时期,科学技术的巨大进步、工业经济的迅速发展,导致了严重的生态破坏、环境污染问题。人们的生态意识开始觉醒。Anderson与Cunningham(1972)和Webster(1975)最早开始了对社会意识消费者(socially conscious consumers)的研究,试图通过人口、心理和个人变量来描述这些消费者,Antil与Bennet(1979)还构建了测量社会责任消费行为的量表。这期间学者们开始从多角度研究空气污染、生态破坏、材料回收、垃圾分类及能源保护等方面问题(Kassarjian,1971;Kinnearand,1973;Anderson,1974,Murphy,1979),从此,绿色消费行为研究全面展开。

到了20世纪80年代,环境问题对人类生存的质量以及经济社会的可持续发展构成了越来越大的威胁。这一时期的研究视角有的转向对能源保护和各种环境立法的关注上。如Gillroy与Shapiro(1986)的研究说明,每年公众要求环境保护政策越来越明显了。也有学者从环境社会学家角度,通过环境社会学的理论,结合社会学和心理学,检验环境态度与环境行为的相关性(Butte,1987;Balderjahn,1988)。

90年代初期,消费者开始越来越有环境保护意识和社会责任感了,因此,这一时期的绿色消费行为研究主要集中在具体消费层面上,如回收、节约、绿色广告、产品类别等是绿色消费行为研究的主题。如可生物降解包装产品的购买(Shrum等,1995),无铅汽油、环保洗洁剂和有机食品的购买(Titterington等,1996)。

与此同时,新的研究主题也开始出现,包括对绿色产品消费的个人动机研究、消费者感知效率(Ellen等,1991)和战略联盟(Milne等,1996)的研究。以及普遍环保信念(Grunert-Beckmann & Kilbourne,1997)和环境价值(Grunert & Juhl,1995)研究。目前,学者们的研究进一步深化,如研究消费者绿色信息搜索(绿色标志、绿色品牌、企业形象)和消费者感知,优先购买绿色产品、绿色溢价购买行为等(Larouche等,2001)。

1. 基于消费者角度的绿色消费行为研究

从20世纪70年代到目前为止的40多年的时间内,国内外学者们对绿色消费行为进行了广泛和深入的研究。这些研究主要集中在对影响消费者绿色消费行为因素的分析上,主要包括人口统计、环境态度、生活方式、环境知识等因素。

(1)人口统计变量。人口统计变量是绿色消费行为研究的主要对象,但是,相关的研究结论却互相存在冲突。

一般情况下,绿色消费行为与年龄、性别、家庭结构、教育水平、社会阶层、收入、居民居住地等人口统计变量有强烈的相关关系。许多研究者在这方面领域的调查结果也支持该结论。如住在大城市的居民对环境问题有更积极的态度(Antil,1984;Zimmer,1994);女性和老人更易于表现出绿色消费的倾向和更容易接受对绿色产品的广告宣传(Roberts,1991);老年人有健康意识,愿意为有机食品支付额外的价格;年轻人更有环境意识,但由于他们低下的购买力而不太愿意为此支付更高的价钱(Fotopoulos & Krystallis,2002);教育水平和社会阶层较高的人知道更多的环境知识(Diamantopoulos,2003)。具有较高学历的人对有机食品的态度更积极,需要更多关于有机食品生产和其可信的制造方法的知识,并愿意支付更高的价钱(Wier,2003;何志毅,2004)。

但有些学者则对上述观点提出质疑,认为在绿色消费者个人特征如"性别""年龄""收入""教育"与绿色消费行为之间不存在相关关系(Hounshell & Liggett,1973;Jolibert & Baumgartner,1981;Hines,1986)。也有部分学者认为人口统计因素不适合或者不能单独用来细分绿色消费者(Webster,1975;Brooker,1976;Banerjee,1994;Chan,1999)。

总之,大多数研究者同意在解释影响消费者绿色消费行为时人口统计因素不如环境知识、价值观、环境态度等那么重要。Blackwell(2006)等人认为,虽然可以用各种指标来对人口进行细分,但仅靠单一的人口变量分析不能为行为研究提供合适的答案。

(2)环境态度。国外绝大多数研究结果支持这样的结论,即态度与负责任的环境行为有正相关关系,正向态度者会较多采取负责任的环境行为。如Webster(1975)发现,具有强烈社会意识的消费者,他们更愿意为环境污染采取实际行动、购买绿色产品来影响社会。

Hines等(1986)对以前的128个同类研究所做的元分析发现,环境态度可分为一般态度(针对环境本身的态度)和具体态度(针对环境责任行为的态度)。两种环境态度和具体环境行为都相关。但Mainieri等(1997)的研究发现,一般环境态度对绿色购买行为的预测力很有限,仅对其中一种具体购买行为有适度解释力,而绿色消费信念无论是对一般绿色购买还是对具体绿色购买行为都有很强的解释力。Straughan和Roberts(1999)则识别了一种特殊的环境行为态度——消费者感知效力(consumer perceived effectiveness)。其研究发现,消费者感知效力比一般环境态度对于绿色消费行为更有预测及解释力,可以解释消费行为方差的30%以上,大大超出其他变量的解释力。但针对中国人的相关实证研究的结果未反映上述一致性。台湾学者宴涵文(1991)等人的研究表明,具有正向环境态度者只有少数人能确实采取环境行动。

(3)生活方式。关于绿色消费行为与生活方式关系的研究比较零星。如:Kinnear和Taylor、Ahmed(1999)发现,关心生态保护的消费者,观念较开放,且倾向于认同个人的付出能对环保有所帮助。何志毅、杨少琼(2004)认为,绿色消费者是引导消费潮流的意见领导者,愿意付出更多的支出进行绿色消费。

(4)环境知识。多数研究表明,环境知识和绿色消费行为之间存在相关性,环境知识能在一定程度上解释绿色消费行为。在环境责任行为研究领域，普遍认为个体所拥有的环境知识会对其环境行为有重要影响。Peattie(1995)的研究表明，环境知识拥有程度更高的消费者更易刺激其绿色消费行为。但 Maloney 和 Ward(1973)的研究结果并不支持这一结论。其研究表明，环境友好的行为并不会受到环境知识高低的影响。

Frick(1975)等将环境知识分为系统知识(事实知识)、行动知识(如何行动)和效力知识(行为后果知识)，发现系统知识对环保行为(如节能、垃圾分类等)没有直接影响，而行动知识(包括效力知识)存在较大的直接影响。Amyx(1994)等人发现行动知识比事实知识的影响更大一些。他们的研究表明，事实知识更多与较高收入相联系，而与个人的年龄、教育程度、性别无关。Chan(2001)对北京和广州消费者的研究发现，环境知识对一般绿色购买行为(不涉及具体产品类型)有显著正向影响，不过，这种影响是通过中间变量绿色购买态度或环境情感而实现的，研究中所涉及的环境知识主要是事实知识。

2. 基于企业角度的绿色消费行为研究

从企业角度进行的绿色消费行为研究主要集中在产品、价格、绿色标志、绿色广告、绿色品牌和企业形象方面。

(1) 产品。消费者购买绿色产品主要关注产品核心利益、社会利益、绿色包装等方面。Padel 和 Foster(2005)发现，健康问题似乎是消费者购买有机食品最重要的原因。Efthimia(2008)等人发现，希腊消费者在购买有机食品时也有类似的特征，他们非常关注健康问题，寻求有关营养价值的食品信息和要求更多无化学残留物的食品。同时，Clare D'Souza(2006)等人发现，消费者在购买绿色产品时不仅考虑绿色产品提供的主要核心利益，而且还会考虑到产品对环境安全的社会利益。另外，消费者进行绿色消费时还会依据产品包装来判断产品的环保性从而做出购买决定。D'Souza 和 Taghian(2006)等认为，消费类产品包装为消费者展现出了具体和明显的环境关注的要素。

(2) 价格。绿色产品的价格对消费者购买决策的影响存在显著的差异，环境意识和收入是最显著的影响因素。

环保意识强或者对环境友好的消费者，对绿色产品的价格不太敏感，他们愿意花费更多的价钱购买绿色产品，如 Coddington(1990)的调查表明，67%的美国人说他们愿意为环境友好产品支付5%~10%的溢价。Suchard 和 Polonsky(1991)认为，具有环境意识的消费者愿意为绿色产品支付15%~20%的溢价。Myburgh-Louw 和 Shaughnessy(1994)对英国女性消费者的调查发现，有79%的消费者愿意为拥有品牌的绿色产品支付高达40%的溢价。Gilg、Barr 和 Ford(2005)研究清楚地表明，致力于环保的消费者更可能购买有环保认证的产品，在做出购买决定时更少受到价格因素的影响。

低收入消费者对绿色产品的价格则是敏感的。Shepherd(1996)等人发现，对于低收入的消费者来说，更高的价格是阻碍他们购买有机食品的原因。中国消费者的整体收入较低，而且环境意识与发达国家存在差距，因此中国消费者总体来说对绿色产品的价格比较敏感。2002年中国环境标志认证委员会秘书处先后对北京、武汉、广州和成都四地消费者的调查显示，只有不到8%的消费者愿意为环境改善而支付较高价格。

（3）绿色标志（环境标志）。绿色标志能够为消费者提供及时和相关的产品信息，是一种有效的沟通方式。环境标志有可能修改消费者购买行为，因为消费者愿意寻求环保产品的信息，并且为了做出更好的决定而阅读产品标志（Carlson，1993）。

大多数相关研究主要集中在消费者对产品标志的认知和知识、信任方面，暗示消费者在做出购买决策时把产品标志作为基本的先决条件（OECD，1997）。

认识标志就是认识标志的图案以及含义，认识标志并不一定表示理解标志的含义。Caswell 和 Mojduszka（1996）的研究指出，消费者会积极寻求产品标志的环境安全信息，但对产品标志中的"绿色信息"术语表达的理解存在一定程度的混乱。Schwartz 和 Miller（1991）也得出了类似的结论。Morris、Hastak 和 Mazis（1995）的研究显示，只有5%的美国消费者对标志的术语如"可回收"等完全理解。

绿色标志还存在信任问题。Chase 和 Smith（1992）发现，虽然70%的受访者在购买决策时会受到广告中的环保信息和产品标志的影响，但大多数受访者认为产品的环保声明并不可信。Carlson 和 Polonsky（1993，1998）证实了这一点，他们发现有关产品的环保特性存在虚假陈述、信息不透明、歧义或者缺乏健全和科学的证据，甚至有误导消费者的情况。

Hansen 和 Kull（1994）研究发现，许多消费者都对绿色标志的信息产生怀疑，只有当消费者信任标志所传达的信息时，他们才会把绿色标志作为购买决策的依据，并且消费者对公共部门或第三方组织授予的绿色标志的信任远远大于生产商和零售商提供的产品标志。

（4）绿色广告。关于绿色广告的研究主要集中在绿色广告的动机、消费者对绿色广告的态度和信任方面。

Lyer（1995）的研究表明，大多数绿色广告都是聚焦于"利他动机"，以推动消费者加入绿色消费行为中来保护环境。

Button 和 Lictenstein（1988）在评估消费者对绿色广告的态度时发现，低介入度的消费者似乎对绿色广告有更强烈的欲望。Batra 和 Ray（1986）也认为，消费者的情感和认知会影响他们对绿色广告的态度。

消费者经常暴露在"可回收""环境友好""臭氧安全""可降解"等绿色广告术语中，但 Chase 和 Smith（1992）的一项研究指出，只有6%的人相信绿色广告，90%的人认为这些信息不完全可信或在一定程度上是可信的。这表明不少消费者对绿色广告传递的信息并不信任。

（5）绿色品牌。虽然多年来绿色营销是一个重要的研究课题，但几乎很少对绿色品牌进行专门的研究（Kassarjian，Schlegelmilch，Kalafatis 等，1971，1996，1999）。

绿色品牌是指一组特定的品牌属性和减少对环境影响或是无害于环境的品牌属性（Hartmann，2005）。消费者通过消费绿色品牌得到自我表现，向他人证实其环保意识（Belz & Dyllik，1996）。

绿色定位是绿色品牌战略成功的一个关键因素（Meffert，Kirchgeorg，1993）。相关研究主要从功能性品牌属性和情感性利益出发。Patrick Hartmann 等（2005）认为这两方面更加优于非绿色的普通品牌。

杨晓燕和周懿瑾（2006）在研究绿色品牌时提出"绿色价值"（green value）这一顾客感知价值的新维度。在随后的研究中，杨晓燕和胡晓红（2008）认为，企业不仅要保证绿色品牌对环境友好，还要向消费者传播绿色品牌的绿色价值，让消费者确信绿色品牌具有绿色价值，激发消费者主动购买绿色品牌产品的意愿。

（6）企业形象。企业对社会负责和对环境的关注反映了企业的声誉，其在一定程度上影响着消费者的绿色消费行为。消费者对公司环境战略问题的认知将有助于其对绿色产品整体的认知。

Dagnoli（1991）发现，77%的受访者说公司的环境信誉影响他们所选择的品牌。Clare和 Mehdi 等（2006）结果表明，顾客对一些优先考虑企业盈利而不是减少污染和遵守环保法规的公司的产品，总体上是呈消极和负面的态度。

3. 基于社会文化角度的绿色消费行为研究

从社会文化角度来看，相关的研究主要从价值观和主观规范方面展开。

（1）价值观。价值观是人类需要和行为最基本的决定因素之一。个人持有的价值观对其行为的影响可能使他自发地要做对社会有利的事（McCarty & Shrum,1994）。

根据 Triandis（1993）的观点，个体主义和集体主义是影响消费者行为的两种主要价值观。McCarty 和 Shrum（1994）对此进行了解释，认为集体主义者比个体主义者更具合作性，消费者的集体主义倾向对其绿色消费行为存在着重大影响。

Larouche（2001）的研究证明了这一观点。他以美国北部消费者为例，选择了 10 种价值观，分别是集体主义（爱、助人、友谊）、安全、生活享受（激动人心、愉快）以及个体主义（成就感、自尊、自我实现、独立），来研究价值观与消费者溢价绿色购买意向之间的关系，结果发现，只有集体主义和安全两个价值观对溢价绿色购买意图有显著的直接影响。

中国人秉承集体主义的价值观，强调把某特定社会组织的利益放在首位。Li（1997）的研究发现，集体主义取向对中国消费者寻求绿色产品信息的习惯和实际的绿色消费有着显著影响。Chan（2001）通过对广州和北京消费者的取样，证实了集体主义价值观透过绿色购买态度和意向而对绿色购买存在间接影响。

中国道家的价值观强调人与自然的和谐——天人合一，这一价值观与绿色消费相吻合。Chan（2001）等的研究对这一假设提供了支持。研究发现，那些比其他产品花费更多钱定期购买绿色产品的消费者，在"自然导向"的测量方面可能获得更高分。

（2）主观规范。主观规范反映某人的重要参照群体希望他从事或不从事某种行为的认知。对于绿色消费行为，一些研究假定，中国消费者的内部社会影响（如家庭）和外部社会影响（如朋友和邻居）都可能是主观规范的重要决定因素。

作为重要的参照群体，家庭影响着消费者的行为。林玉贵（2000）的研究表明，家庭社会经济地位越高，对绿色食品消费的认知与行为意图就越好。但陈思利（2002）的研究发现，父母亲的教育程度与环境行为无关。因此，父母教育程度的影响可能会因其他因素的不同而对行为产生不同的结果。

Kaman Lee(2008)发现,一个环境友好型的形象可能会给其他人留下良好的形象,这特别能激励在现阶段寻求身份和认同的青少年,绿色消费行为在青少年中发挥着象征性的功能。

综述国内外的文献可以发现,学者们对绿色消费及其影响因素开展了比较广泛和深入的研究,得出了一些有价值的结论,这些结论对企业把握绿色消费行为并进行有效的营销决策是非常有用的。

（三）绿色消费行为的研究还存在的不足之处

(1)研究总体上还有待深化,相比消费者行为研究的其他方面,目前绿色消费行为的研究从文献数量上还相对较少,许多研究都只是停留在比较表面的层次,还有许多深层的研究问题有待发掘。

(2)研究结论存在冲突。如前所述,许多研究的结论之间并不统一,而且有些正好相互对立。

(3)目前关于中国市场的绿色消费行为的研究还很少,许多研究也只是把西方的研究结论拿到中国来进行检验,这显然是不妥的。中国市场由于经济发展水平、经济发展阶段、政策、文化和价值观都与西方发达国家存在差异,这些都会对中国消费者的绿色消费行为产生重大的影响。

（四）对于绿色消费行为研究的展望

(1)进一步深化相关的研究,如消费者在绿色消费中的感知价值和感知风险的研究,消费者对绿色品牌的态度研究,价值观念与绿色消费行为的关系研究等。

(2)要结合中国市场特殊的背景进行研究,如中国的环保政策对消费者绿色消费行为的影响研究,中外消费者绿色消费行为的对比研究,中国传统文化中的绿色观念研究等。

三、影响绿色消费者消费行为的主要因素

（一）个人因素

1. 收入是实际购买选择的重要制约因素

由于绿色产品在定价时要把保护环境所支出的成本纳入其中,或者采用新工艺、新材料,所以价格相对较高。许多消费者并非不关心环境问题,但由于收入有限,在实际做出购买决策时,实用主义就会占上风。根据美国芝加哥大学哈里斯学院的Don Coursey的一项研究成果表明,在影响人们绿色消费的诸因素中,收入是最重要的因素。一旦人均月收入达5000美元以上,人们就会花钱在改善环境方面,进行绿色消费。我国学者的研究也有同样的结论。在北京的一项调查显示,家庭月收入在1000元以下的人对5%的绿色产品溢价一般不接受。而月家庭收入在8000元以上的人100%购买过绿色产品,其购买行为明显表现出深绿色消费者的特征。

2. 教育水平对人的行为影响巨大

一般来说,受过良好教育的人更能正确认识人类与环境的关系,更具有社会责任感,更能接受绿色消费的观念。国外学者的研究成果也表明,年轻、受过良好教育、政治上比较自由的人群比其他人群更关心环境。我国的研究也表明,教育水平最高的一组消费者对绿色产品溢价接受能力最强,对以往购买绿色产品的价格满意度最高。

3. 个性因素也能影响消费者对绿色消费的态度和行动

一个人的个性可以划分成内在控制型和外在控制型。外在控制型的人相信命运或运气,而内在控制型的人相信自己可以掌握更大的控制权。在关心生态问题上,内在控制型的消费者可能会积极看待绿色生活方式,从而更可能购买绿色产品。相反,外在控制型的消费者面对污染问题会有无助的感觉,认为自己买不买绿色产品对整个环境的改善于事无补。

(二)心理因素

1. 绿色消费行为源于消费者追求生活品质的动机

当消费者基本的生理需求满足以后,他们开始追求超越"物质"的生活,向往美好的生活品质,关注我们赖以生存的地球,关心人类与自然的可持续的、协调的发展。

2. 学习对绿色消费行为的产生、强化有极大的影响

人们绿色消费意识的产生和绿色消费的实践行动,主要来源于以下三个方面:一是日益严重的环境问题损害了人们的正常生活,引起了人们的密切关注。二是环保知识的普及推广,全社会对环保运动的推动,提高了消费者在环保方面的素质。三是消费者的个人绿色消费经验的积累,从中感受到绿色消费对自身和社会的好处。比如一个消费者开始尝试了绿色食品,出现了好的效果会产生强化作用,增强他对绿色产品的好感和信心,然后也许会扩大绿色消费的范围,如购买节能家电、绿色家具等。

3. 人们的态度与绿色消费行为之间存在着复杂的关系

态度是一个人在对某些事物或观念长期持有的好与坏的认识上的评价、情感上的感受和行动倾向。德国学者巴得加的研究认为,一个消费者对污染问题的认识程度会影响他对环保的态度,对环保的态度又会影响他对绿色生活方式的态度,对绿色生活方式持积极态度的人会参与绿色产品的购买和消费活动。简单地表示,即对污染的认识环保的态度—对绿色生活方式的态度— 绿色消费行动。

但是我们常常发现积极的态度并不等于积极的行动。从心理学上说,这与态度的形成过程有关。在态度的形成过程中有两种情形:一种是消费者对宣传的一般性观点接受了,引起对环境态度的改变;另一种是消费者对宣传的问题的相关细节进行了更深层次的思考,然后形成新的态度。这两种方式形成的态度中,后一种更强有力,更可能引导行为选择。所以,企业在宣传、沟通中就需要提供详细的生产过程和绿色产品的信息,促使消费行为的产生。

四、对企业开展绿色营销的启示

1. 重视对绿色生活方式和绿色产品的宣传

这是当前实施绿色营销的首要任务。对绿色生活方式的宣传可以在全社会形成一种崇尚绿色消费的社会气氛,使越来越多的消费者相信绿色消费是理智的、时尚的、高品位的行为,使保护生态环境、主动承担社会责任逐渐成为个人素质、文明修养、身份地位的重要标志。

由于绿色产品大多采用较为先进的生产工艺、技术和材料,成本相对较高,因此必须通过通俗易懂的宣传方式,使消费者深入了解绿色产品为什么是绿色的,对自己和全社会有什么好处,使消费者在获得充分的信息和科学知识的基础上有深层次的理解,形成绿色消费态度,进而采取行动。

(二)通过旗帜消费者影响其他消费者

深绿色消费者,他们已经具备坚定的绿色消费意识,对绿色产品持积极认可态度,能够承受的绿色产品溢价较高,企业应当把他们培育为旗帜消费者,通过他们的示范作用影响和改变其他消费者对绿色消费的态度。从绿色消费的好处和社会仰慕人群(如成功的科学家、企业家、明星)的影响力两个方面,促使浅绿色消费者和中绿色消费者把对绿色消费的积极态度转化为实际行动。同时,深绿色消费者也是企业绿色产品开发的重要创意来源,企业应重视他们的意见,重点满足他们的绿色消费要求。

第三章 绿色营销的理论基础

绿色营销是可持续发展理论和循环经济、生态经济理论与市场营销观念相结合的理论,是生态文化兴起的产物。可持续发展理论、循环经济理论、生态经济理论要求人类改变生产和消费方式,对企业来说,要适应社会的发展,满足不断变化的消费需求,就要树立顺应市场变化的绿色营销观念

第一节 可持续发展理论

一、可持续发展思潮探源与沿革

可持续发展理论(the theory of sustainable development)的形成经历了相当长的历史过程。20世纪50—60年代,人们在经济增长、城市化、人口、资源等所形成的环境压力下,对"增长=发展"的模式产生怀疑并展开讲座。1962年,美国海洋生物学家蕾切尔·卡逊(Rachel Carson)发表了一部引起很大轰动的环境科普著作《寂静的春天》,作者描绘了一幅由于农药污染所产生的可怕景象,惊呼人们将会失去"春光明媚的春天",在世界范围内引发了人类关于发展观念上的争论。10年后,两位著名美国学者巴巴拉·沃德(Barbara Ward)和雷内·杜博斯(Rene Dubos)的享誉全球的著作《只有一个地球》问世,把人类生存与环境的认识推向一个新境界——可持续发展的境界。同年,一个非正式国际著名学术团体即罗马俱乐部发表了有名的研究报告《增长的极限》(*The*;*Limits to Growth*),明确提出"持续增长"和"合理的持久的均衡发展"的概念。1987年,以挪威首相布伦特兰(Brundt land)为主席的联合国世界与环境发展委员会发表了一份报告《我们共同的未来》,正式提出可持续发展概念,并以此为主题对人类共同关心的环境与发展问题进行了全面论述,受到世界各国政府和社会舆论的极大重视,在1992年联合国环境与发展大会上可持续发展要领得到与会者共识与承认。

(一)缘于一个海洋生物学家对鸟类的关怀

在所有可持续发展大事记中,有一个美国海洋生物学家的名字总会被提起,她就是蕾切尔·卡逊(Rachel Carson)。这是因为在20世纪中叶她推出了一本论述杀虫剂,特别是滴滴涕对鸟类和生态环境毁灭性危害的著作——《寂静的春天》。尽管这本书的问世使卡逊一度备受攻击、诋毁,但书中提出的有关生态的观点最终还是被人们所接受。环境问题从此由一个边缘问题逐渐走向全球政治、经济议程的中心。在这之后,随着公害问题的加剧和能源危机的出现,人们逐渐认识到把经济、社会和环境割裂开来谋求发展,只能给地球和人类社会带来毁灭性的灾难。源于这种危机感,可持续发展的思想在20世纪80年代逐步形成。1983年11月,联合国成立了世界环境与发展委员会(WECD)。1987年,受联合国委托,以挪威前首相布伦特兰夫人为首的WECD的成员们,把经过4年研究和充分论证的报告——《我们共同的未来》(*Our Common Future*)提交联合国大会,正式提出了"可持续发展"(Sustainable development)的概念和模式。"可持续发展"一词在国际文件中最早出现于1980年由国际自然保护同盟制定的《世界自然保护大纲》,其概念最初源于生态学,指的是对于资源的一种管理战略。其后被广泛应用于经济学和社会学范畴,加入了一些新的内涵,是一个涉及经济、社会、文化、技术和自然环境的综合的动态的概念。

(二)从"增长极限问题"的讨论中受到启发

地球环境的"承载能力"是否有界限?发展的道路与地球环境的"负荷极限"如何相适应?人类社会的发展应如何规划才能实现人类与自然的和谐,既保护人类,也维护地球的健康?试图回答这些问题是一个由知识分子组成的名为"罗马俱乐部"的组织。1972年他们发表了题为《增长的极限》的报告。报告根据数学模型预言:在未来一个世纪中,人口和经济需求的增长将导致地球资源耗竭、生态破坏和环境污染。除非人类自觉限制人口增长和工业发展,这一悲剧将无法避免。这项报告发出的警告启发了后来者。从20世纪80年代开始,最早见诸《寂静的春天》中的"可持续发展"一词,逐渐成为流行的概念。

(三)国际化与世界环境发展大会

1987年,世界环境与发展委员会在题为《我们共同的未来》的报告中,第一次阐述了"可持续发展"的概念。在可持续发展思想形成的历程中,最具国际化意义是1992年6月在巴西里约热内卢举行的联合国环境与发展大会。在这次大会上,来自世界178个国家和地区的领导人通过了《21世纪议程》《气候变化框架公约》等一系列文件,明确把发展与环境密切联系在一起,使可持续发展走出仅仅在理论上探索的阶段,响亮地提出了可持续发展的战略,并将之付诸为全球的行动。

(四)过去100年人类最深刻的一次警醒

可持续发展的思想是人类社会发展的产物。它体现着对人类自身进步与自然环境关系的反思。这种反思反映了人类对自身以前走过的发展道路的怀疑和抛弃,也反映了人类对今后选择的发展道路和发展目标的憧憬和向往。人们逐步认识到过去的发展道路是不可持续的,或至少是持续不够的,因而是不可取的。唯一可供选择的道路是走可持续发展之路。人类的这一次反思是深刻的,反思所得的结论具有划时代的意义。这正是可持续发展的思想在全世界不同经济水平和不同文化背景的国家能够得到共识和普遍认同的根本原因。可持续发展是发展中国家和发达国家都可以争取实现的目标,广大发展中国家积极投身到可持续发展的实践中也正是可持续发展理论风靡全球的重要原因。美国、德国、英国等发达国家和中国、巴西这样的发展中国家都先后提出了自己的21世纪议程或行动纲领。尽管各国侧重点有所不同,但都不约而同地强调要在经济和社会发展的同时注重保护自然环境。正是因为这样,很多人类学家都不约而同地指出,"可持续发展"思想的形成是人类在20世纪中,对自身前途、未来命运与所赖以生存的环境之间最深刻的一次警醒。

(五) 从警醒开始付诸行动

当今世界,环境保护成了当代企业发展的口号。在能源领域,发达国家不约而同地将技术重点转向水能、风能、太阳能和生物能等可更新能源上;在交通运输领域,研制燃料电池车或其他清洁能源车辆已成为各大汽车商技术开发能力的标志;在农业领域,无化肥、无农药和无毒害的生态农产品已成为消费者的首选;在城市规划和建筑业中,尽量减少能源和水的消耗,同时也减少废水废弃物排放的"生态设计"和"生态房屋"已成为近年来发达国家建筑业的招牌。

(六) 思想认同后的实践分歧

可持续发展理论的形成和发展过程中,在认知层面上发达国家与发展中国家产生了空前的一致,这也是20世纪在所有涉及发达国家与发展中国家的国际问题的讨论中所绝无仅有的。与此同时,人们也注意到,目前可持续发展的思想更多的是在发达国家中得到实践和探索。而在人类社会通往和谐发展的道路上,可持续发展概念的实施依然面对重重障碍。

(1) 南北不平衡是未来可持续发展的最大阻力。发达国家不仅通过两次工业革命获得了经济上的优势,而且在自然资源的占有和消费上达到了奢侈的境地。据经合组织统计,美国每年人均能源消费量达到了全球平均水平的5倍。发达国家享有工业革命的利益,却又力图回避与逃脱自身对全球环境应负的责任。这也成为全球可持续发展道路上的绊脚石。2000年,在海牙举行的20世纪最后一次《联合国气候变化框架公约》缔约方大会就因个别发达国家的阻挠而未能达成协议,使框架公约得以贯彻的前景变得黯淡。

(2) 就发展中国家而言,追求自身进步与发展、提高居民生活水平的权利无可剥夺。但是,发展是否应该沿袭发达国家的"样板"?这也成为通往可持续发展之路上的困惑。典型的美国发展模式——大量占有和奢侈消费自然资源、同时大量排放污染——是否值得广大发展中国家仿效?这不仅在发展中国家,而且在日本和欧洲等这样的发达国家和地区,也都成为思考的热点。

二、全球具有较大影响的几类可持续发展概念

与任何经济理论和概念的形成和发展一样,可持续发展概念形成了不同的流派,这

些流派或对相关问题有所侧重,或强调可持续发展中的不同属性。从全球范围来看,比较有影响的有以下几类:

1. 着重于从自然属性定义可持续发展

较早的时候,持续性这一概念是由生态学家首先提出来的,即所谓生态持续性。它旨在说明自然资源及其开发利用程度间的平衡。1991年11月,国际生态学协会(Intecol)和国际生物科学联合会(Iubs)联合举行关于可持续发展问题的专题研讨会。该研讨会的成果不仅发展而且深化了可持续发展概念的自然属性,将可持续发展定义为:保护和加强环境系统的生产和更新能力。从生物圈概念出发定义可持续发展,是从自然属性方面定义可持续发展的一种代表,即认为可持续发展是寻求一种最佳的生态系统以支持生态的完整性和人类愿望的实现,使人类的生存环境得以持续。

2. 着重于从社会属性定义可持续发展

1991年,由世界自然保护同盟、联合国环境规划署和世界野生生物基金会共同发表了《保护地球——可持续生存战略》(Caring For the Earth: A strategy For Sustainable Living)(简称《生存战略》)。《生存战略》提出的可持续发展定义为"在生存于不超出维持生态系统涵容能力的情况下,提高人类的生活质量",并且提出可持续生存的九条基本原则。在这九条基本原则中,既强调了人类的生产方式与生活方式要与地球承载能力保持平衡,保护地球的生命力和生物多样性,同时,又提出了人类可持续发展的价值观和130个行动方案,着重论述了可持续发展的最终落脚点是人类社会,即改善人类的生活质量,创造美好的生活环境。《生存战略》认为,各国可以根据自己的国情制定各不相同的发展目标。但是,只有在"发展"的内涵中包括有提高人类健康水平、改善人类生活质量和获得必需资源的途径,并创造一个保持人们平等、自由、人权的环境,"发展"只有使我们的生活在所有这些方面都得到改善,才是真正的"发展"。

3. 着重于从经济属性定义可持续发展

这类定义有不少表达方式。不管哪一种表达方式,都认为可持续发展的核心是经济发展。在《经济、自然资源、不足和发展》一书中,作者 Edward B. Barbier 把可持续发展定义为"在保持自然资源的质量和其所提供服务的前提下,使经济发展的净利益增加到最大限度"。还有的学者提出,可持续发展是"今天的资源使用不应减少未来的实际收入"。当然,定义中的经济发展已不是传统的以牺牲资源和环境为代价的经济发展,而是"不降低环境质量和不破坏世界自然资源基础的经济发展"。

4. 着重于从科技属性定义可持续发展

实施可持续发展,除了政策和管理国家之外,科技进步起着重大作用。没有科学技术的支持,人类的可持续发展便无从谈起。因此,有的学者从技术选择的角度扩展了可持续发展的定义,认为"可持续发展就是转向更清洁、更有效的技术,尽可能接近'零排放'或'密闭式'工艺方法,尽可能减少能源和其他自然资源的消耗"。还有的学者提出,"可持续发展就是建立极少产生废料和污染物的工艺或技术系统"。他们认为,污染并不是工业活动不可避免的结果,而是技术差、效益低的表现。

5. 被国际社会普遍接受的布氏定义的可持续发展

1988年以前,可持续发展的定义或概念并未正式引入联合国的"发展业务领域"。1987年,布伦特兰夫人主持的世界环境与发展委员会,对可持续发展给出了定义:"可持续发展是指既满足当代人的需要,又不损害后代人满足需要的能力的发展。"1988年春,在联合国开发计划署理事会全体委员会的磋商会议期间,围绕可持续发展的含义,发达国家和发展中国家展开了激烈争论,最后磋商达成一个协议,即请联合国环境署理事会讨论并对"可持续发展"一词的含义,草拟出可以为大家所接受的说明。1981年5月举行的第15届联合国环境署理事会期间,经过反复磋商,通过了《关于可持续的发展的声明》。

三、可持续发展定义的基本要素

可持续发展定义包含两个基本要素或两个关键组成部分:"需要"和对需要的"限制"。满足需要,首先是要满足贫困人民的基本需要。对需要的限制主要是指对未来环境需要的能力构成危害的限制,这种能力一旦被突破,必将危及支持地球生命的自然系统如大气、水体、土壤和生物。决定两个基本要素的关键性因素是:

(1)收入再分配以保证不会为了短期生存需要而被迫耗尽自然资源;

(2)降低主要是穷人对遭受自然灾害和农产品价格暴跌等损害的脆弱性;

(3)普遍提供可持续生存的基本条件,如卫生、教育、水和新鲜空气,保护和满足社会最脆弱人群的基本需要,为全体人民,特别是为贫困人民提供发展的平等机会和选择自由。

四、可持续发展的内涵

从全球普遍认可的概念中,我们可以梳理出可持续发展有以下几个方面的丰富内涵:

1. 共同发展

地球是一个复杂的巨系统,每个国家或地区都是这个巨系统不可分割的子系统。系统的最根本特征是其整体性,每个子系统都和其他子系统相互联系并发生作用,只要一个系统发生问题,都会直接或间接影响到其他子系统,甚至会诱发系统的整体突变,这在地球生态系统中表现最为突出。因此,可持续发展追求的是整体发展和协调发展,即共同发展。

2. 协调发展

协调发展包括经济、社会、环境三大系统的整体协调,也包括世界、国家和地区三个空间层面的协调,还包括一个国家或地区经济与人口、资源、环境、社会以及内部各个阶层的协调,持续发展源于协调发展。

3. 公平发展

世界经济的发展呈现出因水平差异而表现出来的层次性,这是发展过程中始终存在的问题。但是这种发展水平的层次性若因不公平、不平等而引发或加剧，就会因为局部而上升到整体，并最终影响到整个世界的可持续发展。可持续发展思想的公平发展包含两个纬度：一是时间纬度上的公平，当代人的发展不能以损害后代人的发展能力为代价；二是空间纬度上的公平，一个国家或地区的发展不能以损害其他国家或地区的发展能力为代价。

4. 高效发展

公平和效率是可持续发展的两个轮子。可持续发展的效率不同于经济学的效率，可持续发展的效率既包括经济意义上的效率，也包含着自然资源和环境的损益的成分。因此，可持续发展思想的高效发展是指经济、社会、资源、环境、人口等协调下的高效率发展。

5. 多维发展

人类社会的发展表现出全球化的趋势，但是不同国家与地区的发展水平是不同的，而且不同国家与地区又有着异质性的文化、体制、地理环境、国际环境等发展背景。此外，因为可持续发展又是一个综合性、全球性的概念，要考虑到不同地域实体的可接受性，因此，可持续发展本身包含了多样性、多模式的多维度选择的内涵。因此，在可持续发展这个全球性目标的约束和制导下，各国与各地区在实施可持续发展战略时，应该从国情或区情出发，走符合本国或本区实际的、多样性、多模式的可持续发展道路。

五、可持续发展的主要内容

在具体内容方面，可持续发展涉及可持续经济、可持续生态和可持续社会三方面的协调统一，要求人类在发展中讲究经济效益、关注生态和谐和追求社会公平，最终达到人的全面发展。这表明，可持续发展虽然缘起于环境保护问题，但作为一个指导人类走向21世纪的发展理论，它已经超越了单纯的环境保护。它将环境问题与发展问题有机地结合起来，已经成为一个有关社会经济发展的全面性战略。

1. 在经济可持续发展方面

可持续发展鼓励经济增长而不是以环境保护为名取消经济增长，因为经济发展是国家实力和社会财富的基础。但可持续发展不仅重视经济增长的数量，更追求经济发展的质量。可持续发展要求改变传统的以"高投入、高消耗、高污染"为特征的生产模式和消费模式，实施清洁生产和文明消费，以提高经济活动中的效益、节约资源和减少废物。从某种角度上，可以说集约型的经济增长方式就是可持续发展在经济方面的体现。

2. 在生态可持续发展方面

可持续发展要求经济建设和社会发展要与自然承载能力相协调。发展的同时必须保护和改善地球生态环境，保证以可持续的方式使用自然资源和环境成本，使人类的发展控制在地球承载能力之内。因此，可持续发展强调了发展是有限制的，没有限制就没有发展的持续。生态可持续发展同样强调环境保护，但不同于以往将环境保护与社会发展对立的做法，可持续发展要求通过转变发展模式，从人类发展的源头、从根本上解决环境问题。

3. 在社会可持续发展方面

可持续发展强调社会公平是环境保护得以实现的机制和目标。可持续发展指出,世界各国的发展阶段可以不同,发展的具体目标也各不相同,但发展的本质应包括改善人类生活质量,提高人类健康水平,创造一个保障人们平等、自由、教育、人权和免受暴力的社会环境。这就是说,在人类可持续发展系统中,经济可持续是基础,生态可持续是条件,社会可持续才是目的。21世纪人类应该共同追求的是以人为本位的自然—经济—社会复合系统的持续、稳定、健康发展。

作为一个具有强大综合性和交叉性的研究领域,可持续发展涉及众多的学科,可以有不同重点的展开。例如,生态学家着重从自然方面把握可持续发展,理解可持续发展是不超越环境系统更新能力的人类社会的发展;经济学家着重从经济方面把握可持续发展,理解可持续发展是在保持自然资源质量和其持久供应能力的前提下,使经济增长的净利益增加到最大限度;社会学家从社会角度把握可持续发展,理解可持续发展是在不超出维持生态系统涵容能力的情况下,尽可能地改善人类的生活品质;科技工作者则更多地从技术角度把握可持续发展,把可持续发展理解为是建立极少产生废料和污染物的绿色工艺或技术系统。

六、可持续发展理论的基本特征

可持续发展理论的基本特征可以简单地归纳为经济可持续发展(基础)、生态(环境)可持续发展(条件)和社会可持续发展(目的)。

1. 可持续发展鼓励经济增长

它强调经济增长的必要性,必须通过经济增长提高当代人的福利水平,增强国家实力和社会财富。但可持续发展不仅要重视经济增长的数量,更要追求经济增长的质量。这就是说经济发展包括数量增长和质量提高两部分。数量的增长是有限的,而依靠科学技术进步,提高经济活动中的效益和质量,采取科学的经济增长方式才是可持续的。

2. 可持续发展的标志是资源的永续利用和良好的生态环境

经济和社会发展不能超越资源和环境的承载能力。可持续发展以自然资源为基础,同生态环境相协调。它要求在保护环境和资源永续利用的条件下,进行经济建设,保证以可持续的方式使用自然资源和环境成本,使人类的发展控制在地球的承载力之内。要实现可持续发展,必须使可再生资源的消耗速率低于资源的再生速率,使不可再生资源的利用能够得到替代资源的补充。

3. 可持续发展的目标是谋求社会的全面进步

发展不仅仅是经济问题,单纯追求产值的经济增长不能体现发展的内涵。可持续发展的观念认为,世界各国的发展阶段和发展目标可以不同,但发展的本质应当包括改善人类生活质量,提高人类健康水平,创造一个保障人们平等、自由、教育和免受暴力的社会环境。这就是说,在人类可持续发展系统中,经济发展是基础,自然生态(环境)保护是条件,社会进步才是目的。而这三者又是一个相互影响的综合体,只要社会在每一个时间段内都能保持与经济、资源和环境的协调,这个社会就符合可持续发展的要求。显然,在新的世纪里,人类共同追求的目标,是以人为本的自然—经济—社会复合系统的持续、稳定、健康的发展。

七、可持续发展理论的基本原则

1. 公平性原则

所谓公平是指机会选择的平等性。可持续发展的公平性原则包括两个方面:一方面是本代人的公平即代内之间的横向公平;另一方面是指代际公平性,即世代之间的纵向公平性。可持续发展要满足当代所有人的基本需求,给他们机会以满足他们要求过美好生活的愿望。可持续发展不仅要实现当代人之间的公平,而且也要实现当代人与未来各代人之间的公平,因为人类赖以生存与发展的自然资源是有限的。从伦理上讲,未来各代人应与当代人有同样的权利来提出他们对资源与环境的需求。可持续发展要求当代人在考虑自己的需求与消费的同时,也要对未来各代人的需求与消费负起历史的责任,因为同后代人相比,当代人在资源开发和利用方面处于一种无竞争的主宰地位。各代人之间的公平要求任何一代都不能处于支配的地位,即各代人都应有同样选择的机会。

2. 持续性原则

这里的持续性是指生态系统受到某种干扰时能保持其生产力的能力。资源环境是人类生存与发展的基础和条件,资源的持续利用和生态系统的可持续性是保持人类社会可持续发展的首要条件。这就要求人们根据可持续性的条件调整自己的生活方式,在生态可能的范围内确定自己的消耗标准,要合理开发、合理利用自然资源,使再生性资源能保持其再生产能力,非再生性资源不至过度消耗并能得到替代资源的补充,环境自净能力能得以维持。可持续发展的可持续性原则从某一个侧面反映了可持续发展的公平性原则。

3. 共同性原则

可持续发展关系到全球的发展。要实现可持续发展的总目标,必须争取全球共同的配合行动,这是由地球整体性和相互依存性所决定的。因此,致力于达成既尊重各方的利益,又保护全球环境与发展体系的国际协定至关重要。正如《我们共同的未来》中写的:"今天我们最紧迫的任务也许是要说服各国,认识回到多边主义的必要性","进一步发展共同的认识和共同的责任感,是这个分裂的世界十分需要的"。这就是说,实现可持续发展就是人类要共同促进自身之间、自身与自然之间的协调,这是人类共同的道义和责任。

八、可持续发展的基本思想

1. 可持续发展并不否定经济增长

经济发展是人类生存和进步所必需的,也是社会发展和保持、改善环境的物质保障。

特别是对发展中国家来说,发展尤为重要。目前发展中国家正经受贫困和生态恶化的双重压力,贫困是导致环境恶化的根源,生态恶化更加剧了贫困。尤其是在不发达的国家和地区,必须正确选择使用能源和原料的方式,力求减少损失、杜绝浪费,减少经济活动造成的环境压力,从而达到具有可持续意义的经济增长。既然环境恶化的原因存在于经济过程之中,其解决办法也只能从经济过程中去寻找。目前急需解决的问题是研究经济发展中存在的扭曲和误区,并站在保护环境,特别是保护全部资本存量的立场上去纠正它们,使传统的经济增长模式逐步向可持续发展模式过渡。

2. 可持续发展以自然资源为基础,同环境承载能力相协调

可持续发展追求人与自然的和谐。可持续性可以通过适当的经济手段、技术措施和政府干预得以实现,目的是减少自然资源的消耗速度,使之低于再生速度。如形成有效的利益驱动机制,引导企业采用清洁工艺和生产非污染物品,引导消费者采用可持续消费方式,并推动生产方式的改革。经济活动总会产生一定的污染和废物,但每单位经济活动所产生的废物数量是可以减少的。如果经济决策中能够将环境影响全面、系统地考虑进去,可持续发展是可以实现的。"一流的环境政策就是一流的经济政策"的主张正在被越来越多的国家接受,这是可持续发展区别于传统发展的一个重要标志。相反,如果处理不当。环境退化的成本将是十分巨大的,甚至会抵消经济增长的成果。

3. 可持续发展以提高生活质量为目标,同社会进步相适应

单纯追求产值的增长不能体现发展的内涵。学术界多年来关于"增长"和"发展"的辩论已达成共识。"经济发展"比"经济增长"的概念更广泛、意义更深远。若不能使社会经济结构发生变化,不能使一系列社会发展目标得以实现,就不能承认其为"发展",就是所谓的"没有发展的增长"。

4. 可持续发展承认自然环境的价值

这种价值不仅体现在环境对经济系统的支撑和服务上,也体现在环境对生命保障系统的支持上,应当把生产中环境资源的投入计入生产成本和产品价格之中,逐步修改和完善国民经济核算体系,即"绿色GDP"。为了全面反映自然资源的价值,产品价格应当完整地反映三部分成本:资源开采或资源获取成本;与开采、获取、使用有关的环境成本,如环境净化成本和环境损害成本;由于当代人使用了某项资源而不可能为后代人使用的效益损失,即用户成本。产品销售价格应该是这些成本加上税及流通费用的总和,由生产者和消费者承担,最终由消费者承担。

5. 可持续发展是培育新的经济增长点的有利因素

通常情况认为,贯彻可持续发展要治理污染、保护环境、限制乱采滥挖和浪费资源,对经济发展是一种制约、一种限制。而实际上,贯彻可持续发展所限制的是那些质量差、效益低的产业。在对这些产业作某些限制的同时,恰恰为那些质优、效高,具有合理、持续、健康发展条件的绿色产业、环保产业、保健产业、节能产业等提供了发展的良机,培育了大批新的经济增长点。

九、可持续发展的能力建设

如果说,经济、人口、资源、环境等内容的协调发展构成了可持续发展战略的目标体系,那么,管理、法制、科技、教育等方面的能力建设就构成了可持续发展战略的支撑体系。可持续发展的能力建设是可持续发展的具体目标得以实现的必要保证,即一个国家的可持续发展很大程度上依赖于这个国家的政府和人民通过技术的、观念的、体制的因素表现出来的能力。具体地说,可持续发展的能力建设包括决策、管理、法制、政策、科技、教育、人力资源、公众参与等内容。

1. 可持续发展的管理体系

实现可持续发展需要有一个非常有效的管理体系。历史与现实表明,环境与发展不协调的许多问题是由于决策与管理的不当造成的。因此,提高决策与管理能力就构成了可持续发展能力建设的重要内容。可持续发展管理体系要求培养高素质的决策人员与管理人员,综合运用规划、法制、行政、经济等手段,建立和完善可持续发展的组织结构,形成综合决策与协调管理的机制。

2. 可持续发展的法制体系

与可持续发展有关的立法是可持续发展战略具体化、法制化的途径,与可持续发展有关的立法的实施是可持续发展战略付诸实现的重要保障。因此,建立可持续发展的法制体系是可持续发展能力建设的重要方面。可持续发展要求通过法制体系的建立与实施,实现自然资源的合理利用,使生态破坏与环境污染得到控制,保障经济、社会、生态的可持续发展。

3. 可持续发展的科技系统

科学技术是可持续发展的主要基础之一。没有较高水平的科学技术支持,可持续发展的目标就不能实现。科学技术对可持续发展的作用是多方面的。它可以有效地为可持续发展的决策提供依据与手段,促进可持续发展管理水平的提高,加深人类对人与自然关系的理解,扩大自然资源的可供给范围,提高资源利用效率和经济效益,提供保护生态环境和控制环境污染的有效手段。

4. 可持续发展的教育系统

可持续发展要求人们有高度的知识水平,明白人的活动对自然和社会的长远影响与后果,要求人们有高度的道德水平,认识自己对子孙后代的崇高责任,自觉地为人类社会的长远利益而牺牲一些眼前利益和局部利益。这就需要在可持续发展的能力建设中大力发展符合可持续发展精神的教育事业。可持续发展的教育体系应该不仅使人们获得可持续发展的科学知识,也使人们具备可持续发展的道德水平。这种教育既包括学校教育这种主要形式,也包括广泛的潜移默化的社会教育。

5. 可持续发展的公众参与

公众参与是实现可持续发展的必要保证,因此也是可持续发展能力建设的主要方面。这是因为可持续发展的目标和行动,必须依靠社会公众和社会团体最大限度的认同、支持和参与。公众、团体和组织的参与方式和参与程度,将决定可持续发展目标实现的进程。公众对可持续发展的参与应该是全面的。公众和社会团体不但要参与有关环境与发展的决策,特别是那些可能影响到他们生活和工作的决策,而且更需要参与对决策执行过程的监督。

十、可持续发展的基本理论

(一)可持续发展的基础理论

1. 经济学理论

(1)增长的极限理论。该理论是 D. H. Meadows 在其《增长的极限》一文中提出的有关可持续发展的理论,其基本要点是:运用系统动力学的方法,将支配世界系统的物质关系、经济关系和社会关系进行综合,提出了人口不断增长、消费日益提高,而资源则不断减少、污染日益严重,制约了生产的增长;虽然科技不断进步能起到促进生产的作用,但这种作用是有一定限度的,因此生产的增长是有限的。

(2)知识经济理论。该理论认为经济发展的主要驱动力是知识和信息技术,知识经济将是未来人类的可持续发展的基础。

2. 可持续发展的生态学理论

所谓可持续发展的生态学理论是指根据生态系统的可持续性要求,人类的经济社会发展要遵循生态学三个定律:一是高效原理,即能源的高效利用和废弃物的循环再生产;二是和谐原理,即系统中各个组成部分之间的和睦共生,协同进化;三是自我调节原理,即协同的演化着眼于其内部各组织的自我调节功能的完善和持续性,而非外部的控制或结构的单纯增长。

3. 人口承载力理论

所谓人口承载力理论是指地球系统的资源与环境由于自身自组织与自我恢复能力存在一个阈值,在特定技术水平和发展阶段下的对于人口的承载能力是有限的。人口数量以及特定数量人口的社会经济活动对于地球系统的影响必须控制在这个限度之内,否则,就会影响或危及人类的持续生存与发展。这一理论被喻为20世纪人类最重要的三大发现之一。

4. 人地系统理论

所谓人地系统理论是指人类社会是地球系统的一个组成部分,是生物圈的重要组成,是地球系统的主要子系统。它是由地球系统所产生的,同时又与地球系统的各个子系统之间存在相互联系、相互制约、相互影响的密切关系。人类社会的一切活动,包括经济活动,都受到地球系统的气候(大气圈)、水文与海洋(水圈)、土地与矿产资源(岩石圈)及生物资源(生物圈)的影响,地球系统是人类赖以生存和社会经济可持续发展的物质基础和必要条件;而人类的社会活动和经济活动,又直接或间接影响了大气圈(大气污染、温室效应、臭氧洞)、岩石圈(矿产资源枯竭、沙漠化、土壤退化)及生物圈(森林减少、物种灭绝)的状态。人地系统理论是地球系统科学理论的核心,是陆地系统科学理论的重要组成部分,是可持续发展的理论基础。

(二)可持续发展的核心理论

可持续发展的核心理论,尚处于探索和形成之中。目前已具雏形的流派大致可分为以下几种:

1. 资源永续利用理论

资源永续利用理论流派的认识论基础在于:认为人类社会能否可持续发展决定于人类社会赖以生存发展的自然资源是否可以被永远地使用下去。基于这一认识,该流派致力于探讨使自然资源得到永续利用的理论和方法。

2. 外部性理论

外部性理论流派的认识论基础在于:认为环境日益恶化和人类社会出现不可持续发展现象和趋势的根源,是人类迄今为止一直把自然(资源和环境)视为可以免费享用的"公共物品",不承认自然资源具有经济学意义上的价值,并在经济生活中把自然的投入排除在经济核算体系之外。基于这一认识,该流派致力于从经济学的角度探讨把自然资源纳入经济核算体系的理论与方法。

3. 财富代际公平分配理论

财富代际公平分配理论流派的认识论基础在于:认为人类社会出现不可持续发展现象和趋势的根源是当代人过多地占有和使用了本应属于后代人的财富,特别是自然财富。基于这一认识,该流派致力于探讨财富(包括自然财富)在代际能够得到公平分配的理论和方法。

4. 三种生产理论

三种生产理论流派的认识论基础在于:人类社会可持续发展的物质基础在于人类社会和自然环境组成的世界系统中物质的流动是否通畅并构成良性循环。该理论把人与自然组成的世界系统的物质运动分为三大"生产"活动,即人的生产、物资生产和环境生产,致力于探讨三大生产活动之间和谐运行的理论与方法。

可持续发展理论对传统经济学的修正:

(一)对于 GNP 的修正

当使用可持续发展概念时,人们已经认识到,传统的国民生产总值(GNP)作为宏观经济增长指标是一种不能保证环境状况良好的增长。在 GNP 的核算中,并未将由于经济增长而带来的对环境资源的消耗和破坏造成的影响及对生态功能、环境状况的损害考虑在内。环境影响通常没有相应的市场表现形式,但这并不意味着它们没有经济价值。因此,实际上应该将所发生的任何环境损失都进行价值评估,并从 GNP 中扣除。经济学家不断试图在计算国内生产和收入时纳入一系列的自然资源和环境因素,即考虑环境后的净国内产值(EDP)和净国内收入(ENl)。国民生产净值定义为国民生产总值(GNP)减去人造资本的折旧和减去自然资本的存量。

(二)自然资源账户

另一种可行方法是建立另外一套自然资源账户,这套资源账户采用非货币单位的形式,它只是表示:在一个特定的国家里,资源究竟发生了什么样的变化。更简单的修正方法是建立一系列的环境统计报表。这些账户应该显示出环境的不同变化是如何同经济变化联系起来的。这至少可以避免以往那种认为经济好像同环境没有什么关系似的经济管理方式的错误。

(三)可持续收入

对一个国家或一个地区的可持续发展水平和可持续发展能力的衡量,还必须考虑到其全部的资本存量的大小及增加或减少,这样,可持续收入的概念便产生了。可持续收入的基本思想是由希克斯在其1946年的著作中提出的。这个概念的基础是:只有当全部的资本存量随时间保持不变或增长时,这种发展途径才是可持续的。可持续收入定义为不会减少总资本水平所必须保证的收入水平。对可持续收入的衡量要求对环境资本所提供的各种服务的流动进行价值评估。可持续收入数量上等于传统意义的GNP减去人造资本、自然资本、人力资本和社会资本等各种资本的折旧。衡量可持续收入意味着要调整国民经济核算体系。

(四)产品价格与投资评估

皮尔斯等认为,为了全面反映环境资源的价值,产品价格应当完整地反映三部分成本:一是资源开采或获取的成本;二是同资源开采、获取、使用有关的环境成本;三是由于当代人使用了这一部分资源而不可能成为后代人使用的效益损失,即用户成本。

(五)环境资源价值公式

穆拉辛格认为,为建立一个合法的决策框架,对资源进行定价是必需的。从概念或价值评估的角度,可以将环境资源的全部经济价值划分为两大类:使用价值和非使用价值。前者进一步被划分为直接使用价值和间接使用价值以及选择价值。其中,选择价值就是指当代人为了保证后代人对资源的使用而对资源所表示的支付意愿。非使用价值又称存在价值,是指人类的发展将有可能利用的那部分资源的价值,也包括那些能满足人类精神文化和道德需求的那部分环境资源的价值,如美丽的风景、濒危物种等。

第二节 循环经济

一、循环经济的起源及发展

循环经济的思想萌芽可以追溯到环境保护兴起的20世纪60年代。1962年美国海洋生物学家蕾切尔·卡逊发表了《寂静的春天》，指出生物界以及人类所面临的危险。"循环经济"一词，首先由美国经济学家K.波尔丁提出，主要指在人、自然资源和科学技术的大系统内，在资源投入、企业生产、产品消费及其废弃的全过程中，把传统的依赖资源消耗的线形增长经济，转变为依靠生态型资源循环来发展的经济。其"宇宙飞船经济理论"可以作为循环经济的早期代表，大致内容是：地球就像在太空中飞行的宇宙飞船，要靠不断消耗自身有限的资源而生存，如果不合理开发资源、破坏环境，就会像宇宙飞船那样走向毁灭。因此，宇宙飞船经济要求一种新的发展观：第一，必须改变过去那种"增长型"经济为"储备型"经济；第二，要改变传统的"消耗型经济"，而代之以休养生息的经济；第三，实行福利量的经济，摒弃只着重于生产量的经济；第四，建立既不会使资源枯竭又不会造成环境污染和生态破坏、能循环使用各种物资的"循环式"经济，以代替过去的"单程式"经济。

20世纪90年代之后，发展知识经济和循环经济成为国际社会的两大趋势。我国从20世纪90年代起引入了关于循环经济的思想，此后对于循环经济的理论研究和实践不断深入。1998年引入德国循环经济概念，确立"3R"原理的中心地位；1999年从可持续生产的角度对循环经济发展模式进行整合；2002年从新兴工业化的角度认识循环经济的发展意义；2003年将循环经济纳入科学发展观，确立物质减量化的发展战略；2004年，提出从不同的空间规模——城市、区域、国家层面大力发展循环经济。

二、循环经济的含义

"循环经济"这一术语在中国出现于20世纪90年代中期，学术界在研究过程中已从资源综合利用的角度、环境保护的角度、技术范式的角度、经济形态和增长方式的角度、广义和狭义的角度等不同角度对其作了多种界定。当前，社会上普遍推行的是国家发改委对循环经济的定义："循环经济是一种以资源的高效利用和循环利用为核心，以'减量化、再利用、资源化'为原则，以低消耗、低排放、高效率为基本特征，符合可持续发展理念的经济增长模式，是对'大量生产、大量消费、大量废弃'的传统增长模式的根本变革。"这一定义不仅指出了循环经济的核心、原则、特征，同时也指出了循环经济是符合可持续发展理念的经济增长模式，抓住了当前中国资源相对短缺而又大量消耗的症结，对解决中国资源对经济发展的瓶颈制约具有迫切的现实意义。

循环经济是以资源的高效利用和循环利用为目标，以"减量化、再利用、资源化"为原则，以物质闭路循环和能量梯次使用为特征，按照自然生态系统物质循环和能量流动方式运行的经济模式。它要求运用生态学规律来指导人类社会的经济活动，其目的是通过资源高效和循环利用，实现污染的低排放甚至零排放，保护环境，实现社会、经济与环境的可持续发展。循环经济是把清洁生产和废弃物的综合利用融为一体的经济，本质上是一种生态经济，它要求运用生态学规律来指导人类社会的经济活动。

循环经济，即在经济发展中，实现废物减量化、资源化和无害化，使经济系统和自然生态系统的物质和谐循环，维护自然生态平衡，是以资源的高效利用和循环利用为核心，以"减量化、再利用、资源化"为原则,符合可持续发展理念的经济增长模式,是对"大量生产、大量消费、大量废弃"的传统增长模式的根本变革。

循环经济,按照自然生态系统物质循环和能量流动规律重构经济系统,使经济系统和谐地纳入到自然生态系统的物质循环的过程中,建立起一种新形态的经济。循环经济是在可持续发展的思想指导下,按照清洁生产的方式,对能源及其废弃物实行综合利用的生产活动过程。它要求把经济活动组成一个"资源—产品—再生资源"的反馈式流程;其特征是低开采,高利用,低排放。

三、循环经济的基本特征

传统经济是"资源—产品—废弃物"的单向直线过程,创造的财富越多,消耗的资源和产生的废弃物就越多,对环境资源的负面影响也就越大。循环经济则以尽可能小的资源消耗和环境成本,获得尽可能大的经济效益和社会效益,从而使经济系统与自然生态系统的物质循环过程相互和谐,促进资源永续利用。因此,循环经济是对"大量生产、大量消费、大量废弃"的传统经济模式的根本变革。其基本特征是:

(1)在资源开采环节,要大力提高资源综合开发和回收利用率。
(2)在资源消耗环节,要大力提高资源利用效率。
(3)在废弃物产生环节,要大力开展资源综合利用。
(4)在再生资源产生环节,要大力回收和循环利用各种废旧资源。
(5)在社会消费环节,要大力提倡绿色消费。

四、循环经济理论的主要观点

循环经济作为一种科学的发展观、一种全新的经济发展模式,具有自身的独立特征。专家认为其主要观点有以下几个方面:

1. 系统观

循环是指在一定系统内的运动过程,循环经济的系统是由人、自然资源和科学技术等要素构成的大系统。循环经济观要求人在考虑生产和消费时不再置身于这一大系统之外,而是将自己作为这个大系统的一部分来研究符合客观规律的经济原则,将"退田还湖""退耕还林""退牧还草"等生态系统建设作为维持大系统可持续发展的基础性工作来抓。

2. 新经济观

在传统工业经济的各要素中,资本在循环,劳动力在循环,而唯独自然资源没有形成循环。循环经济观要求运用生态学规律,而不是仅仅沿用19世纪以来机械工程学的规律来指导经济活动。不仅要考虑工程承载能力,还要考虑生态承载能力。在生态系统中,经济活动超过资源承载能力的循环是恶性循环,会造成生态系统退化;只有在资源承载能力之内的良性循环,才能使生态系统平衡地发展。

循环经济是我国推进产业升级、转变经济发展方式的重要力量,同时也是我国实现节能减排目标的重要手段之一。

3. 新价值观

循环经济观在考虑自然时,不再像传统工业经济那样将其作为"取料场"和"垃圾场",也不仅仅视其为可利用的资源,而是将其作为人类赖以生存的基础,是需要维持良性循环的生态系统;在考虑科学技术时,不仅考虑其对自然的开发能力,而且要充分考虑到它对生态系统的修复能力,使之成为有益于环境的技术;在考虑人自身的发展时,不仅考虑人对自然的征服能力,而且更重视人与自然和谐相处的能力,促进人的全面发展。

4. 新生产观

传统工业经济的生产观念是最大限度地开发利用自然资源,最大限度地创造社会财富,最大限度地获取利润。而循环经济的生产观念是要充分考虑自然生态系统的承载能力,尽可能地节约自然资源,不断提高自然资源的利用效率,循环使用资源,创造良性的社会财富。在生产过程中,循环经济观要求遵循"3R"原则:资源利用的减量化(reduce)原则,即在生产的投入端尽可能少地输入自然资源;产品的再使用(reuse)原则,即尽可能延长产品的使用周期,并在多种场合使用;废弃物的再循环(recycle)原则,即最大限度地减少废弃物排放,力争做到排放的无害化,实现资源再循环。同时,在生产中还要求尽可能地利用可循环再生的资源替代不可再生资源,如利用太阳能、风能和农家肥等,使生产合理地依托在自然生态循环之上;尽可能地利用高科技,尽可能地以知识投入来替代物质投入,以达到经济、社会与生态的和谐统一,使人类在良好的环境中生产生活,真正全面提高人民生活质量。

5. 新消费观

循环经济观要求走出传统工业经济"拼命生产、拼命消费"的误区,提倡物质的适度消费、层次消费,在消费的同时就考虑到废弃物的资源化,建立循环生产和消费的观念。同时,循环经济观要求通过税收和行政等手段,限制以不可再生资源为原料的一次性产品的生产与消费,如宾馆的一次性用品、餐馆的一次性餐具和豪华包装等。

五、循环经济理论的主要研究

发展循环经济的途径,从资源流动的组织层面来看,主要是从企业小循环、区域中循环和社会大循环三个层面来展开;从资源利用的技术层面来看,主要是从资源的高效利用、循环利用和废弃物的无害化处理三条技术路径去实现。

(一)发展的三个组织层面

从资源流动的组织层面,循环经济可以从企业、生产基地等经济实体内部的小循环,产业集中区域内企业之间、产业之间的中循环,包括生产、生活领域的整个社会的大循环三个层面来展开。

(1)以企业内部的物质循环为基础,构筑企业、生产基地等经济实体内部的小循环。

企业、生产基地等经济实体是经济发展的微观主体,是经济活动的最小细胞。依靠科技进步,充分发挥企业的能动性和创造性,以提高资源能源的利用效率、减少废物排放为主要目的,构建循环经济微观建设体系。

(2)以产业集中区内的物质循环为载体,构筑企业之间、产业之间、生产区域之间的中循环。以生态园区在一定地域范围内的推广和应用为主要形式,通过产业的合理组织,在产业的纵向、横向上建立企业间能流、物流的集成和资源的循环利用,重点在废物交换、资源综合利用,以实现园区内生产的污染物低排放甚至"零排放",形成循环型产业集群,或是循环经济区,实现资源在不同企业之间和不同产业之间的充分利用,建立以二次资源的再利用和再循环为重要组成部分的循环经济产业体系。

(3)以整个社会的物质循环为着眼点,构筑包括生产、生活领域的整个社会的大循环。统筹城乡发展、统筹生产生活,通过建立城镇、城乡之间、人类社会与自然环境之间循环经济圈,在整个社会内部建立生产与消费的物质能量大循环,包括了生产、消费和回收利用,构筑符合循环经济的社会体系,建设资源节约型、环境友好的社会,实现经济效益、社会效益和生态效益的最大化。

(二)循环经济发展的三条技术路径

从资源利用的技术层面来看,循环经济的发展主要是从资源的高效利用、循环利用和无害化生产三条技术路径来实现。

1. 资源的高效利用

依靠科技进步和制度创新,提高资源的利用水平和单位要素的产出率。

在农业生产领域,一是通过探索高效的生产方式,集约利用土地、节约利用水资源和能源等。如推广套种、间种等高效栽培技术和混养高效养殖技术,引进或培育高产优质种子种苗和养殖品种,实施设施化、规模化和标准化农业生产,都能够提高单位土地、水面的产出水平。通过优化多种水源利用方案,改善沟渠等输水系统,改进灌溉方式和挖掘农艺节水等措施,实现种植节水。通过发展集约化节水型养殖,实现养殖业节水。二是改善土地、水体等资源的品质,提高农业资源的持续力和承载力。通过秸秆还田、测土配方科学施肥等先进实用手段,改善土壤有机质以及氮、磷、钾元素等农作物高效生长所需条件,改良土壤肥力。利用酸碱中和原理和先进技术改造沿海的盐碱地,或种植特效作物对盐碱地进行长期土壤改良,提高盐碱地的可种植性。控制农药用量,严禁高毒农药,合理使用化肥和农膜,推广可降解农膜,减少其对土壤的侵蚀;畜禽饲养排泄物采取生态化处理,减少其对水体污染。适时调整放养密度和品种、合理投饵与施肥,防止养殖水域和滩涂的水质与涂质恶化。减少使用抗生素等药物,保证农作物产品和畜禽产品满足健康标准。

在工业生产领域,一方面资源利用效率的提高主要体现在节能、节水、节材、节地和资源的综合利用等方面,是通过一系列的"高"与"低"、"新"与"旧"的替代、替换来实现的,围绕工业技术水平的提高,主要是通过高效管理和生产技术替代低效管理和生产技术、高质能源替代低质能源、高性能设备替代低性能设备、高功能材料替代低功能材料,高层工业建筑替代低层工业建筑等来促进资源的利用效率提高。另一方面,围绕资源的合理利用,在一些生产环节进行余热利用、中水回用,零部件和设备修理和再制造,以及以废金属、废塑料、废纸张、废橡胶等可再生资源替代原生资源,以再生材料替代原生材料等资源化利用,实现资源的使用效率提高。

在生活消费领域,提倡节约资源的生活方式,推广节能、节水用具。节约资源的生活方式不是要削减必要的生活消费,而是要克服浪费资源的不良行为,减少不必要的资源消耗。

2. 资源的循环利用

通过构筑资源循环利用产业链,建立起生产和生活中可再生利用资源的循环利用通道,达到资源的有效利用,减少向自然资源的索取,在与自然和谐循环中促进经济社会的发展。

在农业生产领域,农作物的种植和畜禽、水产养殖本身就要符合自然生态规律,通过先进技术实现有机耦合农业循环产业链,是遵循自然规律并按照经济规律来组织有效的生产。包括:一是种植—饲料—养殖产业链。根据草本动物食性,充分发挥作物秸秆在养殖业中的天然饲料功能,构建种养链条。二是养殖—废弃物—种植产业链。通过畜禽粪便的有机肥生产,将猪粪等养殖废弃物加工成有机肥和沼液,可向农田、果园、茶园等地的种植作物提供清洁高效的有机肥料;畜禽粪便发酵后的沼渣还可以用于蘑菇等特色农产品种植。三是养殖—废弃物—养殖产业链。开展桑蚕粪便养鱼、鸡粪养贝类和鱼类、猪粪发酵沼渣养蚯蚓等实用技术开发推广,实现养殖业内部循环,有利于体现治污与资源节约双重功效。四是生态兼容型种植—养殖产业链。在控制放养密度前提下,利用开放式种植空间,散养一些对作物无危害甚至有正面作用的畜禽或水产动物,有条件地构筑"稻鸭共育"、"稻蟹共生"、放山鸡等种养兼容型产业链,可以促进种养兼得。五是废弃物—能源或病虫害防治产业链。畜禽粪便经过沼气发酵,产生的沼气可向农户提供清洁的生活用能,用于照明、取暖、烧饭、储粮保鲜、孵鸡等方面,还可用于为农业生产提供二氧化碳气肥、开展灯光诱虫等用途。农作物废弃秸秆也是形成生物质能源的重要原料,可以加以挖掘利用。

在工业生产领域,以生产集中区域为重点区域,以工业副产品、废弃物、余热余能、废水等资源为载体,加强不同产业之间建立纵向、横向产业链接,促进资源的循环利用、再生利用。如围绕能源,实施热电联产、区域集中供热工程,开发余热余能利用、有机废弃物的能量回收,形成多种方式的能源梯级利用产业链;围绕废水,建设再生水制造和供水网络工程,合理组织废水的串级使用,形成水资源的重复利用产业链;围绕废旧物资和副产品,建立延伸产业链条,可再生资源的再生加工链条、废弃物综合利用链条以及设备和零部件的修复翻新加工链条,构筑可再生、可利用资源的综合利用链。

在生活和服务业领域,重点是构建生活废旧物质回收网络,充分发挥商贸服务业的流通功能,对生产生活中的二手产品、废旧物资或废弃物进行收集和回收,提高这些资源再回到生产环节的概率,促进资源的再利用或资源化。

3. 废弃物的无害化排放

通过对废弃物的无害化处理,减少生产和生活活动对生态环境的影响。

在农业生产领域,主要是通过推广生态养殖方式,实行清洁养殖。运用沼气发酵技术,对畜禽饲养产生的粪便进行处理,化害为利,生产制造沼气和有机农肥;控制水产养殖用药,推广科学投饵,减少水产养殖造成的水体污染。探索生态互补型水产品养殖,加强畜禽饲料的无害化处理、疫情检验与防治;实施农业清洁生产,采取生物、物理等病虫害综合防治,减少农药的使用量,降低农作物的农药残留和土壤的农药毒素的积累;采用可降解农用薄膜和实施农用薄膜回收,减少土地中的残留。

在工业生产领域,推广废弃物排放减量化和清洁生产技术,应用燃煤锅炉的除尘脱硫脱硝技术,工业废油、废水及有机固体的分解、生化处理、焚烧处理等无害化处理,大力降低工业生产过程中的废气、废液和固体废弃物的产生量。扩大清洁能源的应用比例,降低能源生产和使用的有害物质排放。

在生活消费领域,提倡减少一次性用品的消费方式,培养垃圾分类的生活习惯。

六、中国的循环经济

中共十六届三中全会提出了"以人为本,全面、协调、可持续发展"的科学发展观,是我国全面实现小康社会发展目标的重要战略思想。时任总书记胡锦涛指出:"要加快转变经济增长方式,将循环经济的发展理念贯穿到区域经济发展、城乡建设和产品生产中,使资源得到最有效的利用。"中共十六届四中、五中全会决议中明确提出要大力发展循环经济,把发展循环经济作为调整经济结构和布局,实现经济增长方式转变的重大举措。国务院下发了《关于做好建设节约型社会近期重点工作的通知》国发〔2005〕21号和《关于加快发展循环经济的若干意见》国发〔2005〕22号等一系列文件,"十一五"规划也把大力发展循环经济,建设资源节约型和环境友好型社会列为基本方略。全国上下形成了贯彻落实科学发展观,发展循环经济,构建资源节约型和环境友好型社会的热潮。在这一背景下,深入研究发展循环经济的有关理论与实践,探讨循环经济发展战略,对正确理解中央精神,指导实践是十分必要的。

循环经济为工业化以来的传统经济转向可持续发展的经济提供了战略性的理论范式,它可以为优化人类经济系统各个组成部分之间关系提供整体性的思路,从而从根本上消解长期以来环境与发展之间的尖锐冲突,实现社会、经济和环境的统一,促进人与自然的和谐发展。我们应根据中国国情和各地实际形成中国特色的循环经济发展模式。

循环经济始于人类对环境污染的关注,源于对人与自然关系的处理。它是人类社会发展到一定阶段的必然选择,是重新审视人与自然关系的必然结果。

由于国情不同,发展阶段不同,科技文化发展水平和传统不同,制度、体制、机制不同,所以各国在循环经济的认识与实践方面有较大差异。如发达国家是在逐步解决了工业污染和部分生活型污染后,由后工业化或消费型社会结构引起的大量废弃物逐渐成为其环境保护和可持续发展的重要问题。在这一背景下,产生了以提高生产效率和废物的减量化、再利用及再循环为核心的循环经济理念与实践。而我国正处于工业化的中期阶段,还需要经历一个资源消耗阶段,投资率高,原材料工业增长速度快,特别是粗放型经济增长方式没有根本改变,资源浪费大,单位产值的污染物排放量高。因而必须注重两端:一方面从资源开采、生产消耗出发,提高资源利用效率;另一方面在减少资源消耗的同时,相应地削减废物的产生量。因此,中国发展循环经济是产业生态化与污染治理产业化、动脉产业与静脉产业协调发展的有机统一。我们是在较低发展阶段,为寻求综合性和根本性的战略措施来解决复合型生态环境问题。发达国家的循环经济首先是从解决消费领域的废弃物问题入手,向生产领域延伸,最终旨在改变"大量生产、大量消费、大量废弃"的社会经济发展模式。如德国的循环经济起源于"垃圾经济",并向生产领域的资源循环利用延伸;日本的"循环型社会"也起源于废弃物问题,旨在改变社会经济发展模式。从我国目前对循环经济的理解和探索实践看,发展循环经济的直接目的是改变"高消耗、高污染、低效益"的传统经济增长模式,走出新型工业化道路,解决复合型环境污染问题,保障全面建成小康社会目标的顺利实现。所以,我国循环经济实践最先是从工业领域开始,其内涵和外延逐渐拓展到包括清洁生产(小循环)、生态工业园区(中循环)和循环型社会(大循环)等三个层面。

我国循环经济的发展要注重从不同层面协调发展,即小循环、中循环、大循环加上资源再生产业(也可称为第四产业或静脉产业)。

小循环——在企业层面,选择典型企业和大型企业,根据生态效率理念,通过产品生态设计、清洁生产等措施进行单个企业的生态工业试点,减少产品和服务中物料和能源的使用量,实现污染物排放的最小化。

中循环——在区域层面,按照工业生态学原理,通过企业间的物质集成、能量集成和信息集成,在企业间形成共生关系,建立工业生态园区。

大循环——在社会层面,重点进行循环型城市和省区的建立,最终建成循环经济型社会。

资源再生产业——建立废物和废旧资源的处理、处置和再生产业,从根本上解决废物和废旧资源在全社会的循环利用问题。

以美国为例,美国除了加强环境保护局的职能外,还专门成立了全国物资循环利用联合会。该联合会涉及5.6万家废弃物回收利用企业,提供就业岗位110万个,每年的毛销售额高达2360亿美元,为员工支付的薪水总额达370亿美元。该行业的发展规模与美国的汽车业基本相当,其中最大的一块是纸制品的回收利用,年销售收入达490亿美元;其次是钢铁和铸造业,年销售收入分别为280亿美元和160亿美元。

发展资源再生产业对于我国资源消耗大、需求大的现状尤其具有迫切意义。

目前地下矿产资源经过大量开采,已接近枯竭。但根据物质不灭定律,这些物质并没有消失,而是转变成地上各种不同形态的物质而存在。这就是由热力学第一定律指出的增熵过程,熵的增加造成物质品位的降低,因而需要一个相应的负熵过程通过自组织还原物质的品位组成。这些物质成为将来再生资源的来源,"垃圾只不过是放错地方的资源","垃圾还是世界上唯一增长的资源"。21世纪中后期，再生资源将成为我们资源需求的主要来源。

以电子产品为例，废旧电子产品已成为城市垃圾的重要组成部分，"电子垃圾"正成为全世界增长最快、最具潜在危险性的废弃物。据国家统计局城调总局的调查资料显示，目前我国电视机社会保有量约为3.5亿台，洗衣机约为1.7亿台，电冰箱约为1.3亿台。这些电器大多是在20世纪80年代中后期进入家庭的，按正常的使用寿命10~15年计算，从2003年开始我国将迎来一个家电更新换代的高峰。进入更新期的电视机平均每年500万台以上，洗衣机平均每年500万台，电冰箱每年约400万台，每年将淘汰约1500万台废旧家电。

废旧电子产品中含有许多有色金属、黑色金属、塑料、橡胶、玻璃等可供回收的有用资源。废旧电器中还含有相当数量的如金、银、铜、锡、铬、铂、钯等贵金属。美国环保局确认，用从废家电中回收的废钢代替通过采矿、运输、冶炼得到的新钢材，可减少97%的矿废物，减少86%的空气污染，76%的水污染，减少40%的用水量，节约90%的原材料，74%的能源，而且废钢材与新钢材的性能基本相同。

目前我国在资源再生利用方面的主要障碍是缺少有效的组织，未形成产业规模，缺少技术研发。我国在废物的再回收、再利用、再循环方面存在较大的潜力，大力发展资源再生产业（第四产业/静脉产业），尽快出台相关政策，形成产业规模，会较大地缓解我国资源紧缺、浪费巨大、污染严重的矛盾。

综上所述，一方面，我国发展循环经济还方兴未艾，在理论和实践上还有待进一步深入探索；另一方面，我们可以借鉴发达国家的经验教训，形成后发优势。推动我国循环经济的发展，要以科学发展观为指导，以优化资源利用方式为核心，以技术创新和制度创新为动力，加强法制建设，完善政策措施，形成"政府主导、企业主体、公众参与、法律规范、政策引导、市场运作、科技支撑"的运行机制，逐步形成中国特色的循环经济发展模式，推进资源节约型社会和环境友好型社会建设。

2011年，河北省衡水市启动了循环经济产业示范村项目建设，旨在通过循环经济模式，促进全村经济、社会、生态三个效益的有机结合。

七、循环经济的相关立法

中国的循环经济立法主要体现在两个基本法律，即：2002年6月全国人大常委会通过、2003年1月1日起实施的《清洁生产促进法》；2008年8月全国人大常委会通过、2009年1月1日起实施的《循环经济促进法》。

由于清洁生产属于循环经济的一个子系统，后者通过并实施后，将会和前者产生一些矛盾，有人认为应废除前一个法律（但目前没有）。例如，前者规定，国务院经济贸易行政主管部门负责组织、协调全国的清洁生产促进工作。后者规定，国务院发改部门负责组织、协调全国的循环经济工作。而2003年机构改革后，国家经贸委已经撤销，地方各级政府部门却没有撤销该部门。这就产生了发改委和地方经贸委的管理真空问题。

循环经济体系是以产品清洁生产、资源循环利用和废物高效回收为特征的生态经济体系。由于它将对环境的破坏降到最低程度，并且最大限度地利用资源，因而大大降低了经济发展的社会成本，有利于经济的可持续发展。对于我国而言，大力发展循环经济，是走新型工业化道路的题中应有之义。各级政府作为建立循环经济社会机制的主体，应抓紧制定相关的法规政策，逐步建立健全适应循环经济发展要求的管理体制和机制。尽管我国各地区的经济发展水平有一定的差异，但在制定相关法规政策时应遵循以下几条原则：

（1）注重技术标准而不是具体技术。政府在制定适应循环经济要求的法规政策时，应当注重规定最终产品的指标含量，以及在生产过程中所排放的废弃物的指标含量，而不是直接规定企业必须使用某种具体的节能环保技术。只有这样，才能使不同的企业发挥自身优势，各展所长，创造出一个广阔的技术创新平台。否则，就容易限制企业多路径的创造力。

（2）控制标准尽量贴近最终用户，同时鼓励上游行业创新。贴近终端用户的标准规定，能使企业在产品设计、生产和分销渠道上有很大的创新空间，从而有助于实现对各种中间废弃物的循环再利用。而且，避免废弃物污染的工作从上游入手，往往会减轻下游的很多压力。因此，应当多制定一些鼓励上游企业实施技术创新、减少环境污染的政策法规。反过来说，如果从下游入手解决环境污染问题，由于上游各个生产环节对产品和部件或多或少地规定了其材质属性以及产品构造，就会对下游企业的污染治理工作构成许多复合型的约束条件，使得下游企业的治理或改造成本增大、难度提高。

（3）考虑产业投资循环节奏，多阶段加以推进。产业投资循环有其自身的规律性节奏，即投资—经营—回报—积累—再投资。政府在制定相关法规政策时，应当考虑到相关行业的产业投资循环节奏，而不应一味地要求企业迅速应用高标准的环保技术，甚至不顾及其应用成本。如果考虑到产业投资循环节奏，就可以针对循环中的不同环节制定相应的导向性政策，如：在投资环节，设立设计和建设方面的环保标准；在经营环节，设立生产、运输和回收利用方面的环保标准；在回报与积累环节，设立提留环保基金比例的政策；在再投资环节，设立更高的设计与建设方面的环保标准，从而使企业能够在长期的投资、生产、经营循环中持续地进行技术创新。同时，由于所制定的相关法规会随着时间的推移而不断提高对企业技术标准的要求，这就使技术创新竞争在未来的企业市场竞争中成为一个主要的竞争点，能够促使企业加大技术创新的力度。相反，如果制定的法规很急迫地要求企业迅速应用高环保标准的生产技术或高标准的污染治理技术，而不考虑产业投资循环节奏，就可能会使企业将精力集中在如何规避这些法规上，而不是如何创新与变革现有的技术，这最终会导致企业没有任何技术创新。

（4）整合协调有技术关联的法规政策。制定鼓励技术创新的法规政策，应避免把行业作为主要的划分标准，而应当把技术性质作为主要的划分标准。这是因为，就我国的国情来看，实现循环经济的最重要环节是变革许多现行的生产技术和经营技术，而行业之间的技术影响往往不是垂直而是交叉扩散的。比如，塑料工业的发展会直接影响冰箱、电视机、空调、洗衣机、家庭日用品等许多行业的发展，通信行业的技术发展会直接影响证券、航空、军工等行业的发展。因此，以技术性质作为主要划分标准来制定鼓励技术创新的法规政策，是实现循环经济的内在要求和必然选择。

第三节　生态经济理论

生态经济学是20世纪50年代产生的由生态学和经济学相互交叉而形成的一门边缘学科，它是从经济学角度，研究生态经济复合系统的结构、功能及演绎规律的一门学科，为研究生态环境和土地利用经济问题提供了有力的工具。

生态学(ecology)源于希腊文Oakes，含家庭、住所之意，是德国动物学家海克尔(E. Hackle)于1866年在《有机体普通形态学》一书中提出来的。他认为，生态学是研究生物与无机和有机环境之间相互关系的科学。由于地球上生物不可能单独存在，而是彼此联系共同生活在一起组成的"生物的社会"即生物群落。英国生态学家坦斯利(Tinsley A G)于1935年提出生物群落与环境共同组成的自然整体称为生态系统(ecosystem)，这与苏联森林植物群落学家苏卡乔夫于1944年提出的生物地理群落(geobiocoenosis)=生物群落+生境是相同的概念。根据上述概念，任何生物群体与其环境组成的自然体都可称为生态系统，或生物地理群落，如一块草地、一片森林、一片沙漠、一个水池、一座山脉等自然生态系统和水库、渠道、城市、农田等人工生态系统。地球上所有生物(包括人类在内)与其生态环境组成的总体即生物国就是个巨大的生态系统。随着社会发展和科技进步，许多综合性问题亟待开拓研究。使生态学与许多相关学科形成多重交叉和层次综合，其中景观生态学和生态经济学对于研究土地利用及其经济问题有着重大的作用。

景观生态学起源于欧洲，德国地植物学家卡尔·特罗尔(karl Troll)在《航空像片制图和生态学的土地研究》一文中首次提出景观生态学的概念，并用以阐述基于景观学的区域差异对比研究与生态学的结构功能系统研究的科学综合。直到20世纪70年代由于人类活动的影响日益加剧，全球性的人口、资源、环境等一系列问题日益突出，迫切需要从全球整体角度对其加以研究，使得人们重新审视景观生态学，并将其发展成为地学、生态学和人文科学三者交叉互补且统一的综合学科。自20世纪80年代以来，在荷兰、捷克和斯洛伐克、丹麦、德国、美国等国家相继建立景观生态学的研究机构，目前许多国家都正在开展景观生态学的研究。

景观生态学是一种研究途径或者是一种思维方法，其新颖之处在于，在景观水平上，生态学研究的整体观以及许多本来缺乏联系的学科在解决景观问题上的综合，按景观生态学的观点，景观就是地面上生态系统的镶嵌，景观在自然等级系统中是个比生态系统高级的层次，景观就是自然和人文生态系统载体的土地，因此，景观生态学常被称为"地生态学"。

生态学和经济学之间的联系有悠久的历史渊源。首先,从构词上看,在英语中生态学(ecology)和经济学(economics)具有相同的词根 eco,因此,有的学者认为,在造词时生态学与经济学就结下了不解之缘,"生态学就是自然经济学"。其次,生态环境问题的实质是经济问题。随着社会生产力的发展,人类改造自然能力日益增强,随之出现了环境污染和环境破坏问题,究其根源在于自然资源未能得到充分合理的利用。长期以来,传统经济学认为资源无价值,可以无偿使用,资源无穷尽,可以任意获取,其结果导致资源利用从不考虑"外部经济性",废弃物和资源破坏的处置费不计入生产成本,以牺牲生态环境质量为代价谋取高额利润,把治理环境污染的费用转嫁给社会,降低了国民经济效益,破坏了人类舒适的生态环境。另外,单纯运用经济指标(如国民生产总值)衡量经济发展,也导致忽视生态环境效益的外部不经济行为的不断发生。大量事实证明,经济发展与环境保护应当相互协调,发展与环境是对矛盾,处理得好可以保证经济发展和生态进化,反之,恶化了环境。生态系统平衡失调,必然会严重地影响经济增长。应当走生态发展的道路,使经济生态化,生态经济化,才能走出困境,协调经济发展与生态环境两者之间的关系,在保持良好的生态环境条件下,促进经济的发展。

生态和生态系统历来与区域概念相联系,是以特定范围的土地或空间为依托。生态系统是生命系统和环境系统在特定空间的组合。生态系统就是在特定地段中的全部生物(即生物群落)和其环境相互作用的统一体。研究生态系统和生态经济系统,并将其原理应用于生产实践,无论如何也不能离开特定的空间和地域,任何生态系统都应有确定的边界。

土地资源是无法替代的重要的自然环境资源,它既是环境的组成部分,又是其他自然环境资源和社会经济资源的载体。土地本身就是自然、社会、经济、技术等要素组成的个多重结构的生态经济系统。土地利用不仅是自然技术问题和社会经济问题。而且也是个资源合理利用和环境保护的生态经济问题,同时承受着客观上存在的自然、经济和生态规律的制约。

土地生态经济系统是由土地生态系统与土地经济系统在特定的地域空间里耦合而成的生态经济复合系统。土地生态经济系统及其组成部分以及与周围生态环境共同组成一个有机整体,其中任何一种因素的变化都会引起其他因素的相应变化。影响系统的整体功能。毁掉了山上的森林,必然要引起径流的变化,造成水土流失,肥沃的土地将沦为瘠薄的砾石坡,源源不断的溪流将成为干涸的河床,严重时甚至导致气候恶化。因此,人类利用土地资源时,必须要有一个整体观念、全局观念和系统观念,考虑到土地生态经济系统的内部和外部的各种相互关系,不能只考虑对土地的利用而忽视土地的开发、整治和利用对系统内其他要素和周围生态环境的不利影响,不能只考虑局部地区的土地资源的充分利用而忽视了整个地区和更大范围内对其合理利用。

第四章 绿色教育

绿色教育具有艺术性、综合性、前展性;绿色教育具有强大的生命力;绿色教育富有时代感、责任感,科学、高效;绿色教育以人为本、以能力为中心、以综合育人为己任;绿色教育激励、引导学生夯实基础、吃苦耐劳、养成良好的习惯,形成正确的价值观、人生观、世界观;绿色教育引导学生树立远大的服务于社会的人生目标,积极、乐观,责任明确,主动健康发展。

绿色教育是一种生态教育,但又不仅是生态环境教育,更是一种民主、人文、和谐的现代教育观,是通过师生民主公平参与的系列行为实践活动来提高全体师生的环保素质的综合性实践活动。因此,以"提高校园生活质量,提升学生生命状态"为出发点和归宿点,以课堂教学为绿色教育主阵地,课内外相结合,通过环境熏陶、学科渗透、社会实践、道德践行等途径,开展绿色教育,增强环境意识,培养提高了人文素养和绿色行动能力,实行"四个结合",拓宽绿色教育途径。

【导入案例】

将生态文明教育融入学校

学校是以培养人才为重任的,应成为贯彻落实生态文明建设理论的主阵地。

党的十八大全面深入地论述了作为科学发展观组成部分的生态文明建设,提出"建设生态文明,是关系人民福祉、关乎民族未来的长远大计",并要求"把生态文明建设放在突出地位,融入经济建设、政治建设、文化建设、社会建设各个方面和全过程,努力建设美丽中国,实现中华民族永续发展"。这是党中央对于我国所处建设发展时代的新概括,也是对于我国社会主义现代化规律的新总结。

我国现代化建设已进入生态文明的新时代。在这样的时代,人与自然的关系、建设发展的模式都应该有新的调整。社会主义现代化不仅仅是经济现代化,还包括政治、社会、文化,特别是生态的现代化,缺少生态现代化的建设发展是不完整的,也是难以持续的。

党的十八大对生态文明建设的论述,是中国特色生态文明理论的进一步丰富。从理论层面看,党的十八大提出"必须树立尊重自然、顺应自然、保护自然的生态文明理念",

> 绿色营销

这是对工业革命时代传统哲学理论的重要突破,是对工业革命时期人与自然关系反思与超越的成果。"尊重自然"是相对于传统哲学理论中"战胜自然"的理论而言的。长期以来,在工具理性哲学的主导之下,人类误以为凭借科技可以漠视自然并战胜自然,因而,提出了所谓人类是万物之主宰、宇宙之中心的论题,并提出对于自然的"祛魅"。但现实告诉我们,人类作为自然之子,不可能完全地战胜自然与彻底地"祛魅"。新的生态文明时代的现实告诉我们,人类必须尊重自然与适度地敬畏自然,并部分地"复魅",也就是适度地恢复自然的神圣性、神秘性与部分的审美性。"顺应自然"是针对工业革命时期不顾自然规律,漠视自然与滥伐自然而言的,倡导一种遵循自然规律、人与自然共生的科学态度。"保护自然"更是针对工业革命时期人类不顾后果地对于自然的破坏,力倡开发与保护的双赢,也就是主张一种新的保护性的开发。在这里,以"尊重""顺应""共生"与"保护"等关键词代替了"战胜""漠视""中心""破坏"等传统的话语,是以新的生态整体论对于传统"人类中心主义"的代替,是一种理念的创新与革命。

党的十八大报告特别强调了生态文明建设的宣传教育,指出要"加强生态文明的宣传教育,增强全民节约意识、环保意识、生态意识,形成合理消费的社会风尚,营造爱护生态环境的良好风气"。学校承担着思想文化、科学研究和人才培养的重要使命,应该成为贯彻落实生态文明建设理论的主阵地。因此,首先要把学习贯彻生态文明建设理论摆在学校工作中的重要位置,作为学校建设发展的重要理念与指导原则,并结合实际,制订生态文明教育的规划与具体的落实计划。

其次,要融入教育。要以党的十八大有关生态文明建设的精神审查有关教材,将那些过时的与生态文明理论相悖的教学内容进行必要的清理,特别是对于宣传人类中心、鼓吹漠视自然、滥伐自然的有关内容,进行适当剔除或必要辨析。目前,最重要的是结合党的十八大精神的学习贯彻,尽早开出有关生态文明教育的课程,大中小学都应进行这方面的系统教育。中小学阶段要结合有关课程进行热爱自然、保护自然的教育,大学则要将生态文明方面的科研作为重要论题纳入科研计划,为国家生态文明建设与生态文明科技发展做出新的贡献。在品德教育方面,应该从养成教育开始直到大学理论教育,都要将生态文明作为学生的基本品德要求,应将思想品德从通常的人与人的关系延伸到人与自然的关系,将关爱自然、保护自然、保护生态作为思想品德的重要内容。

最后,要强化管理。党的十八大关于生态文明建设理念具有极大的实践性特点,不仅要贯彻到学校的教学、科研与思想教育之中,而且要贯彻到具体的管理过程之中。要努力建设节约型校园、循环型校园;在学校力倡与养成节约每一滴水与每一粒粮食的良好风气,建立校园水循环利用与废物循环利用系统。

学校是以培养人才为重任的,因此,最根本的是要培养学生具有自觉的生态文明理念与保护自然生态的良好习惯,使他们成为建设美丽中国、实现中华民族伟大复兴的主力。

(作者系山东大学教授、博士生导师)
(来源:《中国教育报》)

第一节 绿色教育概论

一、绿色教育内涵

"绿色教育"一词最早出现在20世纪60年代的美国,当时西方国家"公害"事件频现。为了提高人们的环保意识,美国首先把环境教育列入学校课程。之后,各国相继开展了各种形式的绿色教育,不断扩充绿色教育内容,完善绿色教育课程,推动了世界范围内绿色教育发展。

"绿色教育"是"绿色"和"教育"两个词的组合,两个词都具有"动名词"性质。从"绿色"是环保代名词这个意义上讲,"绿色教育"可称为环保教育,就是通过教育主体对教育客体进行有关环境保护及可持续发展的训诲与告知,尽可能激活教育客体主动或自动提高自我环保意识和能力培养的根本欲望,以起到对其终身发展和幸福负责的作用。绿色教育可以从狭义和广义两个方面进行理解:狭义而言,绿色教育就是环境教育,是指教育主体本着可持续发展原则,为树立公民的绿色意识而进行的教育传播活动。包括环保意识普及、绿色消费观念、绿色理念等教育以及有关内容与信息的宣传与传播活动。广义而言,绿色教育是指一切为了人与自然和谐相处而进行的教育与传播活动。

这里的教育主体是广义的,既可以是国家、政府、企业、各社会团体或社会组织,也可以是学校、家庭或个人。教育客体既可以是面对政府、企业、社会团体或社会组织,也可以是面对家庭、社会公众、消费者个人等。绿色教育内容也是极其广泛的既包括家庭基础教育、学校基础教育,也包括学校专业教育、职业教育或成人教育,又包括绿色生产教育、绿色流通教育、绿色消费教育,或是绿色经营、绿色营销、绿色沟通教育等。绿色教育,是随着人类社会的发展而发展的。

苏联教育学家苏霍姆林斯基曾记录过这样一则真实的故事。在帕夫雷什中学校园的花房里,开出了一朵硕大的玫瑰花,全校师生都非常惊讶,每天都有许多同学来看。这天早晨,苏霍姆林斯基在校园里散步,看到幼儿园的一个4岁女孩在花房里摘下了那朵玫瑰花,抓在手中,从容地往外走。苏霍姆林斯基很想知道这个小女孩为什么摘花,他弯下腰,亲切地问:"孩子,你摘这朵花是送给谁的?能告诉我吗?"女孩仰起脸说:"奶奶病得很重,我告诉她学校里有这样一朵大玫瑰花,奶奶有点儿不相信。我现在摘下来送给她看,看过我就把花送回来。"听了孩子天真的回答,苏霍姆林斯基的心颤动了,他搀着小女孩,在花房里又摘下了两朵大玫瑰花,对孩子说:"这一朵是奖给你的,你是一个懂得爱的孩子;这一朵是送给妈妈的,感谢她养育了你这样好的孩子。"

在我国,杨叔子先生于2001年在武汉"中外中小学校长论坛"上提出了"绿色教育"

理念,并在《绿色教育:科学教育与人文教育的交融》一文中指出:现代教育应是科学教育与人文教育交融而形成一个整体的"绿色"教育。科学求真,是立世之基。科学知识、科学思维、科学方法、科学精神各有其作用。又是一个整体。人文求善,是为人之本,是民族存亡之根。人文知识、人文思维、人文方法、人文精神各有其作用。而科学与人文同源共生,互通互动,相异互补,两者交融则生"绿",有利于形成正确的追求目标、强大的工作能力与和谐的同外界的关系,以造就既富有高洁的人性——特别是能爱国,又富有非凡的灵性,尤其是会创新、从而能为人民服务的新一代。他还指出:"绿"者自然也。一是"顺"人、事、物本身之自然,"扬"此自然的积极方面,不为违背自然之事;二是"和"人、事、物彼此之间的关系。协调而共同发展,不为不"和"之事。对人的教育不"绿"即对人脑的开发不"绿",人与自然、与社会的关系就不会"绿"。这是一个广义的概念,"绿色教育"既是现代教育的目标,又是教育的内容与方法。绿色教育是最基础的教育,是生存能力的教育,是成功的教育,是人与自然可持续、全面发展的教育。

二、我国绿色教育现状和存在的问题

（一）我国绿色教育现状

我国的绿色教育是伴随着绿色消费、环境教育、可持续发展教育发展而出现的一种教育形式。1996年,国家环保局、国家教育委员会、中宣部联合颁布了《全国环境宣传教育行动纲要》并号召在全国逐步开展创建"绿色学校"活动。其主要标志是学生切实掌握各科教材中有关环境保护的内容;师生环境意识较高;积极参与面向社会的环境监督和宣传教育活动;校园清洁优美。至此,学校的绿色教育相继展开。但以"绿色学校"创建为工作形式的"绿色教育"活动主要强调的是环境教育、可持续发展的教育。一些国内外基金会主持的研究项目,也是以环境教育、可持续发展教育作为主题内容的。

（二）我国绿色教育存在的问题

在绿色教育方面,我国取得了一定的绩效。但与发达国家相比总体起步较晚。尤其在消费者绿色教育方面,与发达国家相比还存在较大的差距。总体上讲,公众还缺乏对绿色教育重要性和迫切性的认识,缺乏保护环境的紧迫感。甚至一些人持有这样一种认识——保护环境是国家的事情。缺乏作为一个公民应有的社会责任感,导致绿色教育效果不明显。绿色教育中存在的问题主要包括以下几个方面。

（1）从宏观层面,还缺乏一整套规范化、法制化绿色教育体系。这也是绿色教育效果不甚明显的主要原因之一。世界上许多发达国家政府都将绿色教育纳入学校教育之中。

（2）缺乏对成年人进行系统的绿色教育。由于历史原因,我国成年人整体上缺乏绿色素质教育。主要原因有四点:①我国成年人整体受教育程度偏低;②缺乏对成人系统教育的体制,即成人再教育机会少;③全国范围内还未形成"活到老,学到老""学习无处不在"的自觉学习与自我完善氛围;④近几十年来,西方文化对我国文化影响极大,但我们对西方优秀文化精髓却吸收有限,加之对自身传统文化的"一概否定",造成了一定程度的文化"沙漠化"现象,导致"方向性迷失",甚至一些成年人可能考取一摞子证件。却不太懂得如何与人、与自然、与社会相处。

(3)缺乏对生产经营者进行绿色教育。加强对生产者和经营者绿色教育,其目的在于提高他们为消费者真正服务、服务社会的自觉性。

(4)缺乏针对区域性差异实施绿色教育体系。我国市场环境的主要特点之一是市场差异性较大,有针对性地进行绿色教育将有助于"因材施教",有利于国民绿色素质提高,有助于消费者"因地制宜"地实施真正的绿色消费。

(5)绿色教育内容、形式、途径或手段有待进一步丰富。

(6)绿色教育者的绿色素质有待提高。如果绿色教育者"言行不一",无形中削弱了绿色教育效果,因此,绿色消费者需要在"知行合一"方面真正践行"身教重于言传"。

三、消费者绿色教育必要性

(一)绿色教育是增强生态意识,塑造生态文明的根本途径

生态意识的提高和生态文明的塑造,依赖于绿色教育。绿色教育是以生态学为依据,传播生态知识和生态文化、提高人们的生态意识及生态素养、塑造生态文明的教育。开展绿色教育、增强生态意识和塑造生态文明三者构成了一个相互辐射、互利共生、协同发展的"金字塔"范式,而处于金字塔底部的是绿色教育,它为我们的生态保护和生态文明建设夯实了基础。我们要保护和建设好生态环境,走可持续发展的道路,固然离不开科学技术手段的支持和法规制度的保障,但更离不开人们生态意识的强化和生态文明的完善;而要全面地强化生态意识和提升生态文明,使每个公民自觉维护与其自身生存和发展休戚与共的生态环境,最行之有效的途径就是实现从"物的开发"向"心的开发"转换,建立多维的绿色教育体系,进行全民绿色教育。

(二)绿色教育状况和质量是衡量一个国家文明程度的重要标志

绿色教育的目标是解决人与环境之间的矛盾,调整人的行为,建立生态伦理规范和生态道德观念,教育人正确认识自然环境的规律及价值,提高人对自然环境的情感、审美情趣和鉴赏能力,为每个人提供机会获得保护和促进生态环境的知识、态度、价值观、责任感和技能,创造个人、群体和整个社会环境行为的新模式。为解决日渐严重的生态问题,世界绝大多数国家都先后设立专门机构、采取经济和立法及技术手段保护自然生态环境,其中,英、德、美、俄及南非等国较早地开展了卓有成效的绿色教育,生态保护和环境治理成绩显著,从"寂静的春天"已变成鸟语花香的人类家园;而另一些国家由于忽视或放松对公民的绿色教育,人们生态知识贫乏、生态意识淡薄,缺乏参与生态建设的意愿。人们的观念偏差和行为不当,逐渐引发了一系列具体问题,最终综合体现于生态环境恶化。我们不能不认识到:一个没有绿色教育的民族是可悲的,也是可怕的。

(三)绿色教育可以为解决当代生态危机、实现可持续发展提供精神资源

西方产业革命以来,随着科学技术水平的迅速发展,人口的急剧增长,人类的社会活

动的规模、程度不断扩大,向自然索取的能力和对自然生态干预的能力也日益增强,致使生态危机越来越严重,生态破坏正在逐步以公开或隐蔽的方式威胁着人类自身的生存。

随着人类对环境危机的广泛体认,绿色教育逐渐走出生态学专业圈囿,置身公众舞台。人们越来越清醒地意识到,生态问题的背后所隐藏的是人的价值取向问题,绿色教育不仅仅使人们获得对生态系统知识的认知,而且更具有突破"知识本位",引导和帮助人们树立正确的生态价值观和塑造美好的生态情感的功能。因为只有热爱大自然,才能自觉爱护环境,维护生态平衡,才能"促进人与自然的和谐,实现经济发展和人口、资源、环境相协调,坚持走生产发展、生活富裕、生态良好的文明发展道路,保证一代接一代地永续发展"。(胡锦涛同志在中央人口资源环境工作座谈会上的讲话)因此说,绿色教育是"防范胜于救灾"的最有效且最持久的生态保护手段。

第二节 绿色教育的分类和内容

每个人都是消费者,都是被教育者。绿色教育的目的就是通过绿色教育使各级政府、各级管理者、生产与经营者、消费者及社会公众更加关注可持续发展战略,携手共创美好未来。

一、绿色教育分类

第一,按照绿色教育主体的不同,可将绿色教育划分为政府、新闻媒体、消费者组织、企业、家庭、学校、消费者之间、消费者自我完善教育等。其中,学校绿色教育对一个人的成长起关键性作用。学校教育学生树立正确的绿色观念,大学教育的目的是培养人的基本素质,通过系统的学习和训练,掌握科学的研究方法、思维方式、建立完整的理论基础、逻辑体系,从而具备基本的分析问题和解决的能力。

第二,按照绿色教育客体的不同,可将绿色教育划分为对各级政府、对企业经营主体(企业各级管理者)、对社会公众及消费者、对家庭等的绿色教育。

第三,按照消费者绿色教育内容的不同,绿色教育包括绿色观念、消费价值观念、消费方式、商品知识、健康消费等。如健康教育,在日常生活中,一般来说人们比较关注自身身体健康,但身体健康与大地环境健康息息相关。人类是地球生态系统中的分子。其健康时刻受到地球"健康状况"的影响。"地球是一个'活'的星球,不仅是因为地球表面是由动植物构成的生态系统,还因为地球表面大部分被水覆盖,动植物才能在这种平衡的大系统中繁衍生息。"佛教认为,世间的一切皆由地、水、火、风四大物质组成,宇宙大天地如此,人体小天地亦复如此。四大不调就会生病;如果地球的地(土壤)、水(水源)、火(能源)、风(空气)全部恢复了健康,生活在地球上个体的地(皮肤)、水(血液)、火(热量)、风(呼吸)也会健康起来。

二、绿色教育的内容

(一)政府进行的绿色教育

这是指由政府面向各种被教育者所进行的绿色教育,如面向营销人员、社会团体、社会公众或消费者等进行的绿色教育。在整个绿色教育体系中,政府绿色教育是最重要的教育手段之一。政府绿色教育主要包括三个方面内容。

1. 政府全面性绿色教育

(1)加强对各级政府树立绿色观念教育。

(2)加强对企业绿色技术、生产、营销等创新教育。

(3)加强国民对环保、绿色消费重要性认识教育,尤其重视国民绿色教育体系及绿色教育制度建设与推进教育。

(4)加强营造绿色文化氛围的绿色教育。

在消费占主导地位的现代社会,消费文化已经成为人们了解产品、实施消费的"透镜"。人们购买产品与其说是因为产品的实际用途,不如说是产品所代表的文化、意义、内涵、价值、个性或属性。人们消费某一产品或服务,实际上与其所希望的地位、品位或环保等意愿紧密相系。从营造绿色文化氛围出发进行绿色教育,政府有责任创造和培育全社会的绿色消费文化,引导消费者倾向于绿色(化)产品与服务的消费。

[案例] 滨州市位于鲁北平原黄河下游,地处黄河三角洲尾闾。由于地势低洼,丰水则涝、枯水则旱。滨州城建以同济大学专家规划为蓝本,以中科院院士领衔的国内知名专家组论证为依据,以城市建设为载体,以科学开发利用水资源为手段,以城市与水在生产、生活、生态上和谐共生为目标,自2003年年初开始,立足区位优势,善用各种资源条件(包括盐碱涝洼地),建设集交通、水利、城建、园林、旅游于一体的"四环五海"工程。激活并扮靓了滨州,创造了优良的生态环境。"四环"是环城公路、环城水系、环城林带和环城景点。"五海"是由昔日的五个大型水库组成:①中海以"天"为主题,体现日月星辰的理念;②西海以"地"为主题,用土堆山,创造山水相依的景观;③北海以"人"为主题,建设城市居民游憩及运动场所,体现人与自然相融的理念;④南海以"情"为主题,体现"黄河风情"的理念;⑤东海以"水"为主题,沿东海四周250米范围内绿化松林防护带并形成大水面、大绿地景观。该工程经国家级认证,工程总体达到国内领先水平。同时,还恢复了滨州历史八景,包括"秦台晓雾""榆林晚照""渤海望潮""清河横带""莲池夜月""古井琉璃""砂亭雨霁""兔岭浮波"等;仿建了36座世界名桥;建设了72湖;建成有绿有水的居民水区60个,居民和游客享受和谐生态环境的同时,随时体会人与自然的和谐,提升绿色素质。滨州新城建设,不仅很好地体现了现代城市营销理念,而且很好地诠释了在现代城市建设过程中创造、体现和宣传及传递绿色价值的科学内涵。

(1)"四环五海"工程,构筑集对外交通、蓄水排涝、绿色生态与休闲游憩功能于一体的四环五海环城风光带——环城道路、环城水系、环城绿带与环城风景带的综合体系和东、西、南、北、中五座平原水库,体现了科学发展观。五座平原水库都是建在盐碱涝洼地上,修水库挖出来的土又可以满足滨州城西区建设用土的需要。环城水系建成后,水循环加快了,盐碱地就可以得到改良,这可以一举多得,良性循环,环保生态。

(2)四环五海工程建设,对提高城市品位、增强城市功能、加快城市化进程、促进全市国民经济和社会发展都具有重要的现实意义和深远的历史意义。四环五海工程是立足区位优势,资源条件,着眼打造特色滨州,着眼全市经济和社会发展大局,加快实施"追赶战略"的一项重大举措。

(3)四环五海建设是一个科学的系统工程,突出了战略性、前瞻性和系统性;是一个创造滨州特色的工程,突出了大水面、大绿地和多景点;是一个全面提升滨州城市竞争力的工程,形成了大空间、大绿地、大水面,创造了优良的生态环境、城市功能和发展区位,构成了优质而又科学的土地资源配置、水资源配置、旅游资源配置、人力资源配置;是一项符合黄河三角洲地区实际的、可操作性强的工程,是一项顺应21世纪中国发展潮流的工程。

(4)建设四环五海工程,使区内河、海调蓄能力加强,蓄存水量大大增加,有效缓解水资源紧缺现状,满足工农业及生活用水要求。通过采取工程措施,其灌排系统布局更加合理,将进一步加强城市抗洪除涝和郊区农业灌溉能力,实现水资源的优化配置,改善地下水、地表水水质,改善现状水环境和生态环境。建设四环五海工程,市区内形成大水面、大绿地、多景点,调节和改善区域小气候,增加空气湿度,抑制风沙天气,提高空气质量,改善人居环境,增加来滨开发和旅游观光人数,增加国民收入;通过加强工程运行管理、合理控制河、海蓄水水位,将改善河、海周围500米范围内土壤地质条件,有利草木花卉、枣林等植物发育生长和产业结构调整。

(5)建设四环五海工程,城市交通设施与工程建设同步,特别是220、205国道改线及市区主干道的建设,大力改善了交通条件,打通了对外交通运输的通道,促进了开放程度,增强了物流能为,使昔日的盐碱地变成了寸土寸金的城市建设开发区,极大地拉动了当地绿色GDP的增长。

滨州市四环五海工程建成后,不仅展现出碧波清流的河湖水景景观、配以绿荫花卉的绿地景观、加以密林叠翠的林带景观等市容新貌,也不仅是呈现在世人面前的碧水蓝天、花红草绿的现代生态新的一座新城,更为重要的是其绿色科学发展理念产生的那种"化腐朽为神奇"的力量,所带给人们的绿色教育的启迪与思考。

2.政府对经营主体的绿色教育

教育的主要对象是企业的各级决策者、管理者、经营者或营销者,他们是进行多大(人力、物力、财力等)绿色投入的支持者,是采取多大绿色力度或绿色程度的真正决定人。政府对经营主体实施绿色教育可采取多种方式方法进行。政府通过设立各种环境保护法案,强制企业进行污染治理,并加大执法力度,都是进行绿色教育,提高绿色教育效果,促进企业实施环保战略有效手段。对经营主体的绿色教育,在于营造一个绿色营销的宏观环境。

3. 政府对国民的绿色教育

只有消费者对环保有足够的热心,才对绿色消费有足够兴趣,企业绿色营销活动才能事半功倍。

(1)绿色教育应从娃娃抓起,尤其应重视年轻父母和小学老师对孩子们的绿色教育。

(2)对消费者绿色教育重在因材施教,如从消费者利益出发、以喜闻乐见的形式进行,是消费者最容易接受的方式。如利用各种媒体,宣传环保和绿色消费知识,以优美的田园风光、美丽的自然景观,绿色的生活格调,纯净的心理感受,以及高品质生活方式引导消费者,激发对绿色消费的欲望和需求。

(3)善于发挥绿色"先行者"的作用。他们往往文化水准较高。有一定社会责任感,有一定的经济实力;他们有一定的社会影响力;在传媒中他们有可能成为"意见领袖"。充分发挥他们的领先与示范作用极其重要。

(4)重视人文教育。绿色教育关键是培育消费者绿色素质,这需要人文素质铺垫。人文素质素质高的人,一般懂得人与人、人与社会、人与自然之间的关系,懂得"应该是什么""应该如何做"。尤其是需要对国民进行人文素质教育。古有"人之初,性本善,性相近,习相远"。"习性"是后天教育培养的结果。

(二)各级政府管理者的自我绿色教育

各级政府管理者的经济决策与措施,是影响企业生存与发展的关键之一。他们对绿色化生产、绿色化消费的重视程度,直接影响着各级政府与绿色力度。各级政府管理者的自我绿色教育不是一般人所能做得到的,很大程度上取决于政府的用人机制。

(三)消费者之间的绿色教育

人类具有极强的社会属性,人与人之间的相互影响即微妙又巨大。消费者之间的相互绿色教育不可忽视。"人活着,就是'与人共存'在同一个地球上。人的物质、精神生活都依赖于人们之间的互存互惠。个体中充满了社会性,人性中包括利他性,唯有社会才是自我实现和个性发展的唯一场所。"谋求社会全面发展,是每个人应尽的义务。平民出身的启蒙者伏尔泰先生有两句著名的格言:"笑和让别人笑。""思考和让别人思考。"对大多数人来说,虽然都是"凡夫俗子",但每个人都可以做到"启迪民众""召唤同道",用智慧、思考、笑声和理性为推进绿色进程添砖加瓦。向身边有"缘"之上传递绿色信息,互相引导并绿色生活,是利己、利人、利社会,世界就会因你而精彩。

(四)绿色商品知识教育

帮助消费者提高识别真假绿色产品的能力,是保护消费者购买绿色产品的积极性的保证,也是一项长期的任务。据调查,大学生的商品知识相当匮乏。但许多人又常常自以为是,阻碍了学习商品知识的欲望。因此,政府、企业、社会组织和学校有责任对学生进行绿色商品知识教育。

绿色教育还包括诚信教育,因为"诚实是人生的命脉,是一切价值的根基",也是一切经济社会中最稀缺的资源,还应包括敬业教育、节俭教育,自我认识和自我成长教育……

绿色教育就是彻底破除迷信,启发真智,使国民明辨真伪、正邪、是非、善恶、利害,建立理智觉悟,建立奋发、进取、乐观的人生价值观,也是永恒幸福的教育目标。

三、绿色教育的核心

绿色教育的核心是培育高素质的人。一个具有真正高素质的人,其表现行为一定是一个懂得爱护自然、不断学习与自然和谐相处的人。亦如杨叔子先生所言:具有真正高素质的人,一定是一个关爱社会、有责任心的人,责任就是我们能为社会做一些力所能及的事情,责任更意味着我们面对任何事情都不逃避。

绿色教育是现实生存的教育,是适应社会的教育,是心理教育、信心教育、责任教育、方法教育、时间教育、实践教育和危机教育等。它是传统教育的扩展,包含着传统教育的智力与开发,要培养真正高素质的人才,需要真正的绿色教育。

四、弘扬中国优秀传统文化是绿色教育的切入点

社会经济似乎越来越隔离了与"大自然经济的脐带",而人类社会经济发展与"大自然经济"的内在联系是密切相关并不以人的意志为转移的。社会经济系统只是"大自然经济"的一部分,想使人类社会经济可持续发展,必须研究"大自然经济"。目前,对这方面的认识似乎越来越受到东西方绿色教育的重视了。

直接面对宇宙万物,从认识天、地、人的关系入手,通过自然界诸多现象来启迪和净化人类心灵,教育人们善待自然并与自然和谐相处,正是中国传统优秀文化教育的魅力所在。

第五章 绿色营销战略

在市场竞争激烈的今天,企业应该采取怎样的营销战略,以适应生态环保、绿色为主题的时代要求,这不仅关系到企业的发展,也关系到消费者的需求满足,甚至关系到整个社会的发展。

【导入案例】

受邀出席戛纳广告节 蒙牛绿色营销战略获赞赏

中新网 7 月 8 日电 精英荟萃的戛纳国际广告节是一年一度的世界营销盛会。在日前举办的 2010 年戛纳国际广告节上,包括可口可乐、蒙牛在内的众多中西广告精英在戛纳主会场附近的卡尔顿酒店举行了主题为"尽享戛纳,荣赏中国"的中西营销管理者深度交流午餐会,蒙牛集团副总裁赵远花出席此次午餐会并作了精彩演讲,向与会者介绍了蒙牛在信息化、全球化、生态化三重世界潮流下的国际化品牌营销战略,向国际同行展示了中国乳业的巨大潜力。

为了适应现代社会消费者快捷便利的"信息化"消费需求,足不出户地品尝蒙牛的优质产品,蒙牛还开创了另一项科技创新服务———蒙牛电子商城,让消费者轻松领略电子商务 B2C 带来的便利和时尚体验。电子商城上还设置了"乳品知识""乳品论坛"等供用户交流互动的平台,消费者可以在"坛子里"答疑解惑,实现了企业与消费者的深层互动,蒙牛也在这种互动中不断引领中国乳业的消费创新。

随着中国融入"全球化",蒙牛也从"中国牛"向"世界牛"进发。为此,引进了国际最先进的乳品生产设备、国外最优质的奶牛,陆续建设了包括亚洲最大单体牧场——澳亚国际牧场在内的多座生态牧场。此外,蒙牛也在全球范围内整合资源,积极开展国际合作,先后与丹麦阿拉福兹、美国 NBA、博鳌亚洲论坛等世界领先的企业和机构展开了战略合作,充分吸纳西方先进的管理理念,向外国消费者推广中国品牌。赵远花说:"成为世界乳业 16 强之后,蒙牛的目标就是要让中国乳业成为国际乳业的风向标,以'中国力量'引领世界潮流。"

如今,低碳已经成为企业走向国际化的通行证,"低碳化"成为企业未来发展战略的必然之选,包括蒙牛在内的许多企业开始以低碳经济重新定义其经济活动。蒙牛除了延续其长期坚持的绿色奶源、生态牧场建设,还在陆续展开新一轮的绿色攻势。目前,蒙牛已投资建设了全球最大的畜禽类生物质能沼气发电厂;今年4月至7月,蒙牛在中国30个城市举办了"生态行动助力中国"大型体验活动,网上也开展了"碳测试"活动,共同助力中国的全民生态时代的到来。

蒙牛的形象升级引起国际巨头们的注意,戛纳交流会上的国际营销精英们认为,蒙牛的绿色营销战略既达到了保护环境的生态目标,又实现了降低企业运营成本的经济目标,实现生态、经济效益双丰收,为中国乳品企业走向国际化树立了行业标杆。

资料来源:http://www.sina.com.cn 2010年07月08日15:45 中国新闻网

第一节 绿色营销战略概述

一、绿色营销战略的含义

(一)战略

1. 战略的含义

"战略(strategy)"一词最早是军事方面的概念。战略的特征是发现智谋的纲领。在西方,"strategy"一词源于希腊语"strategos",意为军事将领、地方行政长官。后来演变成军事术语,指军事将领指挥军队作战的谋略。在中国,"战略"一词历史久远,"战"指战争,略指"谋略"。春秋时期孙武的《孙子兵法》被认为是中国最早对战略进行全局筹划的著作。当一个公司成功地制定和执行价值创造的战略时,能够获得战略竞争力(strategic competitiveness)。一个战略就是设计用来开发核心竞争力、获取竞争优势的一系列综合的、协调的约定和行动。如果选择了一种战略,公司即在不同的竞争方式中做出了选择。从这个意义上来说,战略选择表明了这家公司打算做什么,以及不做什么。当一家公司实施的战略,竞争对手不能复制或因成本太高而无法模仿时,它就获得了竞争优势(competitive edge)。只有当竞争对手模仿其战略的努力停止或失败后,一个组织才能确信其战略产生了一个或多个有用的竞争优势。此外,公司也必须了解,没有任何竞争优势是永恒的。竞争对手获得用于复制该公司价值创造战略的技能的速度,决定了该公司竞争优势能够持续多久。

2. 战略的特性

(1)全局性。凡属需高层次谋划和决策,又要照顾各个方面和各个阶段性质的重大的、相对独立的领域,都是战略的全局。全局性表现在空间上,整个世界、一个国家、一个战区、一个独立的战略方向,都可以是战略的全局。全局性还表现在时间上,贯穿于指导战争准备与实施的各个阶段和全过程。战略的领导者和指挥者要把注意力摆在关照全局上面,胸怀全局,通观全局,把握全局,处理好全局中的各种关系,抓住主要矛盾,解决关键问题;同时注意了解局部,关心局部,特别是注意解决好对全局有决定意义的局部问题。

(2)方向性。战争是政治的继续,具有很强的政治目的。任何战略都反映一个国家或政治集团利益的根本的目标方向,体现它们的路线、方针和政策,是为其政治目的而服务的,具有鲜明的目标方向。

(3)对抗性。制定和实施战略都要针对一定对象。通过对其各方面的情况进行分析判断,确定适当的战略目的,有针对性地建设和使用好进行斗争的力量,掌握斗争的特点和规律,采取多种斗争形式和方法,对敌抑长击短,对己扬长避短,以取得预期的斗争效果,是战略谋划的基本内容。

(4)预见性。预见性是谋划的前提、决策的基础。在广泛调查研究的基础上,全面分析、正确判断、科学预测国际国内战略环境和敌友关系以及敌对双方战争诸因素等可能的发展变化,把握时代的特征,明确现实的和潜在的斗争对象,判明面临威胁的性质、方向和程度,科学预测未来战争可能爆发的时机、样式、方向、规模、进程和结局,揭示未来战争的特点和规律,是制定、调整和实施战略的客观依据。

(5)谋略性。战略是基于客观情况而提出的克敌制胜的斗争策略。它是在一定的客观条件下,变被动为主动,化劣势为优势,以少胜多,以弱制强,乃至不战而屈人之兵的重要方法。运用谋略,重在对战争全局的谋划。制定战略强调深谋远虑,尊重战争的特点和规律,多谋善断,料敌定谋,灵活多变,高敌一筹,以智谋取胜。

(二)绿色市场营销战略

市场营销战略(marketing strategy)是指企业在现代市场营销观念下,为实现其经营目标,对一定时期内市场营销的总体设想和规划。绿色营销战略是为了实现企业在绿色营销观念下规划,为实现企业经营目标,在一定时期内绿色营销发展的总体设想和规划。它是一种基于环保并把环保事业与企业营销融合、为社会长远利益考虑的一种新型营销战略。

二、企业绿色战略与绿色营销战略

(一)企业绿色战略

一个企业要想获得长足的发展,需要制定与绿色环境变化相适应的全面发展战略,这就是企业绿色发展战略,是企业基于环保并把环保事业与企业发展融合,为社会长远利益考虑的一种全面的发展战略。

企业绿色战略的主要内容包括三个方面:一是企业的绿色宗旨、目标;二是企业的绿色业务组合;三是企业的绿色增长途径。如海尔集团,其宗旨、目标是创世界顶级品牌。正是这个企业战略目标,促使海尔从创业、创新走向中国创造并不断发展。在发展过程中,海尔的业务涉及消费品类和其他产业。

企业的市场营销部门还要依据企业总的绿色发展战略,制定相应的绿色营销战略。绿色营销战略要服从于企业绿色战略,它既是企业绿色战略的一个重要组成部分,又是实现企业绿色战略的重要保证。绿色营销战略是一系列导致保持连续竞争优势的整体绿色行动。

(二)企业绿色战略与绿色营销战略的关系

在实际工作中,企业绿色战略与绿色营销战略密不可分。企业绿色战略是企业为实现各种特定绿色目标以求自身发展而设计的行动纲领或方案,具有全局性、长远性和方向性特点。因此,制定企业绿色营销战略需要考虑的因素更全面、广泛。对于需要制定企业绿色发展战略的人员,一方面要着重分析、评价、比较宏观绿色经济环境和市场环境,明确地预测其未来的发展变化趋势;另一方面还要现实地、全面地分析企业自身的状况,包括相对优势和相对劣势,从而制定出企业总的绿色发展战略。

绿色营销战略则是在已经确定的业务营销范围内,由企业的市场营销部门按照企业绿色发展战略中已经规划的任务目标、增长策略和产品投资组合的特点,从外部环境中分析、评价各种绿色产品业务增长的市场机会,结合企业资源情况,综合考虑各种影响因素,制定出各种绿色产品的营销战略。

三、企业实施绿色营销战略的意义

由于沿袭发达国家的老路,我国企业普遍奉行"先污染后治理"的发展观念,致使产生了诸多环境问题。传统营销观念认为,有利于环保的战略会有损于企业的主要目标,包括短期获利、市场占有、成本控制以及有效生产。然而,面对"发展过后再治理环境"的一系列昂贵成本(如:严重污染的太湖,恢复生态不仅需要投入大量资金,而且需要一个极其漫长的过程),加之绿色浪潮推进下的政府管制、改善环境、绿色呼声及其他方面的各种压力,管理观念在不断转变,绿色营销战略渐渐被重视。如果将绿色视为责任,会束缚企业的眼界;如果将绿色视为商业机会,则能给企业带来更广阔的发展空间。

企业绿色营销战略实施的意义具体体现在以下几个方面:

(1)有利于获得经济利益。从长远看,实施绿色营销可降低成本,获得"绿色利润"。

(2)有利于获得公众的支持,树立良好形象。绿色营销有助于获得社会公众积极的情感反应,好的形象是企业宝贵的无形资产,有利于企业的长远发展。如:海尔集团2011年入选"中国企业绿色管理50强",位居家电业榜首,这是对其绿色营销战略及其完善的绿色管理体系和创新绿色供应链的高度认可。

(3)有利于扩大市场份额。绿色产品能更好地满足消费者的绿色需求,同时,"绿色价值"导向能更好地迎合消费者的"良知取向",从而促使消费者从情感上偏爱这样的企业及产品,提高市场占有率。

(4)有利于增强市场竞争力。绿色营销战略是营销战略差异化的体现,能够获得独特的竞争优势,为消费者带来更高的满意度和忠诚度。例如:海尔集团的绿色战略目标之一——创立绿色供应链,很好地提升绿色发展竞争力。2010年年初,海尔率先组建了全球首条"无氟变频空调低碳产业链",首批加盟成员有三菱、霍尼韦尔、金龙、三花、菱电、松下、台达、瑞萨等八家,均是拥有全球顶尖研发能力的供应商。这一全球产业链彻底颠覆了传统供需模式,取而代之以用户需求为起点,即需即供的模块化新模式,全面加速无氟变频空调的普及,为全球用户提供舒适生活的最佳解决方案。这也是海尔成为"中国企业绿色管理50强"的重要原因。

(5)有利于企业可持续发展。绿色营销战略是发展、稳定企业可持续竞争优势的源泉。例如:海尔集团率先通过了ISO14000环境质量认证,为其成为世界的"海尔"起到了关键性的作用。

第二节 绿色营销战略的内容及影响因素

一、绿色营销战略的内容

在现代市场营销理论中,市场细分、目标市场选择、市场定位是构成公司营销战略的核心三要素。

(一)市场细分

市场细分是指营销者通过市场调研,依据消费者的需要和欲望、购买行为和购买习惯等方面的差异,把某一产品的市场整体划分为若干消费者群的市场分类过程。每一个消费者群就是一个细分市场,每一个细分市场都是具有类似需求倾向的消费者构成的群体。

(二)目标市场选择

目标市场选择是根据各个细分市场的独特性和公司自身的目标,共有三种目标市场策略可供选择。

1. 无差异市场营销

无差异市场营销指公司只推出一种产品,或只用一套市场营销办法来招徕顾客。当公司断定各个细分市场之间很少差异时可考虑采用这种大量市场营销策略。

2. 密集性市场营销

密集性市场营销是指公司将一切市场营销努力集中于一个或少数几个有利的细分市场。

3. 差异性市场营销

差异性市场营销指公司根据各个细分市场的特点,相应扩大某些产品的花色、式样和品种,或制订不同的营销计划和办法,以充分适应不同消费者的不同需求,吸引各种不同的购买者,从而扩大各种产品的销售量。

(三)市场定位

市场定位是指企业针对潜在顾客的心理进行营销设计,创立产品、品牌或企业在目标顾客心目中的某种形象或某种个性特征,保留深刻的印象和独特的位置,从而取得竞争优势。

二、制定营销战略的条件及环境分析

(一)制定市场营销战略的条件

经营理念、方针、企业战略、市场营销目标等是企业制定市场营销战略的前提条件,是必须适应或服从的。一般是既定的,在市场营销战略的制定过程中首先要确定的就是市场营销目标。确定目标时必须考虑与整体战略的联系,使目标与企业的目的以及企业理念中所明确的、对市场和顾客的姿态相适应。

市场营销目标应包括:量的目标,如销售量、利润额、市场占有率等;质的目标,如提高企业形象、知名度、获得顾客等;其他目标,如市场开拓,新产品的开发、销售,现有产品的促销等。

(二)制定市场营销战略的内外环境

主要是对宏观环境、市场、行业、本企业状况等进行分析,以期准确、动态地把握市场机会。

1. 宏观环境

即围绕企业和市场的环境,包括政治、法律、社会、文化、经济、技术等。了解分析这些环境对制定市场营销战略至关重要。其理由有三:一是市场营销的成果很大程度上要受到环境的左右;二是这些属不可控因素,难以掌握,企业必须有组织地进行调研、收集信息,并科学地对其进行分析;三是这些环境正加速变化。

环境的变化对企业既是威胁也是机遇,关键是我们能否抓住这种机遇或者使威胁变为机遇。例如,环境保护是各国极为重视的世界性课题,日本松下公司为适应这一环境,建立起了消除浪费的废物利用生产体系,结果做到了生产电子零部件的原材料100%利用,并用其废物制造成其他产品,获得重大成果,给企业创造了丰厚的利益。再如,人口结构的变化,即独生子女化和老年化。我国企业在玩具生产上注意抓住了儿童市场,却忽略了老年人市场。但在美国和日本等国家已是企业的热门话题,在玩具生产中,老年人玩具占有很大的比重。

2. 市场

从市场特性和市场状况两个方面来对其进行分析。

首先看市场特性,它包括以下几个方面:一是互选性,即企业可选择进入的市场,市场(顾客)也可选择企业(产品);二是流动性变化,即市场会随经济、社会、文化等的发展而发生变化,包括量和质的变化;三是竞争性,即市场是企业竞争的场所,众多的企业在市场上展开激烈的竞争;四是导向性,即市场是企业营销活动的出发点,也是归着点,担负着起点和终点的双重作用;五是非固定性,即市场可通过企业的作用去扩大、改变甚至创造。

其次,市场状况也可以考虑两个问题。①市场规模。市场由人口、购买欲望和购买力三大要素构成。②市场是同质还是异质。现在我国人民的需求呈现出两种倾向:一是丰富化和多样化;二是两极分化越来越明显、突出。绝大部分产品供大于求,形成买方市场。

3. 行业动向和竞争

把握住了行业动向和竞争就等于掌握了成功的要素,所以一要了解和把握企业所在行业的现状及发展动向;二要明确竞争者是谁,竞争者在不断增加和变化,它不再只是同行业者,而相关行业、新参与者、采购业者、代理商、顾客等都可能处于竞争关系,如铁道运输业的竞争对手包括汽车运输业和航空运输业等。

4. 本企业状况

利用过去实绩等资料来了解公司状况,并整理出其优势和劣势。

战略实际上是一种企业用以取胜的计划,所以,企业界在制定战略时必须充分发挥本公司的优势,尽量避开其劣势。

三、制定企业市场营销战略的步骤

企业营销战略是企业市场营销管理思想的综合体现,又是企业市场营销决策的基础。制定正确的企业市场营销战略,是研究和制定正确市场营销决策的出发点。

(一)分析市场环境

分析企业所处环境的情况,如政治、经济、文化等方面,在企业准备进入国际市场时显得尤为重要。比如烟草行业,如果想将卷烟出口到海外市场,就必须先要了解该国对烟草产品的政策,如关税水平、配额数量、该国消费水平和消费习惯、对烟草制品的特殊规定以及主要的竞争对手情况。只有深入了解了企业所处的环境,企业才能做出正确的战略选择。比如中国烟民主要的吸食习惯是烤烟型的,对混合型不能立刻接受,那么外国烟草在向中国出口卷烟时,肯定会在配方上进行调整,以适应大多数中国人的口味。

(二)评估企业的机会与障碍

企业必须寻找特定的市场营销机会,来指导营销战略的制定。在市场营销战略制定过程中,评估企业机会和障碍会涉及对企业情况的分析,包括企业的经济状况、消费者情况和其他外部环境因素。首先,我们要根据企业市场营销能力来检查企业的优势和劣势,同时,对过去的企业经营成果以及市场营销的优势、劣势进行评价。其次,要进行销售和管理的成本研究。最后,预测企业的销量。通过分析,企业才会发现所希望的竞争优势、革新技术和获得新市场的机会以及可能遇到的障碍。

(三)瞄准目标市场

所谓目标市场,是指企业进行市场细分之后,拟选定进入并为之服务的子市场。企业通过将整个市场划分为若干个子市场,并对各子市场的需求差异加以区分,选择其中一个或几个子市场作为目标市场,开发适销对路的产品,开发相应的市场营销组合,以满足目标市场的需要。

企业在选择目标市场的过程中会受到一些因素的影响,这些因素包括:消费者的经济水平、生活方式,等等。例如,老年消费者与青年消费者相比,他们对卷烟的吸味、价格、包装有着不同的要求,也就形成了不同的细分市场,而且每一个细分市场对企业的市场营销反应是不同的,所以对所有的细分市场不能总是用同一种市场营销方法,每一个重要的细分市场都应制定特定的市场营销战略,因此,确定哪些市场可以细分对制定企业计划是非常重要的。

(四)确定资源的分配水平

在选择目标市场和产品项目时,必须考虑有限的资源分配。一般来说,实现市场目标的经营活动决定了所需各种资源的水平。显然,占领细分市场要花费比较多的成本。但是,可以利用的各种资源又是有限的,不仅财务金融、生产能力是有限的,而且人力资源、供应能力也是有限的。在这种情况下,目标市场重要性的大小直接影响到企业的决定。如果是一个重要的目标市场,尽管它消耗很多的资源,企业也会选择它。但是,如果需要大量市场营销资源的是一个次要目标市场,它就会被淘汰。为了对竞争对手的行动做出迅速的反应,在选定目标市场后还需要选择一些战略方案,不是紧急的计划或可以延期执行的计划都可以暂时放弃。

(五)选择整体战略

企业的营销战略就是企业管理层对如下关键的业务问题的答案:究竟是建立单一业务组合还是建立多元化业务组合(如英美烟草将非烟业务剥离和菲莫的多角化战略)?究竟是满足广泛范围的顾客需求还是聚焦于某一个特定的小市场(如推出只针对女性吸烟者的卷烟)?究竟是将企业的竞争优势建立于低成本之上,还是建立于产品质量的优越性上?究竟覆盖多大面积的地理区域(国际化的战略)?如何对新市场和环境做出反应(如跨国烟草通常是以出口卷烟打入新兴市场,一旦条件成熟,立刻实施本地化战略)?因此,市场营销战略实际上反映了公司管理者所做的各种选择,表明这家公司将要致力于某些特定的产品、市场、竞争策略。

(六)确定市场营销组合

企业的市场营销计划是为实现企业市场营销战略而制定的行动方案,它比较复杂又具有综合性,涉及产品、分销、促销、价格四个重要因素,这四个大因素被称为市场营销组合因素。企业的市场营销战略正是通过这些组合来加以体现和贯彻。

一套完整的市场营销战略往往会关系到这个企业的生死存亡。营销战略是基于企业既定的战略目标,而在向市场转化过程中的必须要关注的客户需求的确定、市场机会的分析、自身优势的分析、自身劣势的反思、市场竞争因素的考虑、可能存在的问题预测、团队的培养和提升等综合因素,最终确定出增长型、防御型、扭转型、综合型的市场营销战略,作为指导企业将既定战略向市场转化的方向和准则。

第三节 绿色企业文化

一、绿色企业文化

(一)绿色企业文化的概念

绿色企业文化(green corporate culture)是指企业及其员工在长期的生产经营实践中逐渐形成的为全体职工所认同遵循、具有本企业特色的、对企业成长产生重要影响的、对节约资源、保护环境及其与企业成长关系的看法和认识的总和。绿色企业文化属于"亚文化"的范畴。企业文化是一个企业在长期经营实践中所凝结起来的一种文化氛围、企业精神、经营理念,并体现在企业全体员工所共有的价值观念、道德规范和行为方式。绿色企业文化由外层企业物质文化、中层企业制度文化、内层企业精神文化组成。

绿色企业文化的三个层次是紧密联系的。物质层是企业文化的外在表现和载体,是制度层和精神层的物质基础。制度层则约束和规范着物质层和精神层的建设,没有严格的规章制度绿色企业文化无从谈起,精神层是形成物质层和制度层的思想基础,是绿色企业文化的核心和基础。进行绿色企业文化建设既要重视经济效益,又要重视社会效益、生态效益,满足现代消费者追求绿色产品的要求。提高企业产品的生态含量,树立良好的企业形象。

(二)绿色企业文化的内涵

1. 树立绿色价值观

要树立企业是经济人、社会人、生态人的统一体的绿色价值观。

企业价值观是经营活动的指导思想,是企业适应市场环境,为求得生存和发展,在长期的管理实践中,由企业的经营者倡导并为企业的员工所认同的一系列理念。企业价值观是现代企业文化的核心,在绿色文明时代来临之际,树立绿色价值观,即将环保作为企业生存发展的基础之一,是企业推行绿色管理的关键。只有将绿色经营理念导入企业的核心价值观,教育、引导,鼓励员工把企业的发展与生态保护及全社会的共同发展相协调,才能为企业实施绿色管理提供坚实的精神支持,使绿色管理成为员工的自觉行动。

2. 绿色企业文化强调消费者需求的全面性

为实现生态、经济和社会的可持续发展,企业的可持续经营,人类生活质量的全面提高,企业经营活动必须关注消费者需求的全面性,这包括对健康、安全、无害的产品需求,对美好生存环境的需求,对安全、无害的生产和消费方式的需求,对和谐的人与人关系的需求。绿色企业文化使企业在从事经营活动时不仅要发现需求、满足需求,而且要引导需求。积极主动地引导消费者进行合理消费,树立新的伦理观、价值观,避免不合理需求引发的不合理的生产和消费方式,引起自然资源的浪费和损耗、生态环境的恶化以及人的异化,造成人与自然的对立、人与人的不和谐。

3. 绿色企业文化要求重建竞争观念

地球的整体性、自然资源的有限性和相互依存性,把整个人类连在一起。这要求人类必须采取共同的联合行动,才能在全球范围内实现可持续发展。从企业经营活动角度看,经济的全球化使得许多企业在全球范围内建立供应链,供应链某一环节(某一国家)出现问题,整个供应链就会出现问题,而停止运转,从而影响生产和消费。某些大的环境问题的解决和环保项目的投资需要许多企业的介入,形成战略联盟才能解决,特别是有些环境问题是跨越国界的,要求企业从全球视角进行绿色管理。因此,生态系统的整体性和相互依存性,把整个企业的命运连在一起,企业之间除了竞争的一面,还有相互合作,相互联系的一面,所有企业都是经济体系的命运共同体,更是整个生态系统的命运共同体。只注重短期利益、局部利益不可能永续经营,百年不衰。

4. 强调企业对环境和社会的责任

绿色企业文化强调企业对环境和社会的责任。环境是人类的需要之一。随着社会的发展,改善人类生存环境、提高健康水平成为人类关注的问题。企业要正视环境问题,关注人类对环境质量的需求,将其贯彻到企业的整个经营活动中。绿色企业文化要求企业将供应链扩展到消费者,一要生产安全、健康、无害的产品,二要消费过程和消费之后对环境不造成影响。只有把短期利益和长远利益、局部利益和全局利益统一起来,企业才会实现永续经营,长盛不衰。

5. 以绿色为标志塑造企业形象

企业形象的塑造具有一定的选择性:有的企业以质量过硬为特色;有的企业以优质服务为特色;有的企业以成本领先、价格低廉为特色;有的企业以技术领先、不断创新为特色,等等。绿色企业文化的内涵是以绿色作为最佳的企业形象,成为高素质企业的象征,从而使企业获得独特的竞争优势。

二、建设绿色企业文化的必要性

(一)建设绿色企业文化是企业绿色管理的前提

绿色企业文化既是绿色管理的重要内容,也是企业实施绿色管理的前提。企业要制定绿色管理战略、进行科学的环境资源管理,首先取决于员工特别是管理者是否具有绿色意识。企业要开发绿色产品、进行绿色设计,研究开发人员有没有树立绿色价值观就是前提。企业要开发绿色市场、进行绿色营销,其营销人员对企业与自然社会关系的认识就起着决定性的作用。

绿色企业文化体现在绿色管理的各个方面。绿色企业文化是企业贯彻绿色管理的措施，是企业树立绿色形象，实现企业绿色目标的保证。企业实施绿色管理的目的，是在促进社会经济可持续发展中实现企业可持续成长，达到经济效益、社会效益、环境效益的统一。为此企业要通过科技进步和管理改进，节约资源，改善环境，并树立绿色企业形象，把环境效益和社会效益转化为竞争优势，进而提高经济效益。这些都离不开广大职工的绿色意识和积极参与。

（二）促进企业可持续成长的需要

建设绿色企业文化是促进企业可持续成长的需要。

（1）建设绿色企业文化，有利于企业适应经营环境的变化。当前，整个世界都关注可持续发展问题，绿色浪潮此起彼伏，企业应看到这一趋势。

（2）建设绿色企业文化，有利于增强企业员工的凝聚力，提高企业的生命力。绿色企业文化是企业发动广大职工积极参与节约资源、改善环境的实践基础，体现企业对企业生产环境和社区环境改善的认同决心。也体现了企业对员工生产生活环境的改善，是企业对员工身心健康的关心。

（3）建设绿色企业文化，有利于树立良好的企业形象，提高企业竞争力。建设绿色企业文化，使企业重视节约资源和保护环境，承担相应的社会责任，使企业能够取得社区、社会和公众的好感。

三、建设绿色企业文化的对策

企业建设绿色文化，就是要使企业全体员工形成一种共同的节约和有效利用资源、保护和改善环境价值观念，并贯彻于经营管理的实践中去，做到在发展生产中保护环境，在保护环境中促进生产发展，实现经济、社会、环境三个效益的统一与协调发展，坚定不移地走可持续发展之路。建设绿色企业文化是企业创造性的管理活动，从大量的企业实践来看，建设企业文化应从以下几方面着手：

（一）绿色企业文化的精神层建设

这主要是指企业的领导和员工以"绿色"作为共同信守的基本信念、价值标准、职业道德和精神风貌。这是企业文化的核心和灵魂，是形成物质层和制度层的基础和原因。企业文化中有无精神层是衡量一个企业是否形成了自己的企业文化的标志和标准。绿色企业文化的标志是在企业的最高目标、企业精神、企业风气、企业道德和企业宗旨等方面处处体现绿色。

1. 企业领导层观念意识的"绿"化

发挥企业主要经营者的主导作用，用企业家精神带动绿色企业文化的建设，绿色企业文化作为一种群体文化，在企业中主要是靠领导的积极倡导，逐步培养，并身体力行，贯彻到实际行动中去，才能逐步形成。作为一个现代企业家，首先，要具备可持续发展的长远观念，将保护环境作为企业的基本任务，促进生态与经济的协调发展。其次，要树立资源价值观,将"环境"纳入资源范畴,将环境恶化带来的损失以及环境治理带来的费用纳入成本。再次,树立环境法制观念,研究环保法规,自觉以有关法规约束企业的行为。最后,树立环境道德观,现代企业家应以高度的社会责任感,积极投入保护环境、促进生态发展的事业中去。

2. 坚持以职工为主体,发挥群众的首创精神

首先,要进行绿色知识的培训,培训是手段,目的是提高全体员工的环境意识并使之达到担负相应的环境职责的能力。培训工作是否充分有效是能否成功创建绿色企业文化的关键因素之一。其次,要开展绿色宣传教育,采取群众喜闻乐见的宣传教育形式,使职工的绿色意识不断增强。最后,要通过一些典型事例促进职工观念的转变。海尔集团是最早通过 ISO14000 认证的公司,该公司特别注重典型事例的作用,他们通过认证前和认证后的对比,使公司全体员工理解并接受绿色观念,克服了认为实施绿色管理就会影响企业经济效益等思想观念,增强环保意识,理解资源综合利用知识,形成了实施绿色管理的统一信念和决心,支持并积极参与到企业实施绿色管理行动之中。

(二)绿色企业文化的制度层建设

企业的规章制度是企业管理的重要手段,是调节企业的内部人际关系、利益关系的基本准则,是组织企业生产经营活动、规范企业行为的基本程序,也是企业各部门、各部分相互连接的纽带。企业建立绿色文化,必须从严格的规章制度开始。绿色管理制度的形成和落实过程也是绿色企业文化的形成过程。

1. 建立绿色企业文化建设的职能部门

理顺领导机制,建立绿色企业文化建设的职能部门。

绿色企业文化建设是需要投入一定资源的活动,需要投入相应的人力、物力、财力及相关技术资源,产生的效益不是那么直接和迅捷,因此在绿色企业文化建设初期应组建一个专门的工作班子,负责企业文化的建设及未来的专业工作。工作班子的成员应具备一定的环境科学、管理科学和工艺技术知识和能力。最好由不同部门且对组织有较深了解的人员组成。企业的绿色职能部门应成为企业的监察机构,具有一定的权威性。一方面,能够对企业的决策具有较大的影响力,以保证对环境的保护成为企业决策中的重要因素;另一方面,能够与企业各个部门保持信息的沟通,对企业各个部门的工作起到监督的作用,以杜绝损害环境利益的行为发生。

2. 进行初始环境评审和规划

初始环境评审是建立规章制度的基础。具体的步骤是:第一,调查企业的环境状况。了解企业所在地的生态环境状况,弄清企业的污染源、排污种类及途径;把握企业内部各个方面对资源、能源的不合理使用及造成的浪费和流失情况。第二,评价企业的环境质量。在调查的基础上对企业的污染源及其程度、资源及能源消耗程度与相应标准进行比较分析,做出评价。第三,提出企业的绿色管理目标。参照国际、国家、行业和地方的有关法规和标准,提出量化的降低能耗的具体目标。第四,制定绿色管理的战略措施和企业的年度绿色计划。制订出具体的行动方案,有计划、有步骤地调整企业的业务范围,在

"绿化"现有业务的同时,逐步淘汰高污染、高能耗的夕阳业务,发展新兴的绿色业务。

3. 编制系统性的规章制度

绿色企业文化的规章制度的编制工作是一项非常重要且技术性较强的工作,它要结合组织的特点,充分考虑组织的环境状况、现有机构和其他资源状况。具体的绿色规章制度应包括:环境管理规则、专业技术规程、环保业务管理制度、环境保护责任制度。

4. 绿色规章制度的运行及评审

绿色规章制度区别于一般规章制度的是,它是将绿色价值观念融入企业的生产、人事、营销和财务工作的各种规章制度中,形成了一套系统化、文件化的管理制度和方法。这些成文的制度与约定及不成文的企业规范和习惯,对企业员工行为起着约束作用,保证企业的整个绿色管理工作能够分工协作,井然有序,高效地运转。专家认为绿色管理规章的评审是指企业在绿色规章制度的运行阶段,检查整个体系的充分性、适用性和有效性,及时发现问题,找出问题的根源,及时进行纠正。

(三)绿色企业文化的物质层建设

物质层建设是绿色企业文化的表层部分,它是企业创造的物质文化,是形成企业文化精神层和制度层的条件。从物质层中能折射出企业的经营思想、管理哲学、工作作风和审美意识。

1. 环境信息公开

企业通过将其环境信息公布于众,使广大职工对企业的环境状况和奋斗目标心中有数,企业要让消费者、社区居民、利益相关者、社会公众了解企业的资源和环境管理情况,理解企业的绿色文化,也便于社会监督。反馈回来的批评、建议等信息,是企业推进绿色文化建设的重要依据。环境信息公开有利于树立良好的企业形象,也是一个企业负责任的表现。日本企业对此很重视,日本环境厅每年还组织评比优秀环境报告。

2. 构建绿色企业形象识别系统

这一系统应包括绿色企业理念识别系统、绿色企业行为识别系统、绿色企业视觉传播系统。绿色企业文化的物质层包括:企业名称、标志、标准字、标准色;企业外貌;产品的特色、样式、外观和包装;技术工艺设备特性;企业的文化传播网络等,而所有这些工作均需要CI系统来解决,即构建完整的绿色企业形象识别系统。

第六章  绿色产品策略

绿色产品是指生产过程及其本身节能、节水、低污染、低毒、可再生、可回收的一类产品,它也是绿色科技应用的最终体现。绿色产品能直接促使人们消费观念和生产方式的转变,其主要特点是以市场调节方式来实现环境保护为目标。公众以购买绿色产品为时尚,促进企业以生产绿色产品作为获取经济利益的途径。

为了鼓励、保护和监督绿色产品的生产和消费,不少国家制定了"绿色标志"制度。我国农业部于 1990 年率先命名推出了无公害"绿色食品"。1995 年,"绿色食品"数量增至 389 种。在工业领域,我国从 1994 年开始全面实施"绿色标志"工作,至今已有低氟家用制冷器、无铅汽油、无磷洗衣粉等 8 类 35 个产品获得了"绿色标志"。绿色产品的价格是普通的同类产品的好几倍。绿色产品的策略实施是企业绿色营销的基础环节。

【导入案例】

中国企业参与绿色实践案例

三十年来,中国的社会及经济发展成果令世人瞩目。但中国高能耗高污染的粗放发展模式也受到了多方质疑。今日的"世界工厂",明天可否引领全球的可持续发展?如今,在中国的企业界,很多令人耳目一新的绿色尝试正在实践,其中一些已经取得了令人欢欣鼓舞的成就。但是,与中国巨大的产业图景相比,这些绿色尝试还远远不够,也正因此这些尝试愈发显得难能与可贵。

一、低耗清洁的制衣企业——溢达集团

这是一家年生产超过 1 亿件纯棉成衣制品,年销售额超过 12 亿美元的大型制衣企业。

全球金融危机给中国的纺织服装行业带来了巨大的冲击,但溢达通过管理的提升、对研发和环保的投资,获得了大量优质客户的信任,业务保持稳健发展。溢达投资 360 万美元的污水处理厂年处理污水 32 000 吨,生产过程中的废水 100% 得到处理,废水排放 COD(化学需氧量)为 70 mg/l,远低于国家标准 100 mg/l。生产过程必需的蒸气由自建的热电厂完全供应,并且生产过程中的废碱液被用于电厂的脱硫,使发电厂 CO_2 年排放量减少 600 吨。从 2005 年至 2011 年,溢达的能耗下降了 42%,相当于 60000 个家庭 1 年

的能源总需求,用水量减少了54%。溢达和环保NGO合作进行供应链的管理和核查,并因环保问题与50多家供应商终止了合作。

二、建造大批量低碳住宅——万科

万科1987年进入房地产业。如今,是中国最大的住宅房地产商。

该企业改变了建筑业传统的手工建造方式,利用住宅构件标准化的生产方式,集约化地建造大批量的住宅,在材料、用水、能源三方面实现了节能。

在材料方面,降低了建筑主材的消耗;装配化施工的方式,降低了建筑辅材的损耗;生产标准建筑构件的钢模具、钢模板可多次循环使用500~600次,报废后也可回炉;实现了用水的循环使用。

这样标准化住宅的建造方式,装配化施工的方式,降低了建筑辅材的损耗。单位面积节能20%,节水63%,节约木材87%。

三、非电空调——远大集团

远大集团创立于20世纪90年代,核心业务是非电空调的制造与销售。远大的非电空调采用天然气或者工业废热作为热源,以溴化锂为冷媒进行制冷。这种技术虽然也要使用化石能源,也需要电力驱动风机等动力设备,但是由于最主要的制冷功能与电力空调相比减少了能源转换的环节,所以减少了单位制冷量的能耗和碳排放。

上海世博会园区内所有的空调都采用了非电技术,实现的二氧化碳减排量相当于200万棵树一年吸收二氧化碳的量。远大的产品销往70多个国家,在中国及欧美市场占有率第一,北美市场占有率超过45%、欧洲市场占有率超过50%。目前远大已经把业务扩展到市内环境检测和净化、建筑节能综合方案等领域,逐渐向可持续建筑的服务提供商转型。

四、低碳、资源循环利用、高密度的绿色立体城市——万通集团

万通集团成立于1993年,是中国规模最大的地产公司之一。万通的雄心已不限于地产开发,而是转向更复杂的低碳和资源循环利用的、高密度的立体城市的规划和建设。在成都和西安,立体城市已经完成了综合规划。其中节水、节能和固废减量是万通在城市设计中的核心。通过污水处理、雨水处理以及中水回用的各项措施,立体城市比传统城市节水50%~60%。通过加强建筑外围护、辐射式冷却、机电设备优化、再生能源(沼气)、高效灯具、日照及先进的公共基础设施,立体城市的耗能比中国规范的设计基准线减少50%。通过施工期间的工业固废和建筑渣土的合理回用和处理,以及城市运营期间对餐厨垃圾的生化处理,生活垃圾的分类回收利用和处理,让立体城的固废减量达50%~60%。

五、节能低碳的卫浴产品——西旺集团

西旺集团一个利润丰厚的铁矿石企业,用十年时间投入自有资金3亿元人民币,研究一种非金属矿的用途。最终研制成功了以这种非金属矿为主要原料的新型卫浴产品,用于取代传统的陶瓷卫浴。传统陶瓷卫浴产品的烧制工艺需在1200℃高温下成型,消耗大量的能量,并排放大量的二氧化碳。国内陶瓷企业一年消耗约2亿吨陶瓷原料和近

4000万吨煤炭。相比之下，这种新型卫浴产品可以采用不到200 ℃的低温注塑成型工艺，生产一个浴缸只需大约10分钟。经国际认证机构通标国际SGS核算，这种新型卫浴产品生产过程中的碳排放仅为传统陶瓷卫浴行业的14%。并且其产品经过简单的粉碎就可重新用作卫浴产品的原料，循环使用。保守估计，这种非金属矿的价值将得到近50倍的提升。

六、助力中国民间环保公益行业——SEE

2004年世界环境日，中国近百名企业家出资成立阿拉善SEE生态协会，启动阿拉善地区的荒漠化防治实地项目。目前该协会拥有189名企业家会员。

2008年，该协会全资注册成立北京市企业家环保基金会（又称SEE基金会），它是中国最大的以环境可持续发展为使命的非公募基金会。

SEE基金会，致力于发展中国民间环保公益行业，希望推动并形成一个在规模和质量上与中国经济发展相匹配的、健康的、多元的民间环保公益行业生态系统，有效回应重要的环境问题。

SEE基金会已经支持了近40家中国民间环境组织。未来五年，SEE将在生态保护、污染防治和气候变化三个方面开发10个以上环境专题，支持500家以上的民间环保组织，为民间环境行业筹措超过5亿元人民币以上的资金支持。

七、替代木材的竹地板——浙江大庄集团

浙江大庄集团创建于1993年，是中国最早从事毛竹资源研究、开发与利用的企业，目前以生产和销售竹制地板为主。

竹子是世界上生长速度最快的植物之一，其材质可以替代木材。从固碳效果看，竹林的固碳能力是杉木林的1.68倍，松木林的2.33倍。大庄开发的一种室外竹材可以替代主流市场使用的热带雨林的木材。

大庄不仅强调竹子的环境价值，也在产品的生产全过程中关注可持续性。大庄是中国唯一获得FSC认证的竹业企业，在原料采购时能够保障竹子种植者的利益，保护生物多样性，并采用天然法防治虫害。在生产工艺上注意减少产品对环境的影响，一方面控制使用有毒化学材料；另一方面，排查产品生命周期的温室气体排放，希望能够进一步降低排放。

八、实现生态公平与价值——山水自然保护中心

山水自然保护中心2007年在北京创立，其使命是：基于科学研究，实现生态价值链，给守护自然家园的行动者以力量。

山水在中国西部的三江源和西南山地设立实践站，支持了超过25个自然保护区与100个当地社区的保护行动；基于卓有成效的实地工作，山水研究院评估生态价值，提供决策依据，通过与当地社区合作，已为当地争取政府生态保护资金上千万元。山水自然学堂面向城市公众，以创新产品吸引公众参与。

未来三年，山水的目标是：孵化与培养至少30家当地守护者机构，撬动国家三江源上百亿元投资中至少10%用于"购买"当地守护者的生态保护服务，保护至少1000平方

公里的森林和10000平方公里的草原。通过传播,让至少有1万人成为生态价值链实现的直接受益者,间接支持者达到1000万。

九、绿色供应链——广达电脑股份有限公司

广达电脑股份有限公司1988年成立,是全球第一大笔记本电脑研发、设计、制造公司。该公司一直在致力于打造从原材料到终端产品的"绿色供应链"——从使用节能芯片、采用LED显示屏,到加入"电子行业公民联盟"。通过一系列绿色行动,广达提升了生产电脑在使用环节的能耗,减小了对环境的压力。

2008年,广达率先采纳低碳战略,参与中国产品生命周期温室气体核算体系标准的开发和测试,为笔记本计算机行业的产品收集了更多的数据。

十、为受污染的农村地区提供清洁饮水方案——创绿中心

创绿中心2012年5月成立。该团队致力于运用社会创新的思维和方法,促进政府、企业和公民的良性互动,推动环境问题的解决。

创绿团队长期跟踪气候变化国际谈判进程,推动成立中国民间气候政策小组,与本地同行共同成长。创绿也将以民间视角参与并推动绿色金融改革,共同探索中国在全球贸易和投资中负责任、可持续的发展模式。

创绿用3年左右时间(2012—2014年),为100个受到污染的村庄免费提供成本低廉、易于维护的集中式或者家庭式饮水设备,让10万农村居民喝上了符合国家饮用水安全标准的饮水,并将与农村社区和地方伙伴合作,开展水资源管理和污染防护工作。

至今,创绿已完成对30多个地区的农村走访和调研工作,并在2012年年底为4个具有典型意义的受污染农村社区,提供清洁饮水解决方案。

十一、零污染、零消耗生活社区——皇明太阳能股份有限公司

皇明太阳能股份有限公司成立于1996年,主营业务是太阳能热利用的相关产品。太阳能真空集热管技术由于工艺相对简单,减少了利用环节的能量转换次数,与目前的光伏技术相比,不仅生产过程中的污染较低,能源利用的效率反而较高。

皇明凭借其技术和质量优势,用十余年的时间,推广太阳能集热器达到2000万平方米,节能量相当于10个中型煤矿的年产量。同时,皇明也在通过示范小区的建设探索可持续人居的系统解决方案。占地200亩,位于山东德州的皇明蔚来城一期整合了太阳能供热和制冷,光伏发电,保温绝缘,垃圾生物处理,生态污水处理等多项节能环保技术。蔚来城的经验,将会转化成为皇明未来推广可持续居住社区的核心实力。

十二、建立污染数据库——公众环境研究中心(IPE)

公众环境研究中心(IPE)成立于2006年,开发并运行中国水污染地图和中国空气污染地图两个数据库,公众环境研究中心发起成立了绿色选择联盟,推动环境信息公开和公众参与,促进环境治理机制的完善。

水污染地图数据库收录了近10万条各省、市政府部门公布的水质信息、污染物排放数据以及污染源信息。空气污染数据库共收集自2004年以来由各级官方环保部门公布的空气环境监管信息23038条。公众及企业可以通过用户友好型的查询工具便利地查

询到企业的污染记录。污染信息的公开让企业有了压力,共有600家以上的企业在公众或采购商的压力下进行了整改。

IPE发起成立了绿色选择联盟,和全国41家民间环保组织一道,把环境信息公开和公众参与融合到绿色供应链管理中,推动公众使用信息公开的工具对企业的供应链管理进行监督。例如,2010年,在绿色选择联盟的调查中发现,著名电子品牌苹果公司的27家供应商疑似存在环境污染的问题,在绿色选择联盟的持续关注下,苹果公司同意和民间组织一起审查其供应链工厂的污染情况。

十三、小改变大节能——泰诺风

泰诺风是一家生产铝合金门窗隔热条产品的企业,1999年进入中国。当年《民用建筑节能管理规定》对建筑节能效果做出限制性要求,使铝合金门窗整个行业陷入困局。泰诺风给这个行业带来了解决方案。

中国的建筑能耗占全社会总能耗的40%,其中建筑外门窗的能耗约占建筑物全部热损失的50%。在中国建筑中幕墙100%、窗60%以上都使用铝材,节能效果很不理想,泰诺风通过利用尼龙隔热条来实现门窗的隔热节能,隔热条的价格仅占门窗整体造价的5%。

以夏热冬冷的杭州市为例,使用隔热条的窗体一天比使用普通窗节省2.7度的电,按照电价0.54元/度,一扇窗一天会节省电费1.46元。寒冷地区一天可以节省电费2.38元。如果按照门窗寿命超过30年计算,节省的电量巨大。

十四、CSA社会企业——小毛驴市民农园

小毛驴市民农园是中国第一家CSA社会企业。成立于2008年,耕种面积230亩,可以为450人/户提供租种土地,为460户人家直送蔬菜。截至2011年,小毛驴农园用于耕作的100亩耕地达到300万元的总产值(亩均产值3万元),5倍于常规农业产值。与30多个国家有农业合作项目。

CSA模式通过构建食品供应的短链,生产者和消费者直接对接,去掉了中间的物流环节,产品不使用化学添加剂,让农民和消费者共担风险,建立信任,实现更为可持续的农业生产。

十五、99.5% CTP制版的印刷企业——雅昌企业(集团)有限公司

雅昌企业(集团)有限公司成立于1993年,是中国最成功的印刷企业之一。

中国较早且99.5%印刷业务采用CTP制版技术的公司之一,消除了原有菲林制版工序中对显影液、胶片的消耗,该技术还能够缩短印刷准备时间,提高印刷效率。如果不使用CTP技术,仅2011年一个年度该公司的业务量就需要使用菲林和片基184.5吨,因此,CTP技术使该企业既节约了大量资源,又极大减少了使用菲林带来的污染。

该公司的印刷油墨中,88%的油墨采用了以大豆油为成分的环保油墨,相当于省去等量的油墨污染,而且大豆油墨也易于回收利用。该公司仅2011年就使用了183吨大豆油墨,大大降低了环境污染。

十六、引领"低碳"生活方式的"绿色会所"——中航健身时尚股份有限公司

中航健身时尚股份有限公司创建于1995年,是一家为客户提供专业化、个性化和综合性健康解决方案的现代服务机构。在行业内,首家提出"绿色会所"的经营目标——引领"低碳"健康生活方式。

中航一共有25家俱乐部,8.7万会员。该企业在会员中启动了一系列的环保低碳活动项目,让会员了解环保知识,增加环保意识,建立环保低碳生活方式。比如2011年举办的环保创意展示比赛,吸引了近7万会员参加,涉及20家俱乐部,在有创意的作品展示中,影响和倡导会员们践行低碳的生活方式。

十七、办公电子化及SOHO的工作方式——康信知识产权代理公司

康信知识产权代理公司,创建于1994年,是一家专门从事知识产权代理工作的事务所。通过办公电子化和SOHO的工作方式实现了低碳。知识产权代理是一项典型的智力密集型工作,日常工作中耗用最多的资源就是纸。公司现在引入workbench系统进行案卷管理,极大地降低了对纸张的消耗,无须纸质保存的文件只存电子档;同时也节约了空间,原来需要一个大屋子存放案卷,现在只要一个硬盘就够了。公司还通过对IT系统实施虚拟化改造,为远程办公提供了平台。目前,康信公司开始让部分岗位的员工试行在家办公,这不仅能有效减小办公场地的空间,也可以缓解城市的交通压力。

十八、投资绿色——兴业全球基金

兴业全球基金金融企业也可以为地球的可持续发展做出自己的贡献。兴业全球基金管理有限公司成立于2003年,是一家证券投资基金管理公司。2008年和2011年,该公司分别发行了兴全社会责任股票型证券投资基金和兴全绿色投资股票型证券投资基金。社会责任基金不仅关注上市公司的财务表现,更注重企业的可持续发展、社会道德责任方面的履行;基金合同要求投资组合中突出社会责任投资股票的合计投资比例不低于股票资产的80%。而绿色投资基金则关注那些能够促进中国绿色经济发展,维护或改善生态环境,进而推动整个社会可持续发展的上市公司;基金合同要求符合绿色投资理念的股票合计投资比例不低于股票资产的80%。

截至2012年一季度,兴业全球基金管理的资产总规模约340亿元人民币,社会责任和绿色投资基金的规模之和接近公司总规模的20%;社会责任基金和绿色投资基金的股票投资比例分别达到81%和82%。

(资料来源 http://green.sohu.com/20120617/n345815434.shtml)

第一节 绿色产品

一、绿色产品的含义

(一)产品

产品是指能够提供给市场,被人们使用和消费,并能满足人们某种需求的任何东西,包括有形的物品、无形的服务、组织、观念或它们的组合。产品一般可以分为三个层次,即核心产品、形式产品、延伸产品。核心产品是指整体产品提供给购买者的直接利益和效用;形式产品是指产品在市场上出现的物质实体外形,包括产品的品质、特征、造型、商标和包装等;延伸产品是指整体产品提供给顾客的一系列附加利益,包括运送、安装、维修、保证等在消费领域给予消费者的好处。

(二)绿色产品

绿色产品是指生产过程及其本身节能、节水、低污染、低毒、可再生、可回收的一类产品,它也是绿色科技应用的最终体现。绿色产品能直接促使人们消费观念和生产方式的转变,其主要特点是以市场调节方式来实现环境保护为目标。公众以购买绿色产品为时尚,促进企业以生产绿色产品作为获取经济利益的途径。

为了鼓励、保护和监督绿色产品的生产和消费,不少国家制定了"绿色标志"制度。我国农业部于1990年率先命名推出了无公害"绿色食品"。1995年,"绿色食品"数量增至389种。在工业领域,我国从1994年开始全面实施"绿色标志"工作,至今已有低氟家用制冷器、无铅汽油、无磷洗衣粉等8类35个产品获得了"绿色标志"。但是,绿色产品的价格是普通的同类产品的好几倍。

简而言之,所谓绿色产品是指其在营销过程中具有比目前类似产品更有利于环保性的产品。绿色产品与传统产品一样具有以下三个特征:

(1)核心产品成功地符合消费者的主要需求——对消费者的有用性。
(2)技术和质量合格,产品满足各种技术及质量标准。
(3)产品有市场竞争力,并且有利于企业实现盈利目标。

但是,绿色产品与传统产品相比,还多一个最重要的基本标准,即符合环境保护要求。我们可以通过对产品的维护环境的可持续发展和企业是否负应尽的社会责任这两个方面的考虑来评价绿色产品的"绿色表现"如何。可以说,绿色产品与传统产品的根本区别在于其改善环境和社会生活品质的功能。

二、绿色产品生产环节的要求

绿色产品就是在其生命周期全程中,符合环境保护要求,对生态环境无害或危害极少,资源利用率高、能源消耗低的产品,主要包括企业在生产过程中选用清洁原料、采用清洁工艺;用户在使用产品时不产生或很少产生环境污染;产品在回收处理过程中很少产生废弃物;产品应尽量减少材料使用量,材料能最大限度地被再利用;产品生产最大限度地节约能源,在其生命周期的各个环节所消耗的能源应达到最少。

绿色产品的第一个环节是设计。绿色产品要求产品质量优、环境行为优。

绿色产品的第二个环节是生产过程。要求实现无废少废、综合利用和采用清洁生产工艺。

绿色产品的第三个环节是产品本身的品质。比一般产品更体现以人为本、提高舒适度和健康保护及环境保护程度。

绿色产品的第四个环节是废弃物便于处置。

三、绿色产品的分类

绿色产品可以从不同的角度进行分类,例如可按与原产品区分的程度分为改良型、改进型,也可按对环保作用的大小,按"绿色"的深浅来划分。"绿色"是一个相对的概念,很难有一个严格的标准和范围界定,它的标准可以由社会习惯形成,社会团体制定或法律规定。按国际惯例的话,一般来说,只有授予绿色标志的产品才算是正式的绿色产品。

由于各国确定的产品类别各不相同,规定的标准也有所差别。以下以德国为例,对该国的绿色产品分类作一简介:德国是世界上发展绿色产品最早的国家。德国的绿色产品共分为7个基本类型,下面列举这7个基本类型中的一些重点产品类别:

(1)可回收利用型。包括经过翻新的轮胎、回收的玻璃容器、再生纸、可复用的运输周转箱(袋)、用再生塑料和废橡胶生产的产品、用再生玻璃生产的建筑材料、可复用的磁带盒和可再装上磁带盘、以再生石制的建筑材料等。

(2)低毒低害的物质。包括非石棉闸衬、低污染油漆和涂料、粉末涂料、锌空气电池、不含248农药的室内驱虫剂、不含汞和镉的锂电池、低污染灭火剂等。

(3)低排放型。包括低排放的雾化燃烧炉、低排放燃气禁烧炉、低污染节约型燃气炉、凝汽式锅炉;低排放废式印刷机等。

(4)低噪声型。包括低噪声割草机、低噪声摩托车、低噪声建筑机械、低噪声混合粉碎机、低噪声低烟尘城市汽车等。

(5)节水型。包括节水型清洗槽、节水型水流控制器、节水型清洗机等。

(6)节能型。包括燃气多段锅炉和循环水锅炉、太阳能产品及机械表、高隔热多型玻璃等。

(7) 可生物降解型。包括以土壤营养物和调节剂合成的混合肥料、易生物降解的润滑油和润滑脂等。

四、绿色产品的相关法律法规

目前我国已有以下法律法规提及了绿色产品,但尚未给予明确定义。

(1) 国家经济贸易委员会、国家税务总局《当前国家鼓励发展的节水设备(产品)目录(第一批)》【2001-07-03】

(2) 汽车工业"十五"规划【2001-01-01】

(3) 石化工业"十五"规划【2001-01-01】

(4) 轻工业"十五"规划【2001-01-01】

(5) 农业部《"绿色食品"产品管理暂行办法》

五、绿色产品的评价标准及认证

绿色产品是20世纪80年代末期世界各国为适应全球环保战略,进行产业结构调整的产物。由于发展历史不长,绿色产品至今尚无严格准确的行业标准,但从消费市场来看,目前得到公认的绿色标准包括以下三条:①产品在生产过程中少用资源和能源,并且不污染环境。②产品在使用过程中能耗低,不会对使用者造成危害,也不会产生环境污染物。③产品使用后可以易于拆卸、回收、翻新或能够安全废置并长期无虑。

我国于1993年实行绿色标志认证制度,并制定了严格的绿色标志产品标准,目前涉及七类产品,即家用制冷器具、气溶胶制品、可降解地膜、车用无铅汽油、水性涂料和卫生纸。迄今为止,已有11家企业的18种产品获得了绿色标志。绿色标志认证可以根据国际惯例保护我国的环境利益,同时也有利于促进企业提高产品在国际市场上的竞争力,因为越来越多的事实证明:谁拥有绿色产品,谁就拥有市场。

[资料] **绿色食品:肥料使用准则**

种植作物要求施肥必须使足够数量的有机物质返回土壤,以保持或增加土壤微生物活性。所有有机或无机(矿质)肥料,尤其是富含氮的肥料,应以对环境和作物(营养、味道、品质和植物抗性)不产生不良后果为原则。

一、AA级绿色食品的肥料使用准则

AA级绿色食品:系指在生态环境质量符合规定的产地,生产过程中不使用任何化学合成物质,按特定的生产操作规程生产、加工、产品质量及包装经检测、检查符合特定标准,并经专门机构认定,许可使用AA级绿色食品标志的产品。

(1) 用绿色食品标准规定允许使用的肥料种类,禁止使用其他化肥,禁止使用有害的城市垃圾和污泥。医院的粪便垃圾和含有害特质(如毒气、病原微生物、重金属等)的工业垃圾,一律不得收集作生产绿色食品的肥料。

(2) 秸秆还田可因地制宜地进行。绿肥利用形式有覆盖、翻入土中与混合堆沤。绿肥最好在盛花期翻压,翻埋深度为 15 厘米左右。盖土要严,翻后耙匀。压青后 15~20 天才能进行播种或移苗。

(3)腐熟达到无害要求的沼气肥水及腐熟的人畜粪尿可用作追肥,严禁在蔬菜等作物上浇不腐熟的人粪尿。

(4)饼肥对水果蔬菜等作物品种有较好的作用。

(5)叶面肥料,喷施于作物叶片,可施互次或多次,最后一次必须在收获前 20 天喷施。

(6)微生物肥料可用于拌种,也可作基肥和追肥施用,使用时应严格按照使用说明书的要求操作。微生物肥料对减少蔬菜硝酸盐含量、改善品质有明显效果。可在蔬菜上有计划地扩大使用。

二、A 级绿色食品的肥料使用准则

A 级绿色食品:指在生态环境质量符合规定标准的产地,生产过程中允许限量使用限定化学合成物质,按特定的生产操作规程生产、加工、产品质量及包装经检测、检查符合特定标准,并经专门机构认定,许可使用 A 级绿色食品标志的产品。

(1)选用绿色食品标准规定允许使用的肥料种类。如生产上实属必须,允许生产基地有限度地使用部分化肥,但禁止使用硝态氮肥。

(2)化肥必须与有机肥配合使用,有机氮与无机氮之比以 1 比 1 为宜,厩肥大约 1000 千克加尿素 20 千克(厩肥作基肥,尿素可作基肥和追肥用)。最后一次追肥必须在收获前 30 天进行。

(3)化肥也可以和有机肥、微生物肥配合使用。城市垃圾要经过无害化处理,质量达到国家标准后才能使用,每年每亩农田限制用量,黏性土壤不超过 300 千克,砂性土壤不超过 2000 千克。

(4)秸秆还田及其他使用准则,同 AA 级绿色食品的肥料使用准则。

第二节　绿色产品包装

一、包装

(一)包装的含义

进入市场的许多产品必须包装。包装既可以起到较小的作用(如对不昂贵的五金商品),又可以起到重要的作用(如对化妆品)。

有一些包装是闻名于世的,如"可口可乐"的瓶子、"雷格"女用连裤袜。许多营销人员把包装化(packaging)称为第五个 P,前面四个 P 分别为价格(price)、产品(product)、地点（place）和促销（saces promotion）统称:4P。

所谓包装化是指设计并生产容器或包扎物一系列活动。这种容器或包扎物被称为包装（package）。包装可以包括多达三个层次的材料。第一层次的包装是指最接近产品的容器。例如，装有"修面后除香洗净液"的瓶子是最接近产品的包装。第二层次的包装是指保护第一层次包装的材料，当产品使用时，它即被丢弃。用来包装瓶装的"修面后洗净液"的硬纸板盒就属于第二层次的包装，它为产品提供了进一步的保护和促销机会。运输包装是指产品储存、辨认和运输时所必需的包装。如装有六打"修面后陈香洗净液"的波纹盒就是运输包装。此外，标签化亦是包装化的一个组成部分，它是由表明该产品的印制好的信息所构成，出现在包装物上面或和包装物合为一体。

（二）包装的意义

目前，包装已成为强有力的营销手段。设计良好的包装能为消费者创造方便价值，为生产者创造促销价值。多种多样的因素会促进包装化作为一种营销手段在应用方面的进一步发展。由于越来越多的产品在超级市场上和折扣商店里以自助的形式出售。现在，包装必须执行许多推销任务。包装具有多个方面的意义。

（1）保护商品，便于储运。产品包装最基本的功能便是保护商品，便于储运。有效的产品包装可以起到防潮、防热、防冷、防挥发、防污染、保鲜、防易碎、防变形等系列保护产品的作用。因此，在产品包装时，要注意对产品包装材料的选择以及包装的技术控制。

（2）包装能吸引注意力，说明产品的特色，给消费者以信心，形成一个有利的总体印象。日益增长的消费者富裕是指消费者愿意为良好包装带来的方便、外观、可靠性和声望多付些钱。公司和品牌形象公司已意识到设计良好包装的巨大作用，它有助于消费者迅即辨认出哪家公司或哪一品牌。

（3）包装还能提供创新的机会。包装化的创新能够给消费者带来巨大的好处，也会给生产者带来利润。1899年，尤尼达饼干公司创新出一种具有保鲜装置的包装（纸板，内部纸包扎，外部纸包扎），使饼干的货架寿命长于饼干盒、饼干箱和饼干桶。克拉夫特食品公司开发了听装混合乳酪，从而延长了乳酪的寿命，并使公司赢得了"可靠"的声誉。目前，该公司正在试验杀菌小袋，它是用金属混合塑料制成的容器，是罐头的换代物。一些公司首先把软饮料放在拉盖式的罐头内，或把液态喷雾剂放入按钮式罐头内以此吸引许多新顾客。现在，制酒商正在试验拉盖式罐头和纸盒袋装等包装形式。

（三）包装策略决策的影响因素及原则

为新产品制定有效的包装，这需要做出大量的决策。

1. 建立包装化概念

包装化概念的定义是，规定包装基本上应为何物，或为一个特定产品起什么作用。包装的主要作用应为优质产品提供保护，引进一个新颖的使用方式，提示产品或公司的某种质量，或者是其他某些作用。

通用食品公司开发了一种新颖的狗食品，其形状像小肉馅饼。管理当局决定要最大限度使人们看到这些馅饼所具有的独特的和可口的外表。可见性是作为包装化的基本构思加以规定的,管理当局就是据此考虑了若干包装物方案。该公司最后选定在盘子上覆盖一层透明薄膜的包装方式。

此外,还必须为包装设计的其他要素做出决策,如包装物的大小、形状、材料、色彩、文字说明,以及品牌标记。

决策的内容还必须包括:大量的文字说明还是少量的文字说明,采用玻璃纸或其他透明的薄膜,塑料的或薄片状的盘子,等等。包装化的各个要素必须相互协调。包装大小涉及包装材料和色彩等。包装化的要素也必须和定价、广告和其他市场营销要素相互协调。

包装一经设计好后,必须进行一些试验。进行工程技术测试的目的是为了保证包装在正常情况下经得起磨损;进行消费者测试的目的是为了保证赢得有利的消费者反应。并且,即使预先采取了这些试验措施,但是包装设计有时还会存在某种根本性的缺陷。比如,一个食品公司开发出一种加压的烤肉汁罐头,定名为"喷喷喷雾罐头",在市场试验中发现包装有潜在的祸患:"我们原以为我们有了一个好罐头,但是,我们幸好最初只在德克萨斯州和加利福尼亚州的商店里进行试销。这些罐头一旦加温,它们就开始爆炸。因为我们没有在全国各地销售,所以我们的损失仅为 15 万美元,而不是几百万美元。"

为某新产品设计效果良好的包装可能要花费数十万美元,并需要数月以至于一年的时间。不能因为看到包装化在吸引和满足消费者方面能起到一些作用,而过分强调包装化的重要性。但公司应该注意到,社会对包装化已日益关注,公司应做出相应的决策,来为社会利益服务,并为眼前的顾客和公司的目标服务。

2. 产品包装的基本原则

(1) 适用原则。包装的主要目的是保护商品。因此,首先要根据产品的不同性质和特点,合理地选用包装材料和包装技术,确保产品不损坏、不变质、不变形等,尽量使用符合环保标准的包装材料;其次要合理设计包装,便于运输,等等。

(2) 美观原则。销售包装具有美化商品的作用,因此在设计上要求外形新颖、大方、美观,具有较强的艺术性。

(3) 经济原则。在符合营销策略的前提下,应尽量降低包装成本。

(四) 产品包装的几种策略

(1) 类似包装策略。企业对其生产的产品采用相同的图案、近似的色彩、相同的包装材料和相同的造型进行包装,便于顾客识别出本企业产品。对于忠实于本企业的顾客,类似包装无疑具有促销的作用,企业还可因此而节省包装的设计、制作费用。但类似包装策略只能适宜于质量相同的产品,对于品种差异大、质量水平悬殊的产品则不宜采用。

(2) 配套包装策略。按各国消费者的消费习惯,将数种有关联的产品配套包装在一起成套供应,便于消费者购买、使用和携带,同时还可扩大产品的销售。在配套产品中如加进某种新产品,可使消费者不知不觉地习惯使用新产品,有利于新产品上市和普及。

(3) 再使用包装。指包装内的产品使用完后,包装物还有其他用途。如各种形状的香水瓶可作装饰物,精美的食品盒也可被再利用等。这种包装策略可使消费者感到一物多用而引起其购买欲望,而且包装物的重复使用也起到了对产品的广告宣传作用。但应谨慎使用该策略,避免因成本加大引起商品价格过高而影响产品的销售。

(4)附赠包装策略。记载商品包装物重附赠奖券或实物,或包装本身可以换取礼品,吸引顾客的惠顾效应,导致重复购买。我国出口的"芭蕾珍珠膏",每个包装盒附赠珍珠别针一枚,顾客购至50盒即可串条美丽的珍珠项链,这使珍珠膏在国际市场十分畅销。

(5)改变包装策略。即改变和放弃原有的产品包装,改用新的包装。由于包装技术、包装材料的不断更新,消费者的偏好不断变化,采用新的包装以弥补原包装的不足,企业在改变包装的同时必须配合好宣传工作,以消除消费者以为产品质量下降或其他的误解。

(五)产品包装策略的运用

1. 类似包装

即企业所有产品的包装,在图案、色彩等方面,均采用同一的形式。这种方法,可以降低包装的成本,扩大企业的影响,特别是在推出新产品时,可以利用企业的声誉,使顾客首先从包装上辨认出产品,迅速打开市场。

2. 组合包装

即把若干有关联的产品,包装在同一容器中。如化妆品的组合包装、节日礼品盒包装等,都属于这种包装方法。组合包装不仅能促进消费者的购买,也有利于企业推销产品,特别是推销新产品时,可将其与老产品组合出售,创造条件使消费者接受、试用。

3. 附赠品包装

这种包装的主要方法是在包装物中附赠一些物品,从而引起消费者的购买兴趣,有时,还能造成顾客重复购买的意愿。例如在珍珠霜盒里放一颗珍珠,顾客买了一定数量之后就能串成一根项链。

4. 再使用包装

这种包装物在产品使用完后,还可做别的用处。这样,购买者可以得到一种额外的满足,从而激发其购买产品的欲望。如设计精巧的果酱瓶,在果酱吃完后可以作茶杯之用。包装物在继续使用过程中,实际还起了经常性的广告作用,增加了顾客重复购买的可能。

5. 分组包装

即对同一种产品,可以根据顾客的不同需要,采用不同级别的包装。如用作礼品,则可以精致地包装,若自己使用,则只需简单包扎。此外,对不同等级的产品,也可采用不同包装。高档产品,包装精致些,表示产品的身份;中低档产品,包装简略些,以减少产品成本。

6. 改变包装

当由于某种原因使产品销量下降,市场声誉跌落时,企业可以在改进产品质量的同时,改变包装的形式,从而以新的产品形象出现在市场,改变产品在消费者心目中的不良地位。这种做法,有利于迅速恢复企业声誉,重新扩大市场份额。

(六)产品包装说明

产品的包装说明是包装的重要组成部分,它在宣传产品功效、争取消费者了解、指导人们正确消费方面有重大作用。

1. 包装标签

包装标签是指附着或系挂在产品销售包装上的文字、图形、雕刻及印制的说明。标签可以是附着在产品上的简易签条,也可以是精心设计的作为包装的一部分的图案。标签可能仅标有品名,也可能载有许多信息,能用来识别、检验内装产品,同时也可以起到促销作用。

通常,产品标签主要包括:制造者或销售者的名称和地址、产品名称、商标、成分、品质特点、包装内产品数量、使用方法及用量、编号、贮藏应注意的事项、质检号、生产日期和有效期等内容。值得提及的是,印有彩色图案或实物照片的标签有明显的促销功效。

2. 包装标志

它是在运输包装的外部印制的图形、文字和数字以及它们的组合。包装标志主要有运输标志、指示性标志、警告性标志三种。运输标志又称为唛头(mark),是指在产品外包装上印制的反映收货人和发货人、目的地或中转地、件号、批号、产地等内容的几何图形、特定字母、数字和简短的文字等。指示性标志是根据产品的特性,对一些容易破碎、残损、变质的产品,用醒目的图形和简单的文字做出的标志。指示性标志指示有关人员在装卸、搬运、储存、作业中引起注意,常见的有"此端向上""易碎""小心轻放""由此吊起"等。警告性标志是指在易燃品、易爆品、腐蚀性物品和放射性物品等危险品的运输包装上印制特殊的文字,以示警告。常见的有"爆炸品""易燃品""有毒品"等。

二、绿色包装

(一)绿色包装的含义

绿色包装(green package)又可以称为无公害包装和环境之友包装,指对生态环境和人类健康无害,能重复使用和再生,符合可持续发展的包装。它的理念有两个方面的含义:一个是保护环境,另一个就是节约资源。这两者相辅相成,不可分割。其中保护环境是核心,节约资源与保护环境又密切相关,因为节约资源可减少废弃物,其实也就是从源头上对环境的保护。

从技术角度讲,绿色包装是指以天然植物和有关矿物质为原料研制成对生态环境和人类健康无害,有利于回收利用,易于降解、可持续发展的一种环保型包装,也就是说,其包装产品从原料选择、产品的制造到使用和废弃的整个生命周期,均应符合生态环境保护的要求,应从绿色包装材料、包装设计和大力发展绿色包装产业三个方面入手实现绿色包装。

具体言之,绿色包装应具有以下的含义:

(1) 实行包装减量化(reduce)。绿色包装在满足保护、方便、销售等功能的条件下，应是用量最少的适度包装。欧美等国将包装减量化列为发展无害包装的首选措施。

(2) 包装应易于重复利用(reuse)或易于回收再生(recovery and regeneration)。通过多次重复使用，或通过回收废弃物，生产再生制品、焚烧利用热能、堆肥化改善土壤等措施，达到再利用的目的。既不污染环境，又可充分利用资源。

(3) 包装废弃物可以降解腐化(degradable)。为了不形成永久的垃圾，不可回收利用的包装废弃物要能分解腐化，进而达到改善土壤的目的。世界各工业国家均重视发展利用生物或光降解的包装材料。reduce、reuse、recycle 和 degradable 即是现今 21 世纪世界公认的发展绿色包装的 3R 和 1D 原则。

(4) 包装材料对人体和生物应无毒无害。包装材料中不应含有有毒物质或有毒物质的含量应控制在有关标准以下。

(5) 在包装产品的整个生命周期中，均不应对环境产生污染或造成公害。即包装制品从原材料采集、材料加工、制造产品、产品使用、废弃物回收再生，直至最终处理的生命全过程均不应对人体及环境造成公害。

以上绿色包装的含义中，前四点应是绿色包装必须具备的要求，最后一点是依据生命周期评价，用系统工程的观点，对绿色包装提出的理想的、最高的要求。从以上的分析中，绿色包装可定义为：绿色包装就是能够循环复用、再生利用或降解腐化，而且在产品的整个生命周期中对人体及环境不造成公害的适度包装。

(二) 绿色包装的意义

绿色包装之所以为整个国际社会所关注，这是因为环境问题与污染的特殊复杂性，环境的破坏不分国界，一国污染，邻国受损，不仅危害到普通人的健康、企业的生产、市场的繁荣，还通过种种途径引发有关自然资源的国际争端。绿色包装的必要性和积极意义主要体现在：

1. 包装绿色化可以减轻环境污染，保持生态平衡

包装若大量采用不能降解的塑料，将会形成永久性的垃圾，塑料垃圾燃烧会产生大量的有害气体，包括产生容易致癌的芳香烃类物质；包装若大量采用木材，则会破坏生态平衡，因此通过采取绿色包装来保护环境和维持生态平衡。

包装废弃物对城市造成的污染在总的污染中占有较大的份额。有关资料统计显示，包装废弃物的排放量约占城市固态废弃物重量的 1/3、体积的 1/2。例如在中国，城市固态废弃物所占比重是其重量的 15%，体积的 25%。正基于此，实行绿色包装是世界包装整体发展的必然趋势。谁先认识到这一点，谁就在未来世界包装市场的竞争中处于主动地位和不败之地。

2. 绿色包装顺应了国际环保发展趋势的需要

在绿色消费浪潮的推动下，越来越多的消费者倾向于选购对环境无害的绿色产品。采用绿色包装并有绿色标志的产品，在对外贸易中更容易被外商接受。

3. 绿色包装是WTO及有关贸易协定的要求

在WTO一揽子协议中的《贸易与环境协定》,促使各国企业必须生产出符合环境要求的产品及包装。

4. 绿色包装是绕过新的贸易壁垒的重要途径之一

国际标准化组织(ISO)就环境制定了相应的标准ISO14000,它成为国际贸易中重要的非关税壁垒。另外,1993年5月欧共体正式推出"欧洲环境标志",欧共体的进口商品要取得绿色标志就必须向其各盟国申请,没有绿色标志的产品要进入上述国家会受到极大的限制。

5、绿色包装是促进包装工业可持续发展的唯一途径

可持续发展要求经济的发展必须走"少投入、多产出"的集约型模式,绿色包装能促进资源利用和环境的协调发展。

随着包装工业的日益规模化,一次性塑料包装材料被广泛应用,手提塑料袋、一次性泡沫饭盒等材料一旦被人们随手丢弃之后,就形成了大量难以处理的垃圾。铁路、公路、街头巷尾的"白色污染"十分严重,微风一吹,带有各种病菌的包装纸、塑料等包装废弃物随风飘舞,把各种病菌吹进千家万户,严重危害了人们的身体健康,全世界呼吸道疾病的高患病率与固体废弃物的大量排放有着很大的关系。为了确保全人类的身体健康,世界急切呼唤着绿色包装的发展。

包装废弃物造成的自然资源的浪费与损耗同样也是一个值得关注的问题。据美国中西部研究所对1958—1966年期间包装工业情况作了一份审慎的报告记载,按美国当时人口每人每年消耗的包装材料由1958年的183 kg增加到1966年的238 kg,耗费美国公众250亿美元,占当时全国总产值的3.4%,总计1966年23503吨包装材料中大约90%是扔掉的固体包装废弃物、垃圾,其中包装纸占42%。若每吨废纸重新利可抵17棵用于造纸原料的树木。基于此,保护蓝天碧水、绿色资源已成为人类生活追求的共同目标。

(三)绿色包装的发展

绿色包装发源于1987年联合国环境与发展委员会发表的《我们共同的未来》,到1992年6月联合国环境与发展大会通过了《里约环境与发展宣言》《21世纪议程》,随即在全世界范围内掀起了一个以保护生态环境为核心的绿色浪潮。根据人们对绿色包装的理念的认识同层次,可以把绿色包装的发展划分为3个阶段。

第一阶段:20世纪70年代到80年代中期的"包装废弃物回收处理"说。在这个阶段,回收处理、减少包装废弃物对环境的污染是主要的方向。这个时期,最早颁布的法令有美国1973年的《军用包装废弃物处理标准》,丹麦1984立法规定重点在于饮料包装的包装材料回收利用。中国在1996年也颁布了《包装废弃物的处理与利用》。

第二阶段:20世纪80年代中期至90年代初期的"3R1D"说。这个阶段,美国环保部门就包装废弃物提出了三点意见。①尽可能对包装进行减量化,不用或少用包装;②尽量回收利用商品包装容器;③不能回收利用的材料和容器,应采用生物降解的材料。同

时欧洲的许多国家也提出本国的包装法律规范,强调包装的制造者和使用者必须重视包装与环境的协调性。

第三个阶段:20世纪90年代中后期的"LCA"说。LCA(life cycle analysis),即"生命周期分析"方法。它被称为"从摇篮到坟墓"的分析技术,它是把包装产品从原材料提取到最终废弃物的处理的整个过程作为研究对象,进行量化的分析和比较,以评价包装产品的环境性能。这种方法的全面、系统、科学性已经得到的人们的重视和承认,并作为ISO14000中的一个重要的子系统存在。

(四)绿色包装的分级

绿色包装分为A级和AA级。A级绿色包装是指废弃物能够循环复用、再生利用或降解腐化,含有毒物质在规定限量范围内的适度包装。AA级绿色包装是指废弃物能够循环复用、再生利用或降解腐化,且在产品整个生命周期中对人体及环境不造成公害,含有毒物质在规定限量范围内的适度包装。

上述分级主要是考虑首先要解决包装使用后的废弃物问题,这是世界各国保护环境关注过程中的污染问题,是一个需持续关注和解决的问题。

(五)绿色包装的标识

1975年,世界上第一个绿色包装的"绿色"标识在德国问世。世界上第一个绿色包装的"绿点"标识是由绿色箭头和白色箭头组成的圆形图案,上方文字由德文DERGRNEPONKT组成,意为"绿点"。

绿点的双色箭头表示产品或包装是绿色的,可以回收使用,符合生态平衡、环境保护的要求。1977年,德国政府又推出"蓝天使"绿色环保标识,授予具有绿色环保特性的产品,包括包装。"蓝天使"标识由内环和外环构成,内环是由联合国的桂冠组成的蓝色花环,中间是蓝色小天使双臂拥抱地球状图案,表示人们拥抱地球之意。外环上方为德文循环标识,外环下方则为德国产品类别的名字。

德国使用"环境标志"后,许多国家也先后开始实行产品包装的环境标志。如加拿大的"枫叶标志",日本的"爱护地球",美国的"自然友好"和证书制度,中国的"环境标志"、欧共体的"欧洲之花",丹麦、芬兰、瑞典、挪威等北欧诸国的"白天鹅",新加坡的"绿色标识",新西兰的"环境选择",葡萄牙的"生态产品"等。

1993年6月国际标准化组织成立了"环境管理技术委员会"(TC207),制定了像质量管理那样的一套环境管理标准。到2006年为止,TC207委员会已制定了一些标准(例如ISO14000)并颁发实施。美国的企业界、包装界纷纷实施ISO14000标准,并制定了相关的"环境报告卡片",对包装进行寿命周期评定,完善包装企业的环境管理制度。日本1994年10月成立了环境审核认证组织,欧共体1993年3月提出了《欧洲环境管理与环境审核》,并于1995年4月开始实施。中国一些企业进入21世纪以后也开始了实施ISO14000系列标准,但与国外相比,还有一定差距。

(六)绿色包装设计的原则

绿色包装设计一般遵循的原则是所谓的3R原则,即reduce(减少)、reuse(重复再利用)、recycle(回收)。

1. 从包装材料入手

目前全世界包装材料注重绿色环保的材料类型主要有下面一些类型：

(1)重复再用和再生的包装材料。大地和森林是人类生态平衡的基础,木材的肆意砍伐给人类社会带来的灾难是不可估量的。针对这种现状人们可以考虑采用可重复再用和再生的包装材料,如啤酒、饮料、酱油、醋等包装采用玻璃瓶反复使用,聚酯瓶在回收之后可以用一些方法再生。再生利用包装,可用物理方法和化学方法两种方法再生。物理方法是指直接彻底净化粉碎,无任何污染物残留,经处理后的塑料再直接用于再生包装容器。化学方法是指将回收的PET(聚酯薄膜)粉碎洗涤之后,在催化剂作用下,使PET全部解聚成单体或部分解聚,纯化后再将单体重新聚合成再生包装材料。包装材料的重复利用和再生,仅仅延长了塑料等高分子材料作为包装材料的使用寿命,当达到其使用寿命后,仍要面临对废弃物的处理和环境污染问题。

(2)可食性包装材料。这是解决食品包装废弃物与环保之间矛盾的好办法。在进行部分食品包装的设计中,可制成一种不影响被装食品原味的可食性包装膜。到21世纪,世界各国已开发出很多种,如澳大利亚的一家公司就研制出一种可食用土豆片包装,人们吃完土豆片后还可食用其包装。又如英国一家公司就制成了一种可食用的果蔬保鲜剂,它是由糖、淀粉、脂肪酸和聚酯物调配成的半透明的乳液,可采用喷雾、涂刷或浸渍等方法覆盖于苹果、柑橘、西瓜、香蕉、西红柿等水果蔬菜的表面。由于这种保鲜剂在水果表面形成了层密封膜,故能防止氧气进入果蔬内部,从而延长了熟化过程,起到保鲜作用,涂上这种保鲜剂的水果蔬菜保鲜期可长达200天以上。最妙的是,这种保鲜剂还可以同果蔬一起食用。

人们熟悉的糖果包装上使用的糯米纸及包装冰激凌的玉米烘烤包装杯都是典型的可食性包装。人工合成可食性包装膜中的比较成熟的是透明、无色、无嗅、无毒、具有韧性、高抗油性薄膜,能食用,可做食品包装。其光泽、强度、耐折性能都比较好。

中国早在12—13世纪就已用蜡来涂复橘子、柠檬来延缓它们的脱水失重。延长果蔬寿命。到科技发达的21世纪一般采用的可食性保鲜膜,已发展成具有多种功能性质的,具有明显的防水性及一定的可选择透气性,因而在食品工业,尤其是在果蔬保鲜方面,具有广阔的应用前景。

(3)可降解材料。可降解材料是指在特定时间内造成性能损失的特定环境下,其化学结构发生变化的一种塑料。可降解塑料包装材料既具有传统塑料的功能和特性,又可以在完成使用寿命之后,通过阳光中紫外光的作用或土壤和水中的微生物作用,在自然环境中分裂降解和还原,最终以无毒形式重新进入生态环境中,回归大自然。如法国一家奶制品公司从甜菜中提取的物质与矿物质进行混合从而制造成一种生态包装盒。

(4)纸材料。纸的原料主要是天然植物纤维,在自然界会很快腐烂,不会造成环境污染,也可回收重新造纸。因此许多国际大公司使用可回收纸用于年报、宣传品制作,用回收纸制成信笺、信纸以体现其关注环境的绿色宗旨,同时又树立了良好的企业形象。纸材料还有纸浆注型制件、复合材料、建筑材料等多种用途。纸浆模塑制品除具有质轻、价廉、防震等优点外它还具有透气性好,有利于生鲜物品的保鲜,在国际商品流通上,被广泛用于蛋品、水果、玻璃制品等易碎、易破、怕挤压物品的周转包装上。

另外,包装设计师可利用纯正天然的一些材质来对包装设计进行改良,如利用椰子壳可巧妙地设计成食品包装。

减少包装材料的种类和数量。产品包装的种类应尽可能少。一般包装设计师为了产品的外观需要,为可吸引越来越多的消费者,提高产品的档次,尽可能使用不同种类的材料,有些包装的零部件就有很多。如果能够用一种部件,能够使用单一种类的材料就尽量使用一种,这样更有助于产品的回收利用。作为包装设计师而言有责任也有义务为所设计的包装可能带来的社会效应和生态环保效应做足够的估计。

使用无害包装。《欧洲包装与包装废弃物指令》规定了重金属含量水平(铅、汞和铝等)、铅含量应少于100PPM。各国都应以立法的形式规定禁止使用或减少使用某些含有铅、汞或铝等有害成分的包装材料,并规定重金属含量。市面上非常流行的一次性泡沫塑料饭盒也不仅不可以回收利用,而且埋在地下长期不易腐烂,对它进行焚烧又对环境造成污染,因此必须禁止使用。

此外产品包装的图案和色彩听起来似乎和环境保护没有多大的关系,但是它却直接影响着消费者的视觉感受,如果包装上刻意的附上一些环保标志和环保图片,就会提醒消费者不要乱丢弃包装废弃物。有些包装上的图片往往采用美丽的山水风景画面,不仅可以给人以视觉上的享受,还可以借以增强消费者的环保意识。

2. 绿色包装材料选择的顺序

选择的优先顺序常用的包装材料有纸、纸板、铝、玻璃、塑料、铁皮等。从绿色包装的角度,最优先的选择为:没有包装或最少量的包装,它从根本上消除了包装对环境的影响;其次是可返回、可重填利用的包装或可循环的包装,它的回收效益和效果取决于回收体系和消费者的观念。

3. 绿色包装设计的具体思路

(1)选用再生材料。选用再生材料,不仅能提高包装材料的利用率,减少生产成本,而且可以节省大量的能源和减少其他资源的消耗,同时减少对环境的排放。

(2)选用可再循环的材料。选用回收和再利用性能好的包装材料是实现绿色包装的有效途径之一。聚苯二酸乙烯(PET)是可循环的、清洁的、高质量的塑料包装,常用于饮料包装,宝洁公司(P&G)也用它来包装家用清洁剂。

(3)选用可降解材料。可降解性,指在特定时间内,不可回收利用的包装废弃物要能分解腐化,回归自然或生态。

(4)尽量使用同一种包装材料。尽量使用同一种包装材料,避免使用由不同材料组成的多层包装体,以减少不同材料包装物的分离,提高包装物的回收和再利用性能。

(5)尽可能减少包装材料。在满足包装的保护、审美、便利、销售的前提下,尽量减少包装材料的使用。

减少材料的使用不但意味着减少了原材料成本和加工制造成本,也可能意味着同时减少了运输和销售的成本以及包装废弃后的回收再利用和处理成本。

(6)避免过度包装。过度的包装对消费者没有用处。当包装的减少时,还要考虑消费者的使用习惯和产品的外观形象,一些包装上还要提供足够的空间来标明产品的各种信息。

(7)重用和重新填装的包装。重用和重新填装的包装可以提高产品包装的使用寿命,从而减少其废弃对环境的影响。同时,要考虑包装物收集和清洗的成本,以及对环境的影响;要建立好相应的重新填装网络和体系。

(8)包装结构的优化设计。通过包装物的结构设计来实现绿色包装。通过改变包装形状,使产品运输更加便利。

(9)改进产品结构,改善包装通过改进产品的结构和形态,提高产品的结构强度。

(七)中国绿色包装的现状及未来发展思路

1. 中国绿色包装的现状

中国绿色包装工业几十年来从无到有、从小到大取得了令世人瞩目的成就,但与世界先进国家相比还有一定的差距,尤其是包装技术和包装设备应用程度和包装设计模式及观念方面等。

进入21世纪,世界各国包装组织都在积极地向国际环保组织要求的方向努力,如新的环保包装ISO14000等标准和法规的出台。相比之下,中国环保包装又滞后了一步,环保包装材料国产化生产能力还很低,中国研究环保包装的工作应着重于环保包装的实际应用。

自20世纪80年代以来,"绿色食品""绿色服饰""绿色冰箱""绿色汽车"在世界范围内掀起了一股声势浩大的绿色浪潮。国外年人均包装材料的消耗量在100 kg以上,美国为50 kg,日本为200 kg,德国为90 kg,独联体为80 kg,中国为30 kg,相比之下中国的年人均包装材料消耗量较低,但中国人口有13亿之多,所以年包装材料的消耗数量却是相当大的。中国铝罐加工中二片、三片罐回收再利用的问题还相当突出,中国在绿色包装设计方面还做得不够,绿色包装设计在中国还需有更大的发展。

2. 中国绿色包装未来发展思路

(1)积极开发绿色包装材料。出口商品的包装材料只有符合进口国的规定,才能被准许输入该进口国,否则进口国海关将不放行。许多国家以法规形式对进口商品的包装材料进行限制或进行强制性监督和管理。例如:美国规定进口商品包装不得用稻草,否则将被强行烧毁,新西兰农渔部规定进口商品的包装不得为干草、稻草、竹席等。

为此,中国做了许多工作。一是避免使用含有毒性的材料。包装容器或标签上所使用的颜料、染料、油漆等应采用不含重金属的原料,作为接合材料的黏合剂,除应不含毒性或有毒成分外,还应在分离时易于分解。二是尽可能使用循环再生材料。国际上使用的可循环再生材料多是再生纸,以废纸回收后制成的再生纸箱、模制纸浆、蜂浆纸板和纸管等。三是积极开发植物包装材料。植物基本上可以延续不息地重产繁殖,而且使用植物一般不会对环境、生态平衡和资源的维护造成危害,受到国际包装市场青睐。四是选用单一包装材料。这样不必使用特殊工具即可将材料解体,还可以节省回收与分离时间,避免使用黏合方法而导致回收、分离的困难。

(2)在环境标志方面向国际靠拢。ISO14000 环境管理体系国际标准规定对不符合该标准的产品,任何国家都可以拒绝进口,从而使不符合标准的产品被排除在国际贸易之外。中国的环境标志制度产品种类较少,远不能满足对外贸易发展的需要,只有顺应这一国际潮流,采用积极有效的手段迎头赶上,才能从根本上保护中国的外贸利益。在典型引路的同时,普及这项标准体系。此外还应及早研究国际环境标准,可以通过行政立法程序将该国际标准转化为国家标准,在全国范围内推广使用,与该国际标准有关的国内配套法规亦应尽早制定。

(3)包装设计方面要突出环保内涵。设计者必须调查国际市场对环保包装的具体要求,例如出口国有关环保包装的法规,消费者环保消费观念的深度、绿色组织活动、环保包装发展趋势等,以便在包装设计时充分考虑这些因素。另外在包装设计中还应考虑突出环保营销的标志,这种标志不同于环境标志,可由制造商、供应商或批发商自行设计,用以表示某种商品上有特定的环境品质以取得消费者的好感,达到扩大营销的目的。

第三节 绿色食品

一、绿色食品的含义

绿色食品,是指产自优良生态环境、按照绿色食品标准生产、实行全程质量控制并获得绿色食品标志使用权的安全、优质食用农产品及相关产品。

标准规定:

(1)产品或产品原料的产地必须符合绿色食品的生态环境标准。

(2)农作物种植、畜禽饲养、水产养殖及食品加工必须符合绿色食品的生产操作规程。

(3)产品必须符合绿色食品的质量和卫生标准。

(4)产品的标签必须符合国家农业部制定的《绿色食品标志设计标准手册》中的有关规定。绿色食品的标志为绿色正圆形图案,上方为太阳,下方为叶片与蓓蕾,标志的寓意为保护。

在许多国家,绿色食品又有着许多相似的名称和叫法,诸如"生态食品""自然食品""蓝色天使食品""健康食品""有机农业食品"等。由于在国际上,对于保护环境和与之相关的事业已经习惯冠以"绿色"的字样,所以,为了突出这类食品产自良好的生态环境和严格的加工程序,在中国,统一被称作"绿色食品"。

绿色食品是指在无污染的条件下种植、养殖,施有机肥料,不用高毒性、高残留农药,在标准环境、生产技术、卫生标准下加工生产,经权威机构认定并使用专门标识的安全、优质、营养类食品的统称。

二、绿色食品产生的背景

第二次世界大战以后,欧美和日本等发达国家在工业现代化的基础上,先后实现了农业现代化。一方面大大地丰富了这些国家的食品供应,另一方面也产生了一些负面影响。主要是随着农用化学物质源源不断地、大量地向农田中输入,造成有害化学物质通过土壤和水体在生物体内富集,并且通过食物链进入到农作物和畜禽体内,导致食物污染,最终损害人体健康。可见,过度依赖化学肥料和农药的农业(也叫作"石油农业"),会对环境、资源以及人体健康构成危害,并且这种危害具有隐蔽性、累积性和长期性的特点。

1962年,美国的蕾切尔·卡逊女士以密歇根州东兰辛市为消灭伤害榆树的甲虫所采取的措施为例,披露了杀虫剂DDT危害其他生物的种种情况。该市大量用DDT喷洒树木,树叶在秋天落在地上,蚯蚓吃了树叶,大地回春后知更鸟吃了蚯蚓,一周后全市的知更鸟几乎全部死亡。卡逊女士在《寂静的春天》一书中写道:"全世界广泛遭受治虫药物的污染,化学药品已经侵入万物赖以生存的水中,渗入土壤,并且在植物上布成一层有害的薄膜……已经对人体产生严重的危害。除此之外,还有可怕的后遗祸患,可能几年内无法查出,甚至可能对遗传有影响,几个世代都无法察觉。"卡逊女士的论断无疑给全世界敲响了警钟。

20世纪70年代初,由美国扩展到欧洲和日本的旨在限制化学物质过量投入以保护生态环境和提高食品安全性的"有机农业"思潮影响了许多国家。一些国家开始采取经济措施和法律手段,鼓励、支持本国无污染食品的开发和生产。自1992年联合国在里约热内卢召开的环境与发展大会后,许多国家从农业着手,积极探索农业可持续发展的模式,以减缓石油农业给环境和资源造成的严重压力。欧洲和美国、日本和澳大利亚等发达国家及一些发展中国家纷纷加快了生态农业的研究。在这种国际背景下,我国决定开发无污染、安全、优质的营养食品,并且将它们定名为"绿色食品"。

中国提出发展绿色食品是有现实背景的。

首先,它顺应了世界食品贸易结构变化。当前世界食品工业正进入一个新的转折时期,即建立温饱时代消费者对食品需求时期。这一时期的特点是世界各国普遍加强了对食品科学研究,重视开发新产品,特别是运用新技术开发新产品。具有高技术含量的食品、无污染食品及保健食品成为20世纪90年代乃至21世纪国际市场最有发展潜力,为广大消费者所喜爱的食品。截至2012年12月31日世界范围内绿色食品销量仅占整个食品销量的2%~3%,预计这一比例21世纪二三十年代将达到10%。只要我们精心组织、大力发展生态农业,我国绿色食品开发将有广阔前景。

其次,它符合我国的消费国情。近几年来,随着生产的发展,城乡人民收入大幅度提高,我国人民解决了"温饱"直奔"小康"。从食品消费方面看,我国城乡居民的营养水平已接近世界平均水平,其中热量摄入部分已超过国际制定的平均热量摄入水平。公众对食物的要求由数量型转向质量型,并开始关注食品的安全保障问题。由于绿色食品是无污染的安全优质营养食品,这一特征决定了绿色食品的生产开发有巨大的市场潜力。国家某权威机构调查发现,以下三部分人有望把日常消费食品的大部分提升到绿色食品的档次:一是收入稳定的知识分子阶层,他们了解绿色食品的含义,出于对自身健康的长远考虑,愿意多花点钱消费绿色食品;二是在国内旅游暂住或定居的外国人以及少数回国华人,其中不少有食用绿色食品的习惯;三是追求时髦的富裕阶层,他们中部分人虽然并不了解绿色食品,但却追求时髦,也最具购买力。经推算,这三批人如果全国有100万,每人每年消费2000元绿色食品,便会形成200亿元的市场规模。再从目前我国绿色食品消费状况看,我国发达地区特别是大中城市居民食品消费中,绿色食品消费呈现上升势头。据有关部门对北京、上海两大城市调查,79%~84%的消费者希望购买到绿色食品。

三、绿色食品的标志

绿色食品(green food)的标志由特定的图形来表示。

绿色食品的标志图形由三部分构成:上方的太阳、下方的叶片和中间的蓓蕾,象征自然生态。标志图形为正圆形,意为保护、安全。颜色为绿色,象征着生命、农业、环保。AA级绿色食品标志与字体为绿色,底色为白色;A级绿色食品标志与字体为白色,底色为绿色。整个图形描绘了一幅明媚阳光照耀下的和谐生机,告诉人们绿色食品是出自纯净、良好生态环境的安全、无污染食品,能给人们带来蓬勃的生命力。绿色食品标志还提醒人们要保护环境和防止污染,通过改善人与环境的关系,创造自然界新的和谐。

绿色食品标志是一个质量证明商标,属知识产权范畴,受《中华人民共和国商标法》保护。这种政府授权专门机构管理绿色食品标志,是一种将技术手段和法律手段有机结合起来的生产组织和管理行为,而不是一种自发的民间自我保护行为。

四、绿色食品的申请范畴

由于绿色食品已经国家工商总局批准注册,按商标法有关规定,具备条件可申请使用绿色食品标志的产品有以下5类。

一是肉、非活的家禽、野味、肉汁、水产品、罐头食品、腌渍、干制水果及制品、腌制、干制蔬菜、蛋品、奶及乳制品、食用油脂、色拉、食用果胶、加工过的坚果、菌类干制品、食物蛋白;

二是咖啡、咖啡代用品、可可、茶及茶叶代用品、糖、糖果、南糖、蜂蜜、糖浆及非医用营养食品、糕点、代乳制品等五谷杂粮、面制品、膨化食品、豆制品、食用淀粉及其制品、饮用水、冰制品、食盐、酱油、醋等调味品、酵母、食用香精、香料、家用嫩肉剂等;

三是未加工的林业产品,未加工谷物及农产品(不包括蔬菜、种子),花卉,园艺产品,

草木,活生物,未加工的水果及干果,新鲜蔬菜,种子,动物饲料(包括非医用饲料添加剂及催肥剂),麦芽,动物栖息用品;

四是啤酒、矿泉水和汽水以及其他不含酒精的饮料,水果饮料及果汁,固体饮料,糖浆及其他饮料用的制剂;

五是含酒精的饮料(除啤酒外)。

五、绿色食品具备的条件

(1)产品或产品原料产地必须符合绿色食品生态环境质量标准。
(2)农作物种植、畜禽饲养、水产养殖及食品加工必须符合绿色食品生产操作规程。
(3)产品的包装、贮运必须符合绿色食品包装贮运标准。
(4)产品必须符合绿色食品标准。

六、绿色食品的辨别

绿色食品成为大部分消费者首选,说明我国消费者健康和环保意识正不断增强。但绿色食品实际上是一个特定的概念。2003年11月1日新修订的《中华人民共和国认证认可条例》对于绿色食品、无公害食品等制定了非常严格的认证过程。

一些商家违规使用绿色食品标志,首先会误导消费者,如果它本身的价格等于或低于其他没有绿色食品标志的产品,消费者肯定会选择有标志的产品,物非所值,消费者的经济利益就会受到侵害;另一方面如果产品没达到绿色食品的标准要求,就有可能危害到消费者的身体健康。

为此,有关专家介绍,消费者购买绿色食品时要做到"五看"。

一看级标。我国绿色食品发展中心将绿色食品定为A级和AA级两个标准。A级允许限量使用限定的化学合成物质,而AA级则禁止使用。A级和AA级同属绿色食品,除这两个级别的标识外,其他均为冒牌货。

二看标志。绿色食品的标志和标袋上印有"经中国绿色食品发展中心许可使用绿色食品标志"字样。

三看颜色。标志上标准字体的颜色,A级绿色食品的标志与标准字体为白色,底色为绿色,防伪标签底色也是绿色,标志编号以单数结尾;AA级使用的绿色标志与标准字体为绿色,底色为白色,防伪标签底色为蓝色,标志编号的结尾是双数。

四看防伪。部分绿色食品有防伪标志,在荧光灯下能显现该产品的标准文号和绿色食品发展中心负责人的签名。若没有该标志便可能为假冒伪劣产品。

五看标签。除上述绿色食品标志外,绿色食品的标签符合国家食品标签通用标准,如食品名称、厂名、批号、生产日期、保质期等。检验绿色食品标志是否有效,除了看标志自身是否在有效期外,还可以进入绿色食品网查询标志的真伪。

七、绿色食品的行业前景

伴随着中国国民经济的显著增长和全球经济的一体化发展,以及中国从温饱型社会向小康型社会的成功转型,人们对农产品和食品质量的要求越来越高,尤其是无公害食品、绿色食品的要求。

从行业发展上看,目前国内绿色食品市场总体上仍处于导入期。随着我国人民生活水平的提高和消费理念的转变,以及环境污染和资源浪费问题的日益严峻,有利于人们健康的无污染、安全、优质营养的绿色食品已成为时尚,越来越受到人们的青睐。开发绿色食品已具备了深厚的市场消费基础。未来,绿色食品无论在国内还是国外,开发潜力都十分巨大。

八、绿色食品的特征

强调产品出自最佳生态环境。绿色食品生产从原料产地的生态环境入手,通过对原料产地及其周围的生态环境因素的严格监测,判定其是否具备生产绿色食品的基础条件。

对产品实行全程质量监控。绿色食品生产实施"从土地到餐桌"全程质量控制。通过产前环节的环境监测和原料检测,产中环节具体生产、加工操作规程的落实,以及产后环节产品质量、卫生指标、包装、保鲜、运输、贮藏及销售控制,确保绿色食品的整体产品质量,并提高整个生产过程的标准化水平和技术含量。

对产品依法实行标志管理。绿色食品标志是一个质量证明商标,属知识产权范畴,受《中华人民共和国商标法》保护,并按照《中华人民共和国商标法》《集体商标、证明商标注册和管理办法》《农业部绿色食品标志管理办法》开展监督管理工作。

九、绿色食品的具体标准

绿色食品标准是由农业部发布的推荐性农业行业标准(NY/T),是绿色食品生产企业必须遵照执行的标准。绿色食品标准以全程质量控制为核心,由以下6个部分构成:

1. 环境质量标准

绿色食品产地环境质量标准制定这项标准的目的,一是强调绿色食品必须产自良好的生态环境地域,以保证绿色食品最终产品的无污染、安全性;二是促进对绿色食品产地环境的保护和改善。绿色食品产地环境质量标准规定了产地的空气质量标准、农田灌溉水质标准、渔业水质标准、畜禽养殖用水标准和土壤环境质量标准的各项指标以及浓度限值、监测和评价方法。提出了绿色食品产地土壤肥力分级和土壤质量综合评价方法。

2. 生产技术标准

绿色食品生产技术标准是绿色食品标准体系的核心,它包括绿色食品生产资料使用准则和绿色食品生产技术操作规程两个部分。绿色食品生产资料使用准则是对生产绿色食品过程中物质投入的一个原则性规定,它包括生产绿色食品的农药、肥料、食品添加剂、饲料添加剂、兽药和水产养殖药的使用准则,对允许、限制和禁止使用的生产资料及其使用方法、使用剂量等做出了明确规定。绿色食品生产技术操作规程是以上述准则为依据,按作物种类、畜牧种类和不同农业区域的生产特性分别制定的,用于指导绿色食品生产活动,规范绿色食品生产技术的技术规定,包括农产品种植、畜禽饲养、水产养殖等技术操作规程。

3. 产品标准

绿色食品产品标准,此项标准是衡量绿色食品最终产品质量的指标尺度。其卫生品质要求高于国家现行标准,主要表现在对农药残留和重金属的检测项目种类多、指标严。而且,使用的主要原料必须是来自绿色食品产地的、按绿色食品生产技术操作规程生产出来的产品。

4. 包装标签标准

绿色食品包装标签标准规定了进行绿色食品产品包装时应遵循的原则,包装材料选用的范围、种类,包装上的标识内容等。要求产品包装从原料、产品制造、使用、回收和废弃的整个过程都应有利于食品安全和环境保护,包括包装材料的安全性、牢固性、节省资源、能源、减少或避免废弃物产生,易回收循环利用,可降解等具体要求和内容。绿色食品产品标签,除要求符合国家《食品标签通用标准》外,还要求符合《中国绿色食品商标标志设计使用规范手册》规定。

5. 贮藏运输标准

绿色食品贮藏、运输标准对绿色食品贮运的条件、方法、时间做出规定。以保证绿色食品在贮运过程中不遭受污染、不改变品质,并有利于环保、节能。

6. 其他相关标准

绿色食品其他相关标准包括"绿色食品生产资料"认定标准、"绿色食品生产基地"认定标准等。

十、绿色食品的等级分类

绿色食品标准分为两个技术等级,即 AA 级绿色食品标准和 A 级绿色食品标准。

1. AA 标准

AA 级绿色食品标准要求:生产地的环境质量符合《绿色食品产地环境质量标准》,生产过程中不使用化学合成的农药、肥料、食品添加剂、饲料添加剂、兽药及有害于环境和人体健康的生产资料,而是通过使用有机肥、种植绿肥、作物轮作、生物或物理方法等技术,培肥土壤、控制病虫草害、保护或提高产品品质,从而保证产品质量符合绿色食品产品标准要求。

2. A 级标准

A 级绿色食品标准要求:生产地的环境质量符合《绿色食品产地环境质量标准》,生产过程中严格按绿色食品生产资料使用准则和生产操作规程要求,限量使用限定的化学合成生产资料,并积极采用生物学技术和物理方法,保证产品质量符合绿色食品产品标准要求。

[注意事项]消费者怎样识别绿色食品

凡绿色食品产品的包装必须做到:

(1)"绿色食品的四位一体",即标志图形、"绿色食品"文字、编号及防伪标签。

(2)AA级绿色食品标志底色为白色,标志与标准字体为绿色;而A级绿色食品的标志底色为绿色,标志与标准字体为白色。

(3)"产品编号"正后或正下方写上"经中国绿色食品发展中心许可使用绿色食品标志"文字,其英文规范为"Certified Chinese Green Food Product"。

(4)绿色食品包装标签应符合国家《食品标签通用标准》GB7718-94。标准中规定食品标签上必须标注以下几方面的内容:食品名称;配料表;净含量及固形物含量;制造者、销售者的名称和地址;日期标志(生产日期、保质期)和储藏指南;质量(品质等级);产品标准号;特殊标注内容。

认清绿色食品标志

绿色食品标志是由中国绿色食品发展中心在国家工商行政管理总局商标局正式注册的质量证明商标,用于证明绿色食品无污染、安全、优质的品质特征。

绿色食品标志由三部分构成,即上方的太阳、下方的叶片和中心的蓓蕾。标志为正圆形,意为保护。整个图形描绘了一幅明媚阳光照耀下的和谐生机,告诉人们绿色食品正是出自纯净、良好生态环境的安全无污染食品,能给人们带来蓬勃的生命力。绿色食品标志还提醒人们要保护环境,通过改善人与环境的关系,创造自然界新的和谐。

绿色食品标志作为一种特定的产品质量的证明商标,其商标专用权受《中华人民共和国商标法》保护。

消费者在选购此类食品时,应认清"标志"。绿色食品标志由三部分构成,即:上方的太阳、下方的叶片和中心的蓓蕾,标志为正圆形,意为保护、安全。A级标志为绿底白字,AA级标志为白底绿字。该标志由中国绿色食品发展中心认定颁发。

可以上网辨真伪:绿色食品标志到期后没有重新申报,有的企业是为了节省成本,也有的是因为产品实际上已经通不过国家对绿色食品的检验认证。消费者可登录"中国绿色食品网"辨认所购产品的真伪。

第七章 绿色产品价格策略

商品价格是商品价值的货币表现。它是与商品经济紧密联系的一个经济范畴。商品是使用价值和价值的统一体。商品的价值是凝结在商品中的一般人类劳动。这种劳动是以量的形式表现出来的。商品的价值量由生产这种商品所耗费的社会必要劳动时间所决定的。商品的价值不能自我表现,一个商品的价值必须由另一个商品来表现,并且只能在同另外一个商品相交换时才能实现。企业的定价受到多方面因素的影响,在绿色营销中,自然资源和生态环境等作为价格的影响因子加入,使得绿色产品的定价更加复杂,本章在商品基定价的基础方法上,融合绿色产品的特殊性,对绿色产品定价进行深入的研究。

第一节 绿色产品价格

一、价格

（一）价格的含义

价格是商品同货币交换比例的指数,或者说,价格是价值的货币表现。价格是商品的交换价值在流通过程中所取得的转化形式。在经济学及营商的过程中,价格是一项以货币为表现形式,为商品、服务及资产所订立的价值数字。在微观经济学之中,资源在需求和供应者之间重新分配的过程中,价格是重要的变数之一。

在现代市场经济学中,价格是由供给与需求之间的互相影响、平衡产生的,在古典经济学以及马克思主义经济学中,价格是对商品的内在价值的外在体现。事实上,这两种说法辩证地存在,共同在生产活动中起作用。

在现代社会的日常应用之中,价格(price)一般指进行交易时,买方所需要付出的代价或付款。

按照经济学的严格定义,价格是商品同货币交换比例的指数,或者说,价格是价值的货币表现,是商品的交换价值在流通过程中所取得的转化形式,是一项以货币为表现形式,为商品、服务及资产所订立的价值数字。

在物物交换的时代,不存在价格的概念。当一般等价物或者说货币产生的时候,价格问题才随之产生。

在微观经济学中,资源在需求和供应者之间重新分配的过程中,价格是重要的变数之一。

价值的变动是价格变动的内在的、支配性的因素,是价格形成的基础。但是,由于商品的价格既是由商品本身的价值决定的,也是由货币本身的价值决定的,因而商品价格的变动不一定反映商品价值的变动,例如,在商品价值不变时,货币价值的变动就会引起商品价格的变动;同样,商品价值的变动也并不一定就会引起商品价格的变动,例如,在商品价值和货币价值按同一方向发生相同比例变动时,商品价值的变动并不引起商品价格的变动。因此,商品的价格虽然是表现价值的,但是,仍然存在着商品价格和商品价值不相一致的情况。在简单商品经济条件下,商品价格随市场供求关系的变动,直接围绕它的价值上下波动;在资本主义商品经济条件下,由于部门之间的竞争和利润的平均化,商品价值转化为生产价格,商品价格随市场供求关系的变动,围绕生产价格上下波动。

(二) 价格的职能

1. 标度职能

即价格所具有的表现商品价值量的度量标记。在商品经济条件下,劳动时间是商品的内在价值尺度,而货币是商品内在价值尺度的外部表现形式。货币的价值尺度的作用是借助价格来实现的,价格承担了表现社会劳动耗费的职能,成为从观念上表现商品价值量大小的货币标记。

2. 调节职能

即价格所具有的调整经济关系、调节经济活动的功能。由于商品的价格和价值经常存在不相一致的情况,价格的每一次变动都会引起交换双方利益关系的转换,因而使价格成为有效的经济调节手段和经济杠杆。

3. 信息职能

即价格变动可以向人们传递市场信息,反映供求关系变化状况,引导企业进行生产、经营决策。价格的信息职能,是在商品交换过程中形成的,是市场上多种因素共同作用的结果。

4. 表价职能

就是价格表现商品价值的职能。表价职能是价格本质的反映,它用货币形式把商品内含的社会价值表现出来,从而使交换行为得以顺利实现,也向市场主体提供和传递了信息。商品交换和市场经济越发达,价格的表价职能越能得到充分体现,也越能显示出其重要性。

5. 核算职能

是指通过价格对商品生产中企业乃至部门和整个国民经济的劳动投入进行核算、比较和分析的职能,它是以价格的表价职能为基础的。我们知道,具体的劳动和不同商品的使用价值是不可综合的,也是不可进行比较的。价格的核算职能不仅为企业计算成本和核算盈亏创造了可能,而且也为社会劳动在不同产业部门、不同产品间进行合理分配,提供了计算工具。

6. 分配职能

是指它对国民收入再分配的职能,它是由价格的表价职能和调节职能派生出来的。国民收入再分配可以通过税收、保险、国家预算等手段实现,也可通过价格这一经济杠杆来实现。当价格实现调节职能时,它同时也已承担了国民经济收入企业和部门间的再分配职能。

价格是国民收入分配和再分配的工具。价格变动与财政收支相互影响,在社会主义条件下,两者的关系主要表现在:

(1)财政收支平衡是保持物价总水平稳定的基础。财政收支平衡,说明国家掌握的集中化资金来源同对资金的需求、国家掌握的产品同对产品的需求以及货币流通同商品流通是适应的,从而使整个社会经济运行正常,币值和物价能够保持基本稳定。市场物价稳定是财政收支、信贷收支、物资供需三者综合平衡的反映。财政赤字引发通货膨胀的根源在于用银行增发票子的办法来弥补国家财政亏空。由此引起信贷收支不平衡而被迫作财政性的货币发行,从而使流通中的货币过多引起币值下跌和物价上涨。

财政与物价的关系也可以较为松散。当国家财政收支不平衡、出现较大赤字时,政府可以采取向居民借贷(即发行公债)的办法弥补财政亏空,而不致市场物价的上涨。但是,向居民借贷超过限度也会引起通货膨胀。

(2)国家调整价格会影响财政收支。一般来说,提高价格可以增加财政收入,有些国家的政府往往通过这种办法来弥补财政赤字。但有时也会出现相反情况。价格变动的幅度取决于人民群众的承受能力、企业的消化吸收能力和国家财政的负担能力。价格变动虽然不能直接增加或减少社会财富,却能够使纯收入在各部门之间发生转移,改变国民收入的分配比例。中国在1979年和1980年大幅度提高了农产品收购价格,显著地增加了农民收入,并刺激了农业生产的发展。但由于把国民收入增长额的绝大部分给了农民,国家财政收入增长缓慢,难于满足各方面对支出的增长需求,以致在上述两年发生了较大的财政赤字。

(3)财政给予价格补贴可以维持零售价格的稳定。国家有时规定某些工业品价格低于其生产成本,规定某些农副产品在国营商业的销售价格低于向农民收购时的价格,由此发生的政策性亏损由国家财政给予补贴。中国在1979—1990年多次调高粮食收购计划价格,粮食销售价格的稳定完全靠财政补贴维持。

(三)价格的作用

价格的作用是价值规律作用的表现,是价格实现自身消费者价格指数功能时对市场经济运行所产生的效果,是价格的基本职能的外化。在市场经济中,价格的作用主要有:

1. 价格是商品供求关系变化的指示器

借助于价格,可以不断地调整企业的生产经营决策,调节资源的配置方向,促进社会总供给和社会总需求的平衡。在市场上,借助于价格,可以直接向企业传递市场供求的信息,各企业根据市场价格信号组织生产经营。与此同时,价格的水平又决定着价值的实现程度,是市场上商品销售状况的重要标志。

2. 价格水平与市场需求量的变化密切相关

一般来说,在消费水平一定的情况下,市场上某种商品的价格越高,消费者对这种商品的需求量就越小;反之,商品价格越低,消费者对它的需求量也就越大。而当市场上这种商品的价格过高时,消费者也就可能做出少买或不买这种商品,或者购买其他商品替代这种商品的决定。因此,价格水平的变动起着改变消费者需求量、需求方向,以及需求结构的作用。

3. 价格是实现国家宏观调控的一个重要手段

价格所显示的供求关系变化的信号系统,为国家宏观调控提供价格了信息。一般来说,当某种商品的价格变动幅度预示着这种商品有缺口时,国家就可以利用利率、工资、税收等经济杠杆,鼓励和诱导这种商品生产规模的增加或缩减,从而调节商品的供求平衡。价格还为国家调节和控制那些只靠市场力量无法使供求趋于平衡的商品生产提供了信息,使国家能够较为准确地干预市场经济活动,在一定程度上避免由市场自发调节带来的经济运行的不稳定,或减少经济运行过程的不稳定因素,使市场供求大体趋于平衡。

(四)消费者价格指数

消费者价格指数(consumer price index,CPI)指的是衡量所选定的一篮子消费品购买价格的指数。计算指数时,每种商品的权数依据 1982—1984 年间该商品在城市消费者生活开支中所占的份额来确定。它是反映与居民生活有关的产品及劳务价格统计出来的物价变动指标,通常作为观察通货膨胀水平的重要指标。如果消费者物价指数升幅过大,表明通胀已经成为经济不稳定因素,央行会有紧缩货币政策和财政政策的风险,从而造成经济前景不明朗。因此,该指数过高的升幅往往不被市场欢迎。例如,在过去 12 个月,消费者物价指数上升 2.3%,那表示,生活成本比 12 个月前平均上升 2.3%。当生活成本提高,你的金钱价值便随之下降。也就是说,一年前收到的一张 100 元人民币,只可以买到价值 97.70 元的货品及服务。一般说来当 CPI>3% 的增幅时称为 inflation,就是通货膨胀;而当 CPI>5% 的增幅时,把它称为 serious inflation,就是严重的通货膨胀。

消费者物价指数是反映与居民生活有关的产品及劳务价格统计出来的物价变动指标,通常作为观察通货膨胀水平的重要指标。中国称之为居民消费价格指数。居民消费价格指数可按城乡分别编制城市居民消费价格指数和农村居民消费价格指数,也可按全社会编制中国居民消费价格总指数。消费者物价指数追踪一定时期的生活成本以计算通货膨胀。如果消费者物价指数升幅过大,表明通货膨胀已经成为经济不稳定因素,央行会有紧缩货币政策和财政政策的风险,从而造成经济前景不明朗。因此,该指数过高的升幅往往不被市场欢迎。

(五)价格理论

价格理论主要有劳动价值论学派、边际效用价值论学派、供求均衡学派和斯拉法价格论学派等四大学派。

劳动价值论学派的学者有马格努斯、配第、穆勒,马克思也可以划入这一学派。该学派认为,商品价格(价值)决定于生产商品的代价(如生产成本、劳动、社会必要劳动等)。

边际效用价值论学派的主要学者有门格尔、杰文斯、瓦尔拉斯、维塞尔等。该学派认为,商品价格决定于商品的效用(边际效用)。

供求均衡学派的主要代表人物是马歇尔等学者。该学派认为,商品价格是由商品的供给和需求双方的均衡点决定的。马歇尔的均衡价格理论已经成为当前主流的价格决定理论。

斯拉法价格论学派的代表人物是斯拉法。斯拉法认为,商品价格是由生产投入产出关系和劳资分配关系决定的。

(六)价格弹性

所谓价格弹性,即是需求量对价格的弹性,则指某一产品价格变动时,该种产品需求量相应变动的灵敏度。而价格弹性分析,就是应用弹性原理,就产品需求量对价格变动的反应程度进行分析、计算、预测、决策。价格弹性表明供求对价格变动的依存关系,反映价格变动所引起的供求的相应的变动率,即供给量和需求量对价格信息的敏感程度,又称供需价格弹性。商品本身的价格、消费者的收入、替代品价格,以及消费者的爱好等因素都会影响对商品消费的需求。价格弹性是指这些因素保持不变的情况下,该商品本身价格的变动引起的需求数量的变动。在需求有弹性的情况下,降价会引起购买量的相应增加,从而使消费者对这种商品的货币支出增加;反之,价格上升则会使消费者对这种商品的货币支出减少。在需求弹性等于1的情况下,降价不会引起消费者对这种商品的货币支出的变动。

价格弹性取决于该商品的替代品的数目及其相关联(即可替代性)的程度、该商品在购买者预算中的重要性和该商品的用途等因素。价格弹性主要应用于企业的决策和政府的经济决策。

价格弹性(price elasticity)是指某一种产品销量发生变化的百分比与其价格变化百分比之间的比率,是衡量由于价格变动所引起数量变动的敏感度指标。当弹性系数为1的时候,销售量的上升和价格的下降幅度是相抵的。当0~1之间的弹性意味着价格上升也将使得收益上升,而价格下降使得收益下降,我们说这类物品的需求是相对缺乏弹性的,或者说价格不敏感。大多数食品的需求弹性是低的,而大多数的奢侈品的需求弹性,如香水,高档服装等都相对较高。

弹性系数的计算公式:

$$\varepsilon = \Delta Q/\Delta P = P \times dQ/Q \times dP$$

二、绿色产品价格

绿色产品价格是建立在绿色产品生产、交换、分配和消费过程中所消耗的社会总资源基础上，考虑市场供求及竞争等其他环境状况而确定的市场认可的价格。绿色价格是一种与绿色产品性质相适应的价格形式，是指附加了绿色价值而高于传统产品价格的价格。

在价值和价格关系上，价值决定价格，而价格只是价值的货币表现形式。产品是客观存在的，一般能"看得见，摸得着"，价值也是客观存在的，但其往往"看不见，摸不着"。因此，企业想要把产品的绿色价值表现出来，只有通过交换和货币发生联系。产品内在的绿色价值只有通过外在的绿色价格才能得以表现，绿色价值最终以绿色价格的货币形式表现出来。绿色产品价值与其自身的品质有关，而绿色价格与产品供求、成本、竞争因素有关。在绿色产品交换中，绿色价值通常通过货币来衡量而成为绿色价格。绿色价格是绿色产品价值的一种重要体现形式。

由于绿色价格附加了绿色价值，即绿色产品在生产设计过程中，往往考虑环保的成本，而环保成本最终转嫁给消费者，因而绿色产品的价格往往高于一般传统产品的价格。绿色价格偏高是合情合理的。很多国家政府也都允许绿色产品的价格可以比普通产品的价格高。例如：芬兰政府允许绿色产品的价格上涨30%以上，日本政府允许绿色产品的价格比一般产品的价格高20%。

三、绿色价格形成原则

绿色价格形成一般遵循三个原则：

（1）环境或资源有价，即环境或自愿有偿使用原则。根据我国环境法规定，环境资源有偿使用原则是指直接利用环境的单位和个人应当依法缴纳法律规定的税费，提高利用环境的行为的成本，增加保护环境的行为的收益，以利于自然资源和环境容量的恢复、整治、再生和养护，实现环境的可持续利用。

这里的资源有价是指自然资源（包括生态环境）本身的价值，在传统价格体系中，自然资源往往是不需要付费的，但在绿色产品中考虑或包含了自然资源的价值，即把企业在生产绿色产品过程中，用于保护生态环境和维护消费者健康的支出计入成本，绿色成本增加。

（2）污染者付费，即排污者付费原则。

污染者付费原则（polluter pays principle，PPP）是指一切向环境排放污染物的个人与组织，应当依照一定的标准缴纳一定的费用，以补偿其污染行为造成的损失。付费将促使污染者采取措施控制污染，或使政府等管理部门获得相应的收入以治理污染。

经济合作与发展组织（OECD）于20世纪70年代提出了"污染者付费原则"（简称PPP），即要求所有的污染者都必须为其造成的污染直接或者间接地支付费用。

污染者付费原则是庇古税理论的一种应用。作为一种公共物品，环境污染通常具有外部性，排放污染的个人或组织易于逃避责任。如果向其征收一定的污染费用，则可将污染环境的成本反映在排污者的私人成本中，这被称为外部成本的内部化。提高的内部成本将影响污染者的行为决策，促使其减少排污并提高效率，最终使总经济体达到环境资源的有效配置。

企业是排污者，必须付费，成本增加。在中国，根据这一原则，相继开展了排污收费政策、水权交易、生态补偿等环境经济政策手段的实践，取得了一定的成效和进展。

（3）消费者绿色偏好，即大部分消费者都具有"优质优价"的消费心理。

价格和质量成正比关系，即优质优价。优质优价是市场经济的基本要求，从商品生产的角度来说，生产同一种商品，质量好的商品往往所用社会必要劳动时间较多，包含的价值量也较多。因此，售价也较高。高价格满足消费者这种心理。

第二节 影响绿色产品价格的主要因素

绿色价格是绿色产品价值的货币表现，是商品与货币的交换比例。影响绿色产品价格的主要因素包括：国家的价格政策及法律和法规，货币投放量，经济周期，产品的成本，消费者心理，竞争者等。

一、绿色成本的影响

（一）成本

1. 成本的含义

成本是企业为生产商品和提供劳务等所耗费物化劳动、活劳动中必要劳动的价值的货币表现，是商品价值的重要组成部分。它是商品经济的一个经济范畴。

2. 成本的构成

成本的构成内容要服从管理的需要，并且随着管理的发展而发展。国家规定成本的构成内容主要包括：

（1）原料、材料、燃料等费用，表现商品生产中已耗费的劳动对象的价值；

（2）折旧费用，表现商品生产中已耗费的劳动对象的价值；

（3）工资，表现生产者的必要劳动所创造的价值。

在实际工作中，为了促使企业厉行节约，减少损失，加强企业的经济责任，对于一些不形成产品价值的损失性支出（如工业企业里的废品损失、停工损失等），也列入产品成本之中。此外，对某些应从为社会创造的价值中进行分配的部分（如财产的保险费用等）也列入产品成本。这说明产品成本的实际内容，一方面要求反映成本的客观经济实质，另一方面又要按照国家的分配方针和财务管理制度规定,把某些不属于 C+V 的内容列入成本,而把某些属于活劳动耗费性质的费用列为营业外支出或从留利中开支。

成本作为资本耗费,发生于生产过程,而补偿价值的生产成果的分配,属于分配领域的范畴;作为商品的所有者的经营者为首,常常会对分配领域的一些支出,列作生产成本,导致实际补偿价值和已经消耗的 C+V+ 不一致。

3. 成本在经济活动中的重要作用

(1) 成本是补偿生产耗费的尺度。企业为了保证再生产的不断进行,必须对生产耗费,即资金耗费进行补偿。企业是自负盈亏的商品生产者和经营者,其生产耗费须用自身的生产成果,即销售收入来补偿。维持企业再生产按原有规模进行。而成本就是衡量这一补偿份额大小的尺度。

(2) 成本是制定产品价格的基础。产品价格是产品价值的货币表现。但在现阶段,人们还不能直接地准确计算产品的价值,而只能计算成本。成本作为价值构成的主要组成部分,其高低能反映产品价值量的大小,因而产品的生产成本成为制定产品价格的重要基础。也正是如此,需要正确地核算成本,才能使价格最大限度地反映社会必要劳动的消耗水平,从而接近价值。当然,产品的定价是一项复杂的工作,还应考虑其他因素,如国家的价格政策及其他经济政策法令、产品在市场上的供求关系及市场竞争的态势,等等。

(3) 成本是计算企业盈亏的依据。企业只有当其收入超出其为取得收入而发生的支出时,才有盈利。成本也是划分生产经营耗费和企业纯收入的依据。因为成本规定了产品出售价格的最低经济界限,在一定的销售收入中,成本所占比例越低,企业的纯收入就越多。

(4) 成本是企业进行决策的依据。企业要努力提高其在市场上的竞争能力和经济效益。首先必须进行正确可行的生产经营决策,而成本就是其中十分重要的一项因素。成本作为价格的主要组成部分,其高低是决定企业有无竞争能力的关键。因为在市场经济条件下,市场竞争在很大程度上就是价格竞争,而价格竞争的实际内容就是成本竞争。企业只有努力降低成本,才能使自己的产品在市场中具有较高的竞争能力。

(5) 成本是综合反映企业工作业绩的重要指标。企业经营管理中各方面工作的业绩,都可以直接或间接地在成本上反映出来,如产品设计好坏、生产工艺合理程度、产品质量高低、费用开支大小、产品产量增减以及各部门各环节的工作衔接协调状况,等等。正因如此,可以通过对成本的预测、决策、计划、控制、核算、分析和考核等来促使企业加强经济核算,努力改善管理,不断降低成本,提高经济效益。

(二) 绿色成本

绿色成本是指产品在研发、生产、销售等一系列绿色化活动过程中绿色产品的成本。绿色产品成本与传统同类产品成本比较,一般情况下,绿色产品在绿化过程中会导致成本增加,使得绿色产品比传统产品定价要高。这种成本的增加主要来自于以下六个方面:

1. 自然资源要付费,致使成本提高

传统观念认为,自然资源(空气、江河等)是大自然的恩赐,其供应是无限的,因而导致长期以来人们对自然资源的无节制开发和利用,直接造成现在的资源短缺、生态失衡。

国家政策、法律等也逐渐要求自然资源付费,我国环境法中提到的环境资源有偿使用原则就要求直接利用环境的单位和个人应当依法缴纳法律规定的税费,提高利用环境的行为的成本,增加保护环境的行为的收益,以利于自然资源和环境容量的恢复、整治、再生和养护,实现环境的可持续利用。

2. 使用替代资源,可能导致增加成本

由于替代资源研发,需要大量投入,致使产品成本增加。如大豆纤维、无害或少污染替代填充剂等的研发,一般都是历时多年并有一定的投入,促使产品成本增加。如使用再生纸(浆)作原料,将使成本增加20%~30%。

3. 使用清洁加工工艺及绿色技术,致使成本增加

降低或减少生产工艺或技术对环境造成的污染,使产品绿色化的重要内容。而将以前非绿色的生产工艺或技术,改造成使用清洁生产的工艺或技术,因投入资本增加,从而使产品成本增加。如:以秸秆代替木材资源生产地板,尽管替代原料成本较低,但产品生产工艺中采用了更为清洁的加工工艺和技术,成本有一定的增加。因清洁加工工艺应用涉及的成本增加现象非常广泛。

4. 增加管理费用,使产品成本增加

绿色管理是将环保观念融于企业经营管理之中,它涉及企业管理的各个层次、领域、方面、过程,要求企业管理中时时处处体现绿色。管理绿色化原则包括:

(1)研究。将环保纳入企业决策要素,重视环境对策研究。

(2)削减。即采用新技术、工艺,减少或消除有害废弃物排放。

(3)再开发。变传统产品为环保产品,积极采用"绿色标志"。

(4)循环。对废旧产品进行回收处理,循环利用。

(5)保护。积极参与社区环境整治活动,对员工和公众进行绿色宣传。

为了更好地按照以上原则践行管理绿色化,主要包括绿色培训、绿色监督、绿色控制、绿色考核、绿色审计、促进企业文化、管理战略、组织结构、设计、采购、技术、清洁生产、营销等都需要增加成本。

5. 为符合新的立法,产品成本增加

如有关汽车环保性能的一些强制性规定,由于安装污染控制设施,将使汽车制造成本额外增加。

6. 排污或污染治理,产品成本增加

如缴纳排污费,或开发引进废弃处理技术和设备,以消除污染和废弃物处理等,均可使产品成本增加。该成本主要涉及排污费分摊和排污许可等因素。随着可持续发展战略的深入实施,环境相关法律、法规将不断完善,尤其是一些补偿环境方面的环境税以及排污费将大幅度增加,促使产品成本增加。

总之,在环境业绩改进与提高,提升绿色价值的同时增加了成本。有资料显示,欧盟国家因实行环保、健康和安全措施,企业增加支出超过300亿英镑。因此,环境成本增加,将导致绿色成本增加,必将引起绿色产品价格上涨,客观上也提高了产品的价格。而价格因素又是影响消费者购买的最敏感的因素之一。因此,如何让绿色产品变成"高贵不贵"的产品,进入寻常百姓家,就成为企业最关注的问题。造成绿色产品价格居高不下的主要原因在于它增加了与保护环境和改善环境有关的成本支出。

二、绿色产品需求的影响

(一)需求

需求是在一定的时期,在一既定的价格水平下,消费者愿意并且能够购买的商品数量。

需求显示了随着价格升降而其他因素不变的情况下(ceteris paribus),某个体在每段时间内所愿意买的某货物的数量。在某一价格下,消费者愿意购买的某一货物的总数量称为需求量。在不同价格下,需求量会不同。需求也就是说价格与需求量的关系。若以图像表示,便称为需求曲线。如图7-1。

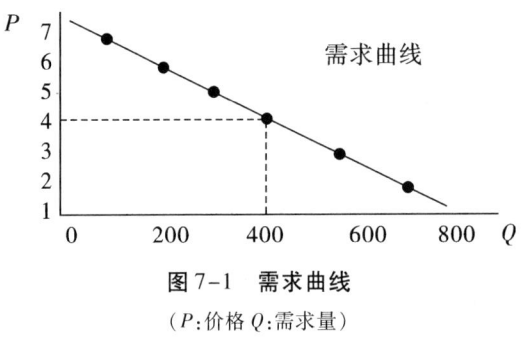

图7-1 需求曲线

(P:价格 Q:需求量)

(二)影响产品市场需求的因素

(1)商品本身的价格。一般而言,商品的价格与需求量呈反方向变动,即价格越高,需求越少,反之则相反。

(2)相关商品的价格。当一种商品本身价格不变,而其他相关商品价格发生变化时,这种商品的需求量也会发生变化。

(3)消费者的收入水平。当消费者的收入提高时,会增加商品的需求量,反之则反。劣等品除外。

(4)消费者的偏好,当消费者对某种商品的偏好程度增强时,该商品的需求量就会增加,相反偏好程度减弱,需求量就会减少。

(5)消费者对未来商品的价格预期,当消费者预期某种商品的价格即将上升时,社会增加对该商品的现期需求量,因为理性的人会在价格上升以前购买产品。反之,就会减少对该商品的预期需求量。

（6）人口规模。

(三) 绿色产品需求价格敏感性因素

由于消费者绿色意识的增强,产生了绿色需求,使消费者对价格的敏感性发生了变化。在经济学理论中,价格敏感度表示为顾客需求弹性函数,即由于价格变动引起的产品需求量的变化。由于市场具有高度的动态性和不确定性,这种量化的数据往往不能直接作为制定营销策略的依据,甚至有时会误导企业的经营策略,而研究消费者的价格消费心理,了解消费者价格敏感度的影响因素,能够使企业在营销活动中掌握更多的主动权,也更具有实际意义。因此,在绿色产品的定价过程中,企业营销人员必须分析绿色产品需求价格敏感性因素,借此制定合理的绿色产品价格。绿色产品需求的价格敏感性因素主要包括以下几个方面：

（1）产品性质。一般来讲,越是对消费者健康或环境关系密切的产品,消费者对其价格敏感性越低,即越不敏感。如：消费者对于绿色食物、绿色家居产品关注度较高,愿意支付更贵的价格进行消费。

（2）绿色企业形象。消费者对于市场上绿色形象深入人心的企业及其产品,往往愿意花更高的价格消费,而且忠诚度较高。

（3）绿色沟通与宣传。企业对于企业与产品的绿色宣传与沟通越到位,消费者对于绿色消费越能理解,也越愿意在此企业或相关产品上进行更多的投入。

（4）消费者素质和收入。一般来讲,消费者素质越高,越是关注环保问题,绿色意识越强,对于绿色产品价格的敏感性越低。消费者收入越高,对于自身健康和环境问题越关注,对价格越不敏感。据有关资料显示：在欧美国家,50%以上的消费者在购买产品时考虑绿色因素,并愿意为之多支付30%～100%的费用。20世纪90年代初有调查：发达国家,75%以上的消费者在购物时会考虑消费品的环境标准。英国曾有调查结果显示：90%的人将环境问题和消费联系起来,并愿意为因产品环境标准而支付额外的费用。中国也有调查显示,我国消费者在价格相同时,愿意购买绿色产品的比重占50%以上,而价格高些仍愿意购买绿色产品的也接近50%。由此说明,消费者对绿色产品价格的敏感性较非绿色产品要低,随着收入提高,这种收入更加明显。

（5）消费者绿色偏好及其程度。一般来讲,消费者绿色偏好程度越深,越注重自身健康与环保,购买产品时越多考虑的是产品的绿色价值,越乐于购买绿色产品。

三、绿色竞争的影响

一般来讲,产品的最高价格取决于该产品的市场需求,最低价格取决于该产品的成本。在最高价格和最低价格之间,企业产品定价,则受竞争影响较大。

(一) 市场竞争

竞争(competition)是个体或群体间力图胜过或压倒对方的心理需要和行为活动。即每个参与者不惜牺牲他人利益,最大限度地获得个人利益的行为,目的在于追求富有吸引力的目标。市场竞争(market competition)是市场经济中同类经济行为主体为着自身利益的考虑,以增强自己的经济实力,排斥同类经济行为主体的相同行为的表现。市场竞争的内在动因在于各个经济行为主体自身的物质利益驱动,以及为丧失自己的物质利益被市场中同类经济行为主体所排挤的担心。

(二)市场竞争状况

市场竞争状况可用市场结构来划分。市场结构划分的依据主要有三个:一是行业内企业数目,二是企业规模,三是产品是否同质。据此可将市场结构分为四种类型:完全竞争、垄断、垄断竞争和寡头垄断。

1. 完全竞争

这种市场被假定为厂商数目众多、厂商所提供的产量相对于市场规模而言只占很小的份额,并且厂商进入和退出自由。在完全竞争市场上,每个厂商面临既定的市场价格,单个厂商的产量变化不会对市场价格造成影响。

其市场特征为:①有极多的买主和卖主,二者之间不必固定买卖关系。②单个买主与卖主之间的交易量同市场全部交易量比起来都很小。③市场上交易的产品或服务都完全一样,没有任何差别。④不存在不确定性和行业秘密。⑤不存在进出障碍。

2. 垄断市场

是只有一家厂商提供所有供给的市场结构。垄断厂商面临着整个市场的向下倾斜的需求曲线,其边际收益曲线位于平均收益曲线之下。这就决定了垄断厂商在产品市场上不仅要决定如何生产和生产多少,而且要决定索要多高的价格。

其市场特征为:①企业数目少。②进入受到限制。③产品属性有差别。④需求曲线向下倾斜,相对无弹性。

3. 垄断竞争

指类似垄断的竞争。垄断竞争市场存在许多卖方,垄断竞争者在市场上竞争,生产有差异的产品,这个市场容易进入。存在许多厂商,以及容易进入使得这个市场看起来是竞争性的。这种市场中的厂商可以使它的产品具有独特属性的能力,这是这种市场区别于完全竞争市场的地方。每个企业通过使自己的商品有差异来产生它自己的个人垄断。如果它能使自己的商品足够与众不同,它就能成为唯一的卖方,并具有垄断者的市场能力。在垄断竞争市场缺乏进入壁垒,限制了单个企业的市场力量。

其市场特征为:①企业数目若干或很多。②进入不受限制。③产品有差别。④企业对价格有一定的控制能力。

4. 寡头垄断

指一个市场只有少数几个卖方,通常受到进入壁垒的保护,产品或是标准化的或是有差异的。向其他企业出售资本品的厂商通常生产的是标准化商品。一般只有少数几个生产厂商生产这种产品。更一般的,寡头垄断的厂商向消费者出售差异化的商品。大量的广告诱导消费者相信很多商品是有重要差别的。

其市场特征为:①数目只有一个。②进入受到限制或完全受阻。③产品独一无二。④企业对价格有着强大的控制力。

(三)基本竞争战略

基本竞争战略是由美国哈佛商学院著名的战略管理学家迈克尔·波特提出。

基本竞争战略有三种:成本领先战略、差异化战略、集中战略。企业必须从这三种战略中选择一种,作为其主导战略。要么把成本控制到比竞争者更低的程度;要么在企业产品和服务中形成与众不同的特色,让顾客感觉到你提供了比其他竞争者更多的价值;要么企业致力于服务于某一特定的市场细分、某一特定的产品种类或某一特定的地理范围。这三种战略架构上差异很大,成功地实施它们需要不同的资源和技能,由于企业文化混乱、组织安排缺失、激励机制冲突,夹在中间的企业还可能因此而遭受更大的损失。

1. 成本领先战略

成本领先战略也称为低成本战略,是指企业通过有效途径降低成本,使企业的全部成本低于竞争对手的成本甚至是在同行业中最低的成本,从而获取竞争优势的一种战略。

2. 差异化战略

所谓差异化战略,是指为使企业产品与竞争对手产品有明显的区别,形成与众不同的特点而采取的一种战略。这种战略的核心是取得某种对顾客有价值的独特性。企业要突出自己产品与竞争对手之间的差异性,主要有四种基本的途径:

(1)产品差异化战略。产品差异化的主要因素有:特征、工作性能、一致性、耐用性、可靠性、易修理性、式样和设计。

(2)服务差异化战略。服务的差异化主要包括送货、安装、顾客培训、咨询服务等因素。

(3)人事差异化战略。训练有素的员工应能体现出下面的六个特征:胜任、礼貌、可信、可靠、反应敏捷、善于交流。

(4)形象差异化战略。

3. 集中化战略

集中化战略也称为聚焦战略,是指企业或事业部的经营活动集中于某一特定的购买者集团、产品线的某一部分或某一地域市场上的一种战略。这种战略的核心是瞄准某个特定的用户群体,某种细分的产品线或某个细分市场。具体来说,集中化战略可以分为产品线集中化战略、顾客集中化战略、地区集中化战略、低占有率集中化战略。

综合上述分析,竞争因素影响绿色企业产品的定价归根结底来源于绿色产品市场竞争中的市场结构类型以及绿色企业运用的基本竞争战略模式。

四、其他影响因素

影响绿色产品定价的因素除了成本、需求、竞争外还会受到其他因素的影响,具体包括社会经济发展状况、消费观念、消费者收入、国家的政策法规、关税壁垒等。

第三节　绿色产品定价方法

绿色产品定价方法可以从它的影响因素考虑,主要有三大类型,即绿色成本导向定价法、绿色需求导向定价法、绿色竞争导向定价法。

一、绿色成本导向定价法

绿色成本导向定价法,就是企业在定价时,以绿色企业成本为中心,首先考虑收回绿色产品生产经营投入的全部成本,在此基础上获得一定的利润。绿色成本导向定价法可采用成本加成定价法、目标收益定价法。

(一) 成本加成定价法

1. 成本加成定价法的定义与计算

成本加成定价法是按产品单位成本加上一定比例的利润制定产品价格的方法。大多数企业是按成本利润率来确定所加利润的大小的。即:价格＝单位成本(1＋成本利润率),完全成本加成定价法是企业较常用的定价方法。其计算步骤如下:

第一步:估计单位产品的变动成本(如直接材料费,直接人工费等)。

第二步:估计固定费用,然后按照预期产量分摊到单位产品上去,加上单位变动成本,求出全部成本;

第三步:在全部成本上加上按目标利润率计算的利润额,即得出价格。

2. 成本加成定价法的优缺点

(1) 优点:

1) 计算方法简便易行,资料容易取得。

2) 根据完全成本定价,能够保证企业所耗费的全部成本得到补偿,并在正常情况下能获得一定的利润。

3) 有利于保持价格的稳定。当消费者需求量增大时,按此方法定价,产品价格不会提高,而固定的加成,也使企业获得较稳定的利润。

4) 同一行业的各企业如果都采用完全成本加成定价,只要加成比例接近,所制定的价格也将接近,可以减少或避免价格竞争。

但是,完全成本加成定价法是典型的生产者导向定价法。现代市场需求瞬息万变,竞争激烈,产品花色品种日益增多。只有那些以消费者为中心,不断满足消费者需求的产品,才有可能在市场上站住脚。因此,完全成本加成定价法在市场经济中也有其明显不足之处。

(2)缺点

1)完全成本加成法忽视了产品需求弹性的变化。不同的产品在同一时期,同一的产品在不同时期(产品生命周期不同阶段),同一的产品在不同的市场,其需求弹性都不相同。因此产品价格在完全成本的基础上,加上一固定的加成比例,不能适应迅速变化的市场要求,缺乏应有的竞争能力。

2)以完全成本作为定价基础缺乏灵活性,在有些情况下容易做出错误的决策。

3)不利于企业降低产品成本。

为了克服完全成本加成定价法的不足之处,企业可按产品的需求价格弹性的大小来确定成本加成比例。由于成本加成比例确定得恰当与否,价格确定得恰当与否依赖于需求价格弹性估计的准确程度。这就迫使企业必须密切注视市场,只有通过对市场进行大量的调查、详细的分析,才能估计出较准确的需求价格弹性来,从而制定出正确的产品价格,增强企业在市场中的竞争能力,增加企业的利润。

(二)目标收益定价法

1. 目标收益定价法的定义与计算步骤

目标收益定价法又称目标利润定价法,或投资收益率定价法。它是在成本的基础上,按照目标收益率的高低计算的方法。

其计算步骤如下:

(1)确定目标收益率。目标收益率可表现为投资收益率、成本利润率、销售利润率、资金利润率等多种不同方式。

(2)确定目标利润。由于目标收益率的表现形式的多样性,目标利润的计算也不同,其计算公式为:

$$目标利润 = 总投资额 \times 目标投资利润率$$
$$目标利润 = 总成本 \times 目标成本利润率$$
$$目标利润 = 销售收入 \times 目标销售利润率$$
$$目标利润 = 资金平均占用率 \times 目标资金利润率$$

(3)计算售价。

$$售价 = (总成本 + 目标利润) / 预计销售量$$

2. 目标收益定价法的优缺点

优点:可以保证企业既定目标利润的实现。一般用于在市场上具有一定影响力的企业、市场占有率较高或具有垄断性质的企业。

缺点:只从卖方的利益出发,没有考虑竞争因素和市场需求的情况。

二、绿色需求导向定价法

绿色需求导向定价法,是从目标市场绿色需求出发来确定价格。绿色需求导向定价法有三种定价方法:绿色认知价值定价法,绿色需求差别定价法,绿色消费心理定价法。

(一)绿色认知价值定价法

1. 绿色认知价值定价法的定义与计算

顾客认知价值(customer perceived value,CPV)是指企业让渡给顾客,且能让顾客感受到的实际价值。

绿色认知价值定价法(green perceived-value pricing method),又叫觉察价值定价法,也称"感受价值定价法""理解价值定价法",是根据消费者所理解的某种商品的价值,或者说是消费者对产品价值的认识程度来确定产品价格的一种定价方法。

越来越多的企业已经开始把它们的价格建立在消费者对产品的认知价值上,因为随着科技的迅速发展,生产力得到了大幅度的提高,许多产品定价的关键,不再只是单纯地去考虑卖方的成本,还要注重买方对所需产品的价值认知程度。

认知价值定价法的定价步骤如下:

(1)确定消费者认知价值,决定商品的初始价格。

(2)预测在初始价格下的商品的销量。

(3)预测目标成本,即由销量算出生产量、投资额及单位成本。

(4)把目标成本与实际成本相比较,计算能否达到预期利润。

由于认知价值定价是根据"绿色营销组合"策略中的非价格变量在购买者心目中建立起来的认知价值来确定产品价格,尤其适合绿色产品价格的确定。因为,绿色消费是高品质消费,更适合绿色产品定位思想,也能给企业带来最大限度的利润。有关调查结果显示,相当一部分消费者愿意为绿色产品多付一部分差价。

2. 绿色企业运用认知价值定价方法,应该注意的问题

(1)弱化消费者对绿色产品比普通产品高的敏感度。

(2)配合企业绿色促销及其他绿色营销活动,以促进绿色营销目标的实现。

(3)使用非价格竞争手段,提高人性化服务意识和内容。

(4)增加价格的可信程度,如强化产品品质及其影响因素的可信度,力所能及地实现价格透明化。

(5)致力于提高产品性能价格比。

(6)积极寻求降低绿色成本的办法。

(7)树立长远或大局观念,通过薄利多销,低价抢占绿色市场,赢得企业的可持续发展。

(二)绿色消费心理定价法

1. 心理定价法的定义

心理定价法是根据每一件产品都能满足消费者某一方面的需求,其价值与消费者的心理感受有着很大的关系。这就为心理定价策略的运用提供了基础,使得企业在定价时可以利用消费者心理因素,有意识地将产品价格定得高些或低些,以满足消费者生理的和心理的、物质的和精神的多方面需求,通过消费者对企业产品的偏爱或忠诚,扩大市场销售,获得最大效益。

2. 心理定价法的形式

(1)尾数定价策略。尾数定价,也称零头定价或缺额定价,即给产品定一个零头数结尾的非整数价格。大多数消费者在购买产品时,尤其是购买一般的日用消费品时,乐于接受尾数价格。如0.99元、9.98元等。消费者会认为这种价格经过精确计算,购买不会吃亏,从而产生信任感。同时,价格虽离整数仅相差几分或几角钱,但给人一种低一位数的感觉,符合消费者求廉的心理愿望。这种策略通常适用于基本生活用品。

(2)整数定价策略。整数定价与尾数定价正好相反,企业有意将产品价格定为整数,以显示产品具有一定质量。整数定价多用于价格较贵的耐用品或礼品,以及消费者不太了解的产品,对于价格较贵的高档产品,顾客对质量较为重视,往往把价格高低作为衡量产品质量的标准之一,容易产生"一分价钱一分货"的感觉,从而有利于销售。

(3)声望定价策略。声望定价即针对消费者"便宜无好货、价高质必优"的心理,对在消费者心目中享有一定声望,具有较高信誉的产品制定高价。不少高级名牌产品和稀缺产品,如豪华轿车、高档手表、名牌时装、名人字画、珠宝古董等,在消费者心目中享有极高的声望价值。购买这些产品的人,往往不在乎产品价格,而最关心的是产品能否显示其身份和地位,价格越高,心理满足的程度也就越大。

(4)习惯定价策略。有些产品在长期的市场交换过程中已经形成了为消费者所适应的价格,成为习惯价格。企业对这类产品定价时要充分考虑消费者的习惯倾向,采用"习惯成自然"的定价策略。对消费者已经习惯了的价格,不宜轻易变动。降低价格会使消费者怀疑产品质量是否有问题;提高价格会使消费者产生不满情绪,导致购买的转移。在不得不需要提价时,应采取改换包装或品牌等措施,从而减少消费者的抵触心理,并引导消费者逐步形成新的习惯价格。

(5)招徕定价策略。这是适应消费者"求廉"的心理,将产品价格定得低于一般市价,个别的甚至低于成本,以吸引顾客、扩大销售的一种定价策略。采用这种策略,虽然几种低价产品不赚钱,甚至亏本,但从总的经济效益看,由于低价产品带动了其他产品的销售,企业还是有利可图的。

三、绿色竞争导向定价法

绿色竞争导向定价法是指企业为了应付市场竞争的需要而采取的特殊定价方法。绿色竞争导向定价法有三种方法:随行就市定价法、密封投标定价法、低价倾销定价法。

(一)随行就市定价法

1. 随行就市定价法的定义

随行就市定价法这种"随大流"的定价方法,主要适用于需求弹性比较小或供求基本平衡的商品,如大米、面粉、食用油以及某些日常用品。这种情况下,如果某企业把价格定高了,就会失去顾客;而把价格定低了,需求和利润也不会增加。所以,随行就市是一种较为稳妥的定价方法,也是竞争导向定价方法中广为流行的一种。

2. 随行就市定价法的形式

随行就市定价法定价的具体形式有两种:一种是随同行业中处于领先地位的大企业价格的波动而同水平波动;另一种是随同行业产品平均价格水准的波动而同水平波动。在竞争激烈、市场供求复杂的情况下,单个企业难以了解消费者和竞争者对价格变化的反应,采用随行就市的定价方法能为企业节省调研费用,而且可以避免贸然变价所带来的风险;各行业价格保持一致也易于同行竞争者之间和平共处,避免价格战和竞争者之间的报复,也有利于在和谐的气氛中促进整个行业的稳定发展。

采用这种方法既可以追随市场领先者定价,也可以采用市场的一般价格水平定价。这要视企业产品的特征,及其产品的市场差异性而定。比如,在类似于完全竞争的市场上,企业只能按既定价格出售商品,而毫无控价能力。此时,企业多采用随行就市定价法,即将自己的价格始终与市场价格水平保持一致,并通过数量调整的方式来追逐市场价格的变化,通过降低流通费用来获得必要的利润。

一些小型企业多采取随行就市定价法。它们变动自己的价格,与其说是根据自己的需求变化或成本变化,不如说是依据市场领导者的价格变动。有些企业可以支付一些微小的赠品或微小的折扣,但是它们保持的是适量的差异。

(二) 密封投标定价法

1. 密封投标定价法的定义

密封投标定价法主要用于投标交易方式,如建筑施工、工程设计、设备制造、政府采购、科研课题等需要投标以取得承包合同的项目。美国政府于1809年通过立法采用密封投标的方式进行公开竞争采购,此后这一方式成为美国政府采购的基本方式。其基本原理是:招标者(买方)首先发出招标信息,说明招标内容和具体要求。参加投标的企业(卖方)在规定期间内密封报价来参与竞争。其中,密封价格就是投标者愿意承担的价格。这个价格主要考虑竞争者的报价研究决定,而不能只看本企业的成本。在投标中,报价的目的是中标,所以报价要力求低于竞争者。

密封投标定价法步骤如下:

(1) 企业估算此次竞标的标的物的成本,依据成本利润率计算出企业可能盈利的各个价格水平,确定几个备选的投标价格方案,并计算各方案收益。

(2) 估计各个竞标对手的情况和可能的报价,估计出各方案的中标概率。

(3) 根据每个方案可能的收益和中标概率,计算每个方案的期望利润。

$$每个方案的利润期望值 = 每个方案可能的收益 \times 中标概率(\%)$$

(4) 根据企业的投标目的来选择投标方案。

运用这种方法,最大的困难在于估计中标概率。主要的方法有一般对手法和具体对手法。首先要尽可能多地收集投标项目和竞标对手的信息,通过对中标概率的历史数据的统计分析,估算竞标对手高于某一价格的概率,计算本公司赢得标的的概率。

（三）低价倾销定价法

低价倾销行为是指经营者以排挤竞争对手为目的，以低于成本的价格销售商品。低价倾销违背企业生存原理及价值规律，在市场竞争中往往引发价格大战、中小企业纷纷倒闭等恶性竞争事件，甚至导致全行业萎缩的严重后果。1998 年，上海市场牛奶经销商为争夺市场低价倾销，造成行业亏本经营、不堪支撑就是明证。后由政府有关部门依法出面干预，才使牛奶市场竞争秩序重新走上正轨。为了防患于未然，反不正当竞争法及价格法都禁止经营者为打击竞争对手而以低于成本价销售商品。

《反不正当竞争法》第 11 条规定，经营者不得以排挤竞争对手为目的，以低于成本的价格销售商品。《价格法》第 14 条规定，经营者不得为排挤竞争对手或独占市场，以低于成本的价格倾销，扰乱正常的生产经营秩序，损害国家利益或者其他经营者的合法权益。如果因特殊原因而低于成本价格销售商品，则不构成低价倾销行为。对此，《反不正当竞争法》第 11 条列举了四种除外情况：①销售鲜活商品；②处理有效期限即将到期的商品或者其他积压的商品；③季节性降价；④因清偿债务、转产、歇业降价销售商品。

低价倾销的行为要点如下：

（1）行为的主体是经营者，而且在绝大多数情况下，是大型企业或在特定市场上具有经营优势地位的企业。

（2）经营者客观上实施了低价倾销行为。这里的低价倾销，如上所述，是指以低于成本价格销售商品。在国际贸易中，构成倾销并非以低于成本价为条件，这一点不同于我国的反不正当竞争法的规定。

（3）经营者低价倾销行为的目的是排挤竞争对手，以便独占市场。因此，并非一时就某一种商品低于成本价格销售，而是较长时间以较大的市场投放量低价倾销。有些国家在其制止不正当竞争的法律中，明确规定连续一段时间大量低价倾销，才构成不正当竞争行为。我国反不正当竞争法尚无此类定量的技术性规定。

第四节　企业绿色营销中常见定价策略

企业从事绿色营销时，应根据目标市场消费者需求情况、产品成本、竞争状况等因素及其变化趋势，采取相应定价策略，以适应企业的营销目标。

一、绿色产品新产品定价策略

企业推出新产品时，必定会考虑给产品定价，这是新产品开发过程中的一个重要环节。价格策略的正确与否关系到新产品上市的成功与否，它是产品推广的一个重要决策内容。新产品定价策略一般分为撇脂定价、渗透定价和满意定价三种。撇脂定价指新产品一投入市场就以尽可能高的价格销售,以迅速赚取利润收回投资。渗透定价与撇脂定价刚好相反,指新产品投入市场时以较低价格销售,力争获得尽可能多的销售量和较大的市场份额,以便尽快地占领市场。满意定价则是介于撇脂定价和渗透定价之间的一种适度定价方法。绿色产品可视为新产品。当某种绿色产品第一次投入市场,或者第一次进入一个新的市场,或者企业通过技术创新开发的绿色产品都可视为新产品。绿色产品也可根据情况分别采取撇脂定价、渗透定价、满意定价。

(一)绿色产品的撇脂定价策略

这种方法是指绿色产品投入市场时,采取尽可能高的价格策略,以尽快收回绿色成本,并获得相应利润。这种定价策略适用条件是:

第一,产品有鲜明的绿色特色。例如,企业通过技术攻关开发出无毒、无害、安全、健康、天然的绿色产品,就可通过强调其鲜明的绿色特色。

第二,面对的是一个绿色消费意识浓厚的市场,对价格不是较敏感。

第三,其绿色工艺受专利保护是撇脂定价策略实施的最有利条件。

(二)绿色产品的渗透定价策略

当绿色产品投入市场时,也可采用渗透定价策略,即以相对较低的价格,吸引较多的顾客,提高市场占有率。这种定价策略适用的条件是:

第一,该种绿色产品的潜在顾客较多,市场较大,这种潜在需求,将随着绿色市场的培育转变为现实需求。

第二,绿色企业的这种产品的生产成本和经营费用会随着生产经营经验的累积而下降,即可取得成本效应(costeffect)。

第三,随着销量的增加,市场占有率的扩大,单位产品成本会下降,即取得规模经济效果。

第四,采取渗透定价的绿色产品的市场需求一般对价格较为敏感,低价能够刺激购买,唤起绿色消费意识。从这个意义上讲,渗透定价好比长程投资,只有绿色市场完全形成后,才能收回绿色投资,并获得相应利润。

第五,渗透定价要有一个比较好的竞争环境,即低价不会引起竞争强化的威胁。

二、绿色产品组合定价策略

所谓产品组合,是指企业所生产或销售的全部产品线、产品项目的组合。所谓产品线是指一组密切相关的产品,又称产品系列或产品类别。产品项目是指在同一产品线或产品系列下不同型号、规格、款式、颜色的产品。在绿色营销中,为减少资源浪费、提高资源利用率,要实施资源的综合利用。对于具有多种用途的自然资源,如矿产资源中的共生矿、伴生矿,需要进行综合开发、综合加工,不能进行单一的某种资源的开发而把其他资源作为废物摒弃。同时,对于生产和生活中排放环境中的废物,也要加以利用,提高废旧物资的回收、综合利用率,变废为宝。这必然要求企业改变产品结构,即产品组合。这同可持续发展要求建立与合理消费结构相适应的产品结构是一致的。产品结构的改变，要求企业实施绿色产品组合定价策略。传统上的产品组合定价包括两种：产品线定价和单一价格定价。

产品线定价策略的方法如下：企业生产的存在需求和成本的内在关联性的产品线，在定价时，首先，确定一个最低价，在产品线中充当领袖价格，吸引消费者购买产品线中的其他产品；其次，确定产品线中某种产品的最高价格，它在产品线中充当品牌质量和收回投资的角色；最后，产品线中的其他产品依据其在产品线中的角色不同而制定不同价格。

单一价格定价策略是指企业销售品种较多而成本差距不大的商品时，为了方便顾客挑选和内部管理的需要，企业所销售的全部产品实行单一价格。绿色产品组合定价策略不同于传统上的产品组合定价策略。

绿色产品组合定价策略，是根据绿色产品的需求、绿色产品生产成本和绿色产品生产资源利用三方面的内在关联性实施定价的一种策略。一般来讲，有强烈需求的绿色产品，如健康、安全、无毒、无害的产品，制定比较高的价格，而对为提高资源利用率的副产品，或为减少环境压力，在生产满足需求的产品过程中所产生废物回收利用形成的产品则实施低价，甚至低于成本的价格策略。可见，绿色产品组合定价策略，实际上是发挥价格的调节作用，建立合理的消费结构，从而减少资源消耗、保护环境，贯彻绿色营销观念，协调企业、消费者和生态环境关系，达到企业持续经营的目的。传统产品组合定价的依据是产品系列的需求和成本的内在关联性，没有考虑生态环境问题。

三、绿色产品差别定价策略

这种定价策略又称价格歧视，是指根据消费者需求强度和对某种绿色产品的了解程度采用不同价格，而这种产品的成本相同，也就是说，绿色产品的利润因不同消费群体而有差异。企业在进行国际市场营销时，可采用绿色产品差别定价策略。由于不同国家社会经济发达程度差异较大，人们受教育程度和水平差异较大，收入差别较大，企业因针对不同国际市场的细分市场采取不同价格，这样既扩大销售，又保证一定利润。例如，绿色产品在英国、法国、美国等发达国家可以制定高价，而在一些发展中国家则可采取低价等策略。对绿色产品实施差别定价需注意：过高的价格可能影响其竞争力，过低价格可能引起低价竞销和违法，要对目标市场的营销环境进行分析、评价。

四、绿色产品竞争定价策略

竞争定价，是根据竞争对手的产品来确定自己产品的价格，尤其是在供应者相对稀少的情况下采用这种定价方法。竞争定价法，虽然也考虑产品的成本、需求等，但主要依据乃是竞争产品价格。绿色产品也可采用竞争定价策略，即根据市场上相同或相似的绿色产品价格水平来定价的策略。

绿色产品竞争定价策略的应用有其特殊意义：①竞争者之间通过维持相同或相似的价格可以发展和壮大某些绿色产业，特别是投资比较大、利润比较低、见效比较慢、比较脆弱的绿色产业，如生态农业等。②对于整个社会福利有重大作用，而经济效益差的某些产业，比如环保产业，竞争者之间可采取战略联盟，并采取相同的价格策略，以避免价格战，损坏整个产业。③对于某些生产资源比较稀缺的产业，竞争者之间应签订价格协议，以限制需求，控制供应，维持产业的长期发展。

五、绿色产品的认知价值定价策略

绿色产品的认知价值定价策略，就是把价格变量与其他营销组合变量协调起来，从而达到增加销售的目的。通过绿色产品的定位、绿色产品的质量、绿色产品的促销，以及企业绿色形象的塑造，在消费者心目中建立独特的认知价值，在根据消费者认知价值确定相应价格。认知价值定价的关键是协调营销组合的价格要素和非价格要素，保持二者高度的一致性。这首先要使顾客期望值与产品体验价值一致，即在绿色促销中，所传达的好处要与产品体验价值保持一致，这样才会让顾客满意。其次，产品定价与顾客认知价值一致，这样才会让顾客觉得物有所值。

第八章 绿色产品分销渠道策略

分销渠道决策一向是所有市场营销决策中最困难、最富有挑战性的决策之一。这是因为,分销决策是众多营销组合中,最需要其他部门和组织配合才能有效实施和完成的决策,而且分销渠道一旦确定,要改变它将十分困难。所以,对许多行业和企业来讲,分销决策常常是非常小心谨慎的。由于绿色产品的特殊性,其分销渠道有自己的特点,在选择绿色产品的分销渠道时,要考虑的因素、选择策略及其管理也与一般产品有所不同。通过本章的学习,学生应在熟悉绿色产品分销渠道的类型与特点的基础上,掌握绿色产品分销渠道选择的基本策略,并懂得如何有效管理绿色产品分销渠道。

第一节 绿色产品分销渠道概论

一、绿色产品分销渠道的含义及意义

(一)绿色产品分销渠道的含义

绿色产品分销渠道是绿色产品从生产者转移到消费者所经过的通道,是指绿色产品从生产者手中转移到消费者手中所经过的由众多执行不同职能、具有不同名称的各中间商连接起来的通道。

(二)绿色产品分销渠道的意义

绿色产品分销渠道作为销售渠道,首先具有销售渠道的一般功能,发挥着销售渠道的一般作用。同时,作为一类特殊的销售渠道,绿色产品分销渠道又具有特殊的功能,发挥着特殊的作用。建立绿色产品分销渠道具有十分重要的意义。

(1)绿色产品分销渠道是绿色生产企业生产的绿色产品能最终实现的必要条件。在市场经济条件下,任何企业生产的产品均不是为了自己消费,而是为了销售以实现其价值。绿色产品也不例外。产品不会自己跑到市场上去,需要有专门的媒介从事商品流通。绿色产品分销渠道具有媒介绿色产品从生产者到消费者的流通功能。正是通过这

些绿色中间机构的经营活动,绿色产品的生产企业才能完成其营销过程,才得以实现在适当的时间,按适当的价格与数量,将绿色产品送达适当地点的目标消费者手中。只有这样,绿色生产企业的绿色再生产活动才能得以继续。

(2) 绿色产品分销渠道是消费者的绿色需要能有效满足的有力保证。消费者的绿色需要只有通过购买、消费绿色产品或服务才能真正得到满足。绿色产品分销渠道通过发挥其各种渠道效用,使消费者的绿色需要更好的实现。一是地点效用,即绿色产品分销渠道通过营销网络和销售点的合理设置和布局,以及对绿色产品的运输装卸,解决绿色产品生产与消费在空间上的背离,使顾客能在方便的地点购买到自己需要的绿色产品。二是时间效用,即绿色产品分销渠道通过对绿色产品的存储保管,以及营业时间的合理安排,解决绿色产品市场与消费在时间上的背离,随时满足顾客获取绿色产品或服务的要求。三是形态效用,即绿色产品分销渠道通过产品分类、包装、再加工、准备和保管,解决绿色产品生产与消费之间在数量、品种、规格等方面的背离,使顾客能买到称心如意的商品。四是信息效用,即绿色产品分销渠道通过各种手段和途径向消费者和社会传递绿色产品及其营销的各种信息,解决绿色产品市场、经营与消费之间在信息方面的背离,使消费者和顾客能及时正确地了解、掌握相关的信息,从而做出正确地购买决策,并指导消费者进行绿色消费。

(3) 绿色产品分销渠道是促进社会经济可持续发展的重要环节。社会经济是一个巨大的系统,是一个大大小小功能各异的分系统、子系统和生产、交换、分配、消费等各个环节组成的有机统一系统。社会经济的可持续发展有赖于各个分系统、子系统和经济活动的各个环节均符合可持续发展的要求。光有生产企业和生产过程的可持续发展,而没有流通企业和流通过程的可持续发展,根本谈不上社会经济的可持续发展。这也是我们在阐述绿色产品分销渠道的内涵时强调作为绿色产品分销渠道,除了必须媒介绿色产品流通以外,渠道本身也必须是绿色组织的原因所在。事实上,产品流通作为一种经济活动,本身也是一种投入产出的过程,需要消耗大量的资源,并产生大量的废弃物。如果不遵循可持续发展的原则,流通过程就必然成为大量浪费宝贵的资源并造成环境污染的危害可持续发展的过程。所以,建立绿色产品分销渠道,变传统渠道为绿色产品分销渠道对社会经济的可持续发展具有十分重要的意义。

(4) 实施绿色产品分销渠道策略是绿色营销的不可缺少的组成部分。绿色营销是一个统一整体,它要求整个营销过程均符合可持续发展的要求。交换是市场营销的核心,销售过程是市场营销过程中的关键环节。在营销因素组合中,绿色产品分销渠道策略也是十分重要的组成部分。

(三) 绿色产品分销渠道的模式

1. 直接渠道

指没有中间商参与,产品由生产者直接零售给消费者的渠道类型。直销方式使消费者与生产者直接接触,最大限度地确保绿色产品的品质,包括上门推销、邮购、电话电视销售、计算机联网销售和生产商自设商店等。其中上门推销、邮购和新兴的电视电话、计算机联网销售对于越来越追求节省时间和便利的消费者来讲,应该是非常重要的分销形式。

2. 间接渠道

指产品经由中间商销售给消费者。绿色中间商主要包括绿色商店和绿色专柜。绿色商店和绿色专柜市场覆盖面大,可以满足更大的市场需求。

3. 后向渠道

产品和服务从消费者流向生产者。企业利用后向渠道主要表现在折价回收本企业以前的旧产品和回收包装方面。企业回收其售后产品之后进一步进行改造,增加附加价值,挖掘产品的潜在价值。目前已有一些中间商在后向渠道中扮演重要的角色,包括制造商的回收中心、专业废品收购企业等。

(四)绿色产品分销渠道的特点

绿色营销渠道具有一般分销渠道的所有特点,也具有一定的绿色标志。绿色营销渠道的起点是制造绿色商品的生产厂商、中间商或代理人具有很强的绿色观念,最终消费者为绿色消费者。所以选择绿色营销渠道跟选择分销渠道基本模式一样,只是多了一层"绿色意识"。一般来说,绿色产品因生产成本较高,其价格已高于一般同类产品,所以要尽量使营销渠道扁平而高效。绿色产品分销渠道总和考虑绿色与传统渠道的需求,在设计上主要体现下面一些特点:

(1)一体化。考虑到绿色产品生产与消费的特殊性,其分销渠道具有产销一体化和国内外一体化的特点,即考虑到绿色产品生产与流通全过程的特殊要求,要使生产与销售有机结合,尤其是要做到售前的宣传推广、售中的使用咨询及售后的配套服务相结合。这样,一方面有利于减少中间环节,降低绿色产品的成本和销售价格,满足更多消费者的要求;另一方面也能更好地适应绿色产品在种植、加工制作、包装、运输、储存保管、使用等环节和技术上的严格性和标准化要求。同时,考虑到绿色产品的国际化需要,尤其是国际标准化组织所推行的ISO14000环境管理标准及其体系等的要求,要全面实行绿色产品生产、分销系统的国内外一体化。

(2)专门化与大众化相结合。与一般产品相比,绿色产品在包装、储运、销售、定价、消费使用等方面都具有独特的要求。如绿色食品对包装的要求就极其严格,包括对包装材料的选择,对包装上印制的广告与使用说明,对消费后包装垃圾的处理等都应该有具体明确的规定和要求;在储运过程中需严格避免因运输设施、装运条件等的不恰当和不完善而导致的"二次污染"。因此,绿色产品在分销过程中要求有相对独立而专门的分销渠道及其网络。但绿色产品又是用来满足人们日常生活的消费品,其分销过程又需要达到便民、利民的要求,所以,绿色产品的分销渠道又具有大众化的特点。

(3)层次化与针对性。由于目前绿色产品的生产规模、水平与投入等方面的原因,绿色产品的生产、销售成本相对比较高,因此绿色产品的市场定位是高层次的,具有较强的针对性。虽然从发展的角度看,绿色产品将逐渐进入一般家庭,但受消费观念与经济水平的限制,还将存在一定的时间间隔。考虑到这一点,在分销网点的构架与安排上,既要注意满足典型目标顾客的要求,又要兼顾不同层次顾客的需求。如在分销点的安排上,可以以组建绿色产品专柜或绿色产品连锁店为主,同时,积极进入一般超级市场和商场。

第二节　绿色产品分销渠道的选择策略

一、影响绿色产品分销渠道选择的因素

企业在绿色产品分销渠道选择时既有双向选择的问题,也有受有关绿色产品本身特点、消费需求特性、宏微观环境等因素的影响和制约的问题。

(一)产品的特性

绿色产品有不同类型,既有大小之分,也有物理化学性能之别。一般而言,鲜活易腐产品应采用最直接的分销渠道;体积大、分量重、技术性强的专用产品也适于尽可能短的分销渠道;许多绿色产品由于单价高,加上不少产品在短时间内还难以为市场所接受,或者市场需求尚不稳定时,通常要由绿色产品生产企业自己派人直接从事推销和市场开拓活动。

(二)消费者的市场需求

从市场需求特性来看,绿色品市场既有个人消费者市场分散、购买频繁,要求就近方便的特点,也有产业市场购买批量大而集中,希望与供货厂家直接交易的特点。因此,对前者可考虑采用较长一些的分销渠道,如通过批发——零售或者是代理——零售等渠道类型来完成;而对后者,则可考虑利用较短的渠道甚至直接渠道类型来组织分销。

(三)市场环境

从宏观环境特性方面考虑,宏观环境、经济形势和有关的政策法规对绿色产品的分销渠道选择有较大的制约作用。如在经济不景气时期,消费者就比较容易青睐低价格产品,更希望通过便利店或廉价市场购买产品,对专卖的高价格绿色产品可能会置之不理。同时生产企业的策略重点也只能是控制和降低产品的最终价格,尽量减少流通环节,以避免非必要的加价。

(四)国内外政策法规

绿色产品分销渠道的选择,还要受国内外有关的政策法规标准的影响和制约。绿色产品的生产与流通乃至消费,许多国家及有关的国际组织都制定了法规、制度和标准,如ISO14000国际环境管理标准体系和各国有关的环境保护法规等都提出了对绿色产品的包装、储运、使用、处理等方面的要求,这无疑会影响到企业对分销渠道的选择和利用。

(五)竞争者

在绿色产品分销渠道的设计时,还需要考虑竞争者对渠道策略的反应。任何企业在

目标市场上进行营销活动时,不可避免地会遇到竞争对手的挑战,而且竞争对手的营销策略及活动的变化会直接因此影响企业营销的效果。如果你的竞争对手已经在目标市场上批发或零售渠道非常完善,市场认可度极高,将意味你所在的企业在背景下选择批发或零售渠道时就需花更多的精力,才能产生效果。所以,绿色企业在渠道设计时必须提前调查竞争对手的渠道现状,预测竞争对手未来有可能采取的渠道手段,才能更好地发挥渠道设计的效果。

(六)企业本身的实力

如果企业的声誉高、财力雄厚,具有良好的营销管理技能和经验,在选择分销渠道方面就有更大的主动权,甚至在必要时有可能建立自己的分销渠道,而这种渠道相应就会"短而窄"。相反,如果企业知名度低,资金紧张,又缺乏营销管理技能和经验,在选择分销渠道上就会处于被动的境地。这时企业对分销渠道的控制要求就会降低,从而选择间接的渠道。

(七)企业的其他营销策略

企业营销策略是一个整体,渠道的选择还将受制于其他方面的营销策略,如:企业绿色产品的组合状况就会影响其绿色产品分销渠道的选择。例如一家生产绿色环保油品的跨国企业,打算在全球范围内为用户提供服务,它就有必要建立覆盖全球的众多分销网点及广泛的油品储存点,或者提供更便捷的运输工具等。

二、绿色产品渠道的选择策略

绿色产品分销渠道一旦建立便难以轻易变动,因而绿色产品分销渠道的选择就必须十分慎重。渠道选择主要考虑三方面的内容,即确定分销渠道(中间商)类型、所需中间商数目以及渠道成员的权利和责任。

(一)确定分销渠道类型

即确定渠道模式或渠道长度。绿色产品生产企业首先要确定它可以利用的分销渠道(中间商)类型。根据目标顾客需求特点、制约因素、现有中间商情况及企业战略目标的要求,同时参考其他同类产品经营者的经验,决定采用什么样的分销渠道类型:是直接销售还是间接分销?是利用一层渠道还是两层渠道?是利用经销商还是委托代理商?作为绿色产品生产企业,既可以沿用本行业其他企业采用的传统渠道模式,也可以创新渠道或同时采用多种渠道模式。比如绿色食品既可以通过传统的食品副食品商店销售,也可以通过超级市场、便民连锁店等新型渠道来销售,这样不仅扩大了绿色食品的销售,也增大了市场的影响力。

(二)确定中间商数目

绿色产品生产企业必须决定在每一渠道层次利用中间商的数目,即决定渠道宽度。一般而言,有三种策略可供选择:密集分销、选择分销和独家分销。

1. 密集分销

即绿色产品生产企业尽可能通过更多的批发商、零售商等为其推销产品。这种宽渠道分销策略的重心是谋求扩大市场占有率或加速进入一个新市场。在特别关注绿色产品的空间便利性和要获得最大限度的品牌显露时,包括作为绿色消费品中的便利品和工业用品中的通用设备,都可以采用这种宽渠道的密集分销。

2. 选择分销

即绿色产品生产企业在某一地区挑选几个最合适的中间商来推销其产品。这一策略的重心是稳定市场竞争地位和维护本企业产品在该地区的良好信誉。它适用于消费品中的选购品,尤其适用于具有一定品牌知名度的绿色产品。一方面使生产企业与中间商形成良好的协作关系,取得足够的市场覆盖范围,有利于企业扩大市场,展开竞争;另一方面,又比密集分销成本更低也较易控制。

3. 独家分销

即绿色产品生产企业在某一地区仅选择一家最合适的中间商专门推销其产品。这一策略的重心是控制市场、控制自己和中间商的服务水平,或者是彼此充分利用对方的商誉和经营能力。它多适用于具有特异性的产品,如专利技术、专门用户、品牌优势或特殊品。特别适用于绿色产品中的大件商品(汽车、大型家电等)和某些有特色的品牌绿色产品的分销。通常双方协商签订独家分销合同,规定经销商不得同时经营竞争者的品牌。这一策略能更加有效地对中间商加强控制,因而能有利于提高绿色产品生产企业形象,并增加利润。

(三)规定分销渠道成员的条件与责任

其中最重要的包括价格政策、销售条件、区域划分权以及其他特殊服务等条件与责任。如绿色产品生产企业该给予经销商的供货保证、产品质量保证、退换货保证、价格折扣、广告与促销协助等;对绿色产品经销商而言,则要求其向生产企业提供市场信息和各种业务统计资料,并保证实行协定的价格政策,达到要求的服务水准等。

第三节 绿色产品分销渠道的管理

绿色产品生产企业在选定了分销渠道方案后,接下来就是要加强分销渠道的管理工作。这一工作包括如下几个方面的内容:渠道成员的选择、分类、激励、评估并加以调整。

一、绿色产品分销渠道的分类管理

绿色产品的分销渠道往往是由许多大大小小的不同类型的中间商构成的分销网络。针对不同的中间商,生产企业所采取的管理方式也应该有所不同。

(1)需要对各种渠道类型进行评估,以此确定企业可以选择的中间商类型。对绿色产品生产企业而言,每一种渠道模式都可以从经济、可控性和适应性三个方面加以考察。

从经济性标准看,每一种渠道模式都有其特定的成本和销售额。首要的问题是评判利用企业自己的销售队伍或利用销售代理商,谁带来的销售额更高;随后是评估每一种渠道模式不同销售额的成本。一般来讲,可以通过两者间的损益平衡成本图进行选择。

从可控性标准看,使用销售代理商容易产生控制问题。因为销售代理商是一个独立的机构,以追求自己的利润最大化为目标,它主要关注消费者最想购买的产品,而非企业生产的产品。而且有些销售代理商更注重生产企业所提供利益的多少,将其原有的承诺置之脑后。销售代理商很可能对企业产品的技术细节缺乏兴趣,也不会有效地利用生产者提供的促销资料。

从适应性标准看,主要是考察企业选择的每一种渠道所承担的义务与经营灵活性之间的关系。在市场环境发生变化时,渠道成员的承诺将降低绿色产品生产企业的适应能力。对涉及长期承担义务的渠道选定,应在经济或可控性方面有非常优越的背景时才能予以考虑。

(2)绿色产品分销选择渠道成员。对绿色产品生产企业来讲,选择渠道成员的难度差异很大。有些企业毫不费力就物色到合格的中间商,而有的企业却要费尽周折,这取决于绿色产品生产企业本身的声誉及其产品的畅销程度。但不论如何,绿色产品生产企业都必须明确合格的中间商的选择标准或特征。通常这些特征包括:中间商的从业年限、经营的产品品种及其成效记录、清偿能力、人员素质、声誉好坏、合作态度和发展潜力等。如果中间商是独立的门店零售商,还必须评估其门店的地点、未来发展潜力和经常光顾的顾客类型等。在绿色产品分销渠道成员的选择中,需要特别把握:选择绿色声誉好的中间商;所选择的中间商应是不经营与绿色产品相排斥、对立的产品,而是经营相互补充的产品;其中间商应是对绿色产品认识深刻、有比较全面了解把握的组织(或人员)。

(3)对绿色产品分销渠道进行分类管理。由于绿色产品所具有的某些特性,其分销渠道有多种类型。其管理方式也具有多样化的特点。

一般来讲,绿色产品的分销渠道包括直接渠道与间接渠道两大类。

直接渠道是由生产企业直接销售给消费者,包括上门推销、邮购、直复营销和制造商自有商店等。其中上门推销、邮购和新兴的直销对于越来越追求节省时间和便利性的消费者来讲,应该是非常重要的分销形式。但在销售代理人员素质较低和整个经济生活信用程度很差的情况下,管理难度显著加大,因此其利用率正受到质疑。为此,必须在国家法令的约束下,逐步提升销售代理商的信用水平,降低销售代理风险。相对而言,制造商自有商店(门市部)较受国人的欢迎,对绿色产品的销售来讲,可借用这种销售形式,采用连锁店模式,实施规范经营,逐步提高经营水平。

间接渠道是指通过一个或一个以上的中间商销售产品。它包括一层、二层、三层甚至更多层渠道。对于不同类型的中间商,其管理难度是不一样的。对于绿色产品的销售,中间商的层次相对较少,比较普遍的是一层、二层分销渠道。当然也有例外,如日本的食品分销系统可能有六个层次。从绿色产品的生产企业角度看,渠道层次数目越多,更容易加大成本,对中间商的控制和管理难度增加,向最终用户传递信息也越成问题。因此对绿色产品批发商的管理与控制主要集中在通过专业化的销售与促销、仓储与运输等方面,通过分工,协助生产企业完成其产品向市场的推进。面对绿色产品零售商的管理,则主要表现在为选定的零售机构进行绿色产品技术培训、广告协助、价格目标制定和销售规划等。

二、绿色产品分销渠道成员的评价与激励

(1)对绿色产品分销渠道成员的工作业绩要定期进行评估。一般来讲,评估标准包括:销售配额完成情况、平均存货水平、送货时间、损坏和遗失货物的处理情况、在促销与培训计划方面的合作情况、货款回收状况以及对顾客提供服务的情况等。

一定时期内各中间商所达到的销售额是一项重要的评估指标。其评估方法可以是将各中间商的销售业绩分期列表排名,以此了解各中间商的销售实绩,并作为奖优罚劣的依据。但由于各中间商面临的环境有很大的差异,各自的规模、实力、商品经营结构和不同时期的战略重点不同,用销售额列表排名评估往往不甚准确。因此应在作上述横向比较的同时,辅之以另外两种比较:一是将中间商的销售业绩与前期比较;二是根据每一个中间商所处的市场环境和它的销售实力分别制定出其可能实现的销售定额,再将其销售额实绩与定额进行比较。

但有时,绿色产品的制造商与中间商也存在许多的矛盾,例如,制造商发现自己支付给中间商的报酬比中间商实际所做的要多;制造商给中间商以补贴,鼓励中间商将自己的产品摆放在货柜最显眼的地方,但后来却发现中间商将自己的产品摆放在角落,而将竞争者的产品摆放在最显眼的地方。因此,绿色产品的制造商应该建立类似的制度:完成协议的任务,支付一定的报酬;如果中间商完不成任务,就需要予以建议、重新培训或重新激励,如果还不行的话,也许最好的办法就是终止关系。

(2)要使绿色产品中间商的分销工作达到最佳状态,制造商必须对其进行持续不断的激励。激励渠道成员产生最佳业绩的基础是要了解中间商的需求与愿望,并据此采取有效的激励手段。一般来讲,绿色产品制造商在处理其与分销商的关系时,通常有三种激励方法:合作、合伙与分销规划。

(1)合作。大多数制造商认为,解决问题的办法是应设法取得中间商的合作。为此,要采取"胡萝卜加大棒"的政策,一方面使用积极的激励手段,如较高的利润、交易中的特别照顾、额外奖金、广告与展览、津贴、销售竞赛等;另一方面采取制裁措施,如威胁要减少中间商的利润。推迟交货甚至终止关系等。这种方法的不足是制造商根本不关心中间商的需要、问题、长处和短处,简单地套用"刺激—反应"模式,将众多的激励因素拼凑使用。这种方法必须谨慎使用、否则容易产生较大负面影响。

(2)合伙。一些有经验的制造商努力与其分销商建立长久的伙伴关系。他们清楚地知道在销售区域、市场份额、库存水平、市场开发、寻找客户、技术建议与支持、售后服务

和市场信息等方面都需要中间商的合作,因此他们根据实际可能,与中间商共同商定上述方面的有关政策,并根据中间商遵守政策的程度确定"职能付酬方案"。如:某绿色食品生产商并非直接把40%的酬金付给其分销商,而是完成基本销售任务付25%,保持10天的存货付给5%,按时付款再付5%,提供消费者购买信息再付5%。

(3)分销规划。这是更先进的协议形式,即建立一个有计划的、实行专业化管理的垂直市场营销系统,把生产者与分销商的需要结合起来。具体讲,制造商在公司内设立一个叫"分销关系规划处"的部门,负责确定分销商,制定经销规划,帮助分销商以最佳的方式进行经营。该部门与分销商共同规划经销目标、存货水平、产品陈列计划、员工培训、广告与销售促进计划等,引导分销商认识到他们是垂直营销系统的重要组成部分,做好相应的工作可以从中获得更高的利润。

三、绿色产品分销渠道的调整

设计和建立一个好的渠道,对绿色产品制造商而言,只是完成了整个渠道系统工作的一部分,为了适应市场环境变化,还必须定期对分销渠道进行调整和修改。当消费者购买模式发生变化、市场扩大或缩小、产品市场生命周期的更替、新竞争者加入和新的分销渠道出现时,修改和调整渠道就成为必要。如对于汽车公司来讲,过去都是通过物资系统的渠道经销的,但现在已面临一些新的低成本渠道的挑战。

对制造商而言,有三种形式的渠道调整方案:

(1)增加或减少某一渠道成员。这种调整,需要进行经济增量分析,即考察增加或减少某个中间商,将会对公司利润带来何种变化,程度如何。如某企业决定在某目标市场取消一家批发商,不仅要考虑失去这一批发商可能会带来销售额降低,还要考虑对它的其他经销商的需求、成本和情绪等产生的影响。

(2)增加或减少某一分销渠道。当制造商在某一目标市场只通过增减个别中间商不能解决根本问题时,制造商或许会考虑采取增减某一条分销渠道的做法。有时制造商会考虑取消所有不能达到销售配额的中间商。如某一生产绿色油品的公司注意到它有5%的经销商连续两年没有完成销售配额,相对于公司所提供的服务来讲,显然得不偿失。但取消这些经销商也会给整个市场营销渠道带来巨大的影响。因此做这样的决策,需要广泛地对可能带来的直接、间接反应及效益作系统分析。

(3)改进整个渠道,即对企业以往的分销体系制度作通盘的调整,如一家汽车制造商建立自己的经营机构以取代独立经销商。这类调整难度最大。这类决策要求改变大多数市场营销组合,并将产生深远的影响,因而通常由高管理层决定。

第四节　企业建立绿色产品分销渠道应该注意的问题

一、选择绿色营销渠道应该注意的问题

(1)选择绿色营销渠道,要注意选择在消费者心中具有良好绿色信誉的代理商、批发商和零售商,以便维护绿色产品的形象;同时,加强对渠道成员的绿色观念教育。

(2)选择绿色营销渠道要以回归自然的装饰为标志来设立绿色产品专营机构或专柜,便于消费者识别和购买,尽可能缩短营销渠道,减少长渠道带来污染的可能性等,逐步建立绿色产品的流通网络,同时注意这些网络与网点的"绿色包装"。

(3)选择绿色营销渠道要合理设置供应配送中心和简化供应配送系统及环节。

(4)选择绿色营销渠道要建立全面覆盖的销售网络,不断提高绿色产品的市场占有率。

(5)在选择经销商时注意该经销商所经营的非绿色商品与绿色商品的相互补充性和非排斥、非竞争性,谋求中间商对绿色产品的忠诚度,进而大力推销绿色商品。

二、建立稳定的绿色营销渠道的策略

(1)启发和引导中间商的绿色意识,建立与中间商恰当的利益关系,不断发现和选择热心绿色营销的营销伙伴,逐步建立稳定的营销网络。

(2)注重营销渠道有关环节的工作。为了真正实施绿色营销,从绿色交通工具的选择、绿色仓库的建立,到绿色装卸、运输、贮存、管理办法的制定与实施,认真做好绿色营销渠道的各项基础工作。

(3)尽可能建立短渠道、宽渠道,以减少渠道资源消耗,降低渠道费用。在市场经济条件下,商品从生产者到消费者有多种营销渠道和方式的选择。应根据绿色产品的特殊性,选择不同的分销渠道,确定采用直接分销或间接分销。在采用间接分销时,应确定好分销渠道的长度和宽度,精心挑选有信誉、有良好公众形象、对绿色产品有认识的代理商、批发商品、零售商。利用中间商的销售网络,迅速将绿色产品推广,采取设立绿色系列连锁销售店、绿色产品专卖店、在大商场设立专卖柜台等形式,提高销售覆盖面。销售绿色产品的从业人员,应有较高的素质,才能较好地宣传绿色产品的意义,对推销起到事半功倍的作用。

三、积极开通企业产品绿色通道

所谓绿色通道,是指从满足绿色产品生产、销售和消费的需要出发,通过开辟公路、

铁路、航空及水上常年性绿色产品运输通道,并按照经济合理的原则将其连接起来,发挥各类运输工具的优势,消除不必要、不合理的关卡和收费,在全国范围内甚至在国际上构建高效率、无污染、低成本的绿色产品运输网络和联运系统。

建立和开辟绿色通道,对加快我国绿色产品的产销,促进绿色市场的形成和发展,提高生态环境质量和改善社会生活质量,都具有至关重要的作用。

例如,1987年武汉市有一家经营粮油产品的贸易公司,从深圳某粮油进出口公司进口了一批优质毛豆油,并在武汉市场面市。但在武汉市粮食检验所进行的一次质量抽检中,发现该批毛豆油中含有有毒成分。这一结果很快被市、省乃至中央级新闻媒体公开,一时舆论哗然。该公司受到社会的一致谴责,企业声誉和形象受到极大的损害,经济损失巨大。经过紧急科学检测分析和调查发现,原来是深圳某粮油进出口公司从香港进口的这批毛豆油是盛装在一批曾装载过有毒产品的桶里,虽然这批桶在使用前经过一定的处理,但油桶在运输途中受到一定的碰撞、挤压和其他影响,而且豆油在存放期间与桶中的某些渗出的有害物质发生溶和、产生反应,酿成了这样一起事故。尽管武汉这家公司后来通过法律等途径获得了必要的赔偿,但该事故造成的负面影响恐怕是很难以消除的。

就我国目前来讲,开辟绿色通道工作的重点主要是,制定绿色通道管理办法,形成公路、铁路、航空到水运全方位联运系统和网络;制定绿色产品的运输标准,防止出现"二次污染";研究制定有关的扶持政策,按照国家有关规定消除不必要的关卡和收费,支持绿色通道的发展;制定和发放统一的"环境标志"或"绿色标志"等。

在原铁道部的协助下,1999年1月5日,湛江至北京、东北,至山东寿光,至兰州、乌鲁木齐的三条铁路鲜活菜蔬绿色直达班车正式开通。到年底,三条铁路绿色通道已开行近200列,调运蔬菜、瓜果达1亿公斤以上,初步形成了辐射华北、东北和西北等40多个大中城市的南菜北运新格局。以湛江至哈尔滨等三条铁路果菜通道和湘粤生猪通道为基础,已逐步扩展到形成横贯东西、纵贯南北的大型交通要道和一些区域性交通要道。

【知识链接】

海南热带农产品绿色营销渠道策略

海南省发展外向型热带农业具有较强的优势,热带农产品每年在岛内的销售份额仅占1/4,向岛外销售是其主要的营销方向。如2007年冬季至2008年春季,海南省冬季瓜菜种植面积达231万亩,总产量330万吨,同比分别增长15%和10%;瓜果菜出岛总量达401.56万吨,总产值130.86亿元,同比增长9.61%;出口额29.8万美元,同比增长2.2倍。因此,热带农产品经营者的营销渠道和物流配送主要分布在海南省外。绿色营销能否成功实施,很大程度上取决于绿色营销渠道是否健全。产品产得出、卖得出,实现其应有的价值是农产品绿色营销的根本动力。

一、热带农产品绿色营销及其渠道

(一)热带农产品绿色营销的含义

热带农产品绿色营销是指绿色热带农产品企业在可持续发展观念的要求下,从承担社会责任、保护环境、充分利用资源和长远发展的角度出发,在绿色热带农产品的研发、生产、销售和售后服务全过程中,引导和满足消费者的绿色热带农产品的需求,促进企业的可持续生产,实现企业绿色营销目标,追求企业、消费者和社会三方面的平衡。

热带农产品绿色营销已成为实现可持续发展热带农业的必然选择,是企业参与农产品国际竞争的利器,也是21世纪海南热带农产品进入国际市场的有效通行证。

(二)热带农产品绿色营销渠道的含义

绿色营销渠道是指绿色热带农产品从生产者出发,经过一系列的具有不同职能和名称的中间商,最终到达消费者手中所经过的通道。绿色营销渠道既要确保热带农产品的绿色品质,也要体现绿色理念,维护企业和产品的绿色形象。在选择绿色热带农产品的营销渠道时主要考虑两个因素:①如何使绿色热带农产品快速地进入市场;②必须体现绿色热带农产品的"绿色标志"。

对于鲜活的或大批量的绿色热带农产品,尽量减少渠道长度或采取直销形式,缩短其流通路径和时间,减少绿色品质破坏程度,所以一般应在大型农贸批发市场进行批发或与大型零售店、专业商店签订合同直接销售;对保质期较长的绿色热带农产品,可通过中间商进行分销或利用农民运销协会组织销售,或与各地批发商和加工企业签订合同直接销售。

二、海南热带农产品绿色营销渠道存在的问题

(一)热带农产品的包装单一、物流保鲜技术落后、损耗较大

当前海南从事热带农产品流通的物流企业的技术装备普遍较为落后,物流环节大部分还未能在冷链下运作。并且当前海南热带农业生产分散性大,个体农户经营规模小,再加上海南现有产地市场基本以乡(镇)集市为主,市场集散物流的功能较弱,往往延长了热带农产品货物的组织时间。因而,许多销售商只好直接去生产基地进行采购热带农产品,这样,他们更容易把握好质量,并缩短热带农产品在产地的滞留时间。

(二)绿色营销渠道不健全,热带农产品的运输"瓶颈"尚未彻底解决

目前海南绿色热带农产品市场体系已经初步形成,但营销渠道还十分有限,由于热带农产品产地范围较广,农户经营分散,使绿色热带农产品不能形成统一健全的营销网络和市场体系,在生产者和消费者之间没有建立快捷的营销渠道。

近年来,海南虽然先后开通了海口至北京、海口至上海两条主要的"绿色通道",有效

地扼制了道路"三乱"。然而,这两条"绿色通道"基本上由陆路上的长途货车组成,运费相对较高,周期长、运量小、货物损耗较大,并受到包装、配送和保鲜技术等条件限制,还不能有效解决海南冬季瓜果菜出岛运输难题。基于海南绿色热带农产品对产地和环境的特殊要求,致使其分销渠道的扩展困难,除了少数易运输和保质期较长的热带农产品外,部分热带果蔬和鲜活水产品由于运输困难、极易变质、保存期短而造成产销脱节。

三、海南热带农产品绿色营销渠道的发展对策

热带农产品一般货架期短,易腐烂变质,不耐贮运,为了更好地保证其风味及品质,应大力建设好热带农产品市场流通体系,让热带农产品以最快的速度从产地市场进入流通以减少腐烂损失,实现热带农产品的保值和增值。为此,海南涉农企业应全方位扩展绿色热带农产品营销渠道。具体而言,海南绿色热带农产品生产企业可以依据农产品产业链的延伸和农产品流通环节的多寡,选择以下营销渠道策略:

(一)采取"农户+销售商"的分销模式

即农户成为销售商的绿色热带农产品生产基地。农户根据销售商的要求组织绿色热带农产品生产,由销售商负责销售。例如,海口大润发超市为了保证顾客能够买到新鲜、质优、价平的无公害热带农产品,拟建立自己的无公害热带农产品基地。符合绿色认证条件的产地农户则可以申请成为大润发超市绿色热带农产品基地的成员。

(二)采取"农户+龙头加工企业"的分销模式

即农户与绿色热带农产品加工企业组成一体化经营组织,农户按绿色产品加工企业的要求,为其提供生产绿色热带食品的加工原材料。例如,海南诚利集团鸽业有限公司在自身发展的基础上,本着互利互惠的原则和当地农户签订乳鸽的饲养协议,诚利集团负责提供种鸽、饲养技术服务和回收乳鸽,已在海南省发展3 200户农户饲养乳鸽,其生产的"绿潮牌"乳鸽已获得国家绿色食品认证。同时该集团酒业酿造有限公司利用海南热带水果资源,采用微生态低温发酵工艺酿造技术,开发和生产的椰子酒、红毛丹酒、荔枝酒、菠萝酒、杧果酒和阳桃酒等"南派"系列热带果酒,填补了国内空白,成为国家级的创新产品。"南派"系列热带果酒,以其优良品质,精美包装和热带风情,为果酒市场翻开了新的一页,深受国内外消费者的青睐。2000年11月3日,海南诚利集团有限公司被农业部等八部委评为农业产业化国家重点龙头企业。

(三)采取"绿色通道"的物流模式

"绿色通道"是指从满足绿色产品生产、销售和消费的需要出发,通过开辟公路、铁路、航空及水上常年性绿色热带农产品运输通道,发挥各类运输工具的优势,消除不必要、不合理的关卡和收费,在全国范围内甚至在国际上构建高效率、无污染、低成本的绿色产品运输网络和联运系统。

1996年11月,原交通部、公安部和国务院纠风办(简称"两部一办")联合下发通知,设立海南至北京"绿色通道"。1998年10月,"两部一办"又联合发出通知,决定设立由

海南至上海的"绿色通道"。1998年12月，原铁道部和国内贸易局批准开通了贯通南北的第一条铁路"绿色通道"。近年来，海南的"绿色通道"已形成陆海空立体格局。海南至北京和海南至上海"绿色通道"、海口至上海、大连、秦皇岛等海上运输直达航线及跨海铁路运输通道的交通便利条件，为海南无公害农产品销售四通八达奠定了基础。为此，海南涉农企业应做好热带绿色农产品公路运输的基础上，大力发展运量大、效率高，辐射面广的火车集装箱运输，充分利用粤海铁路开通带来的新机遇，发挥铁路运输的比较优势；同时要关注海运集装箱运输，有效降低物流成本，拓宽运销渠道，提高运输效能，开创海南热带农产品大流通的新局面。

（四）采取博览会的分销策略

举办博览会也是一种有效的绿色直销渠道。博览会为绿色企业和绿色消费者创造直接交易的机会，不但可在短期内达到很高的市场销量，而且有利于宣传绿色产品，扩大社会知名度。2005年12月海南冬季热带农副产品交易会（简称"冬交会"）共签订单925份，总成交金额78.38亿元。本次冬交会突出了"绿色、科技、订单"概念，只允许"无公害"瓜菜进场，不达到"无公害"标准的农产品今后将被市场准入制拒之门外。由于生态省和健康岛的品牌效应，此次海南省供应港澳地区和对外出口订单创下历届冬交会之最。

（五）采取独家分销或选择性分销策略

对于那些具有一定生产规模的绿色热带农产品经营者，可采取这两种策略之一。独家分销策略就是在一定地区只选择一家经销商来负责销售其绿色热带农产品；选择性分销则是在一个地区选择少数几家经销商负责销售其绿色热带农产品。如所选择的经销商必须是具有一定经营的实力、良好的企业形象以及绿色热带农产品的消费群体能经常光顾的卖场。

（六）采取直接分销策略

农产品经营者自己设立绿色热带农产品的专卖店或在大型商场设立经营专柜。例如海口农工贸（罗牛山）股份有限公司实施的"放心食品工程"，目前已开设"罗牛山放心食品连锁店"40家和经营专柜50家，门店遍布海口、三亚等地。该连锁店深受市民欢迎，营业额逐年攀升，取得了良好的经济和社会效益。"罗牛山放心食品连锁经营"项目是海南省唯一的放心食品连锁店营销网络，该连锁店被海南省和海口市政府及相关部门授予"无公害食用农产品专卖店""无公害食品专卖放心店""海南省用户满意企业""海南省用户满意产品"等称号，被全国"三绿工程"工作办公室确定为"争创全国三绿零售市场示范单位"。

（七）采取特许加盟连锁经营的分销策略

即绿色热带农产品的经营者允许他人使用生产企业的企业名称、产品品牌和配送服务等开设特许加盟连锁店，销售生产者的绿色热带农产品，特许加盟连锁店的资本全部由他人投资，但所有特许加盟连锁店实行"统一形象、统一价格、统一标准、统一服务、统一配送、统一管理",即"六个统一"的运营模式。例如海口农工贸(罗牛山)股份有限公司在海口市有30家"罗牛山放心食品连锁店",其中10家是自己经营(直营连锁),另外20家是特许加盟连锁经营。这些特许加盟连锁店只能经销罗牛山热带绿色农产品,并做到"六个统一";但特许加盟连锁店的投资人和经营者却不是罗牛山公司,而是别的企业或个人。被特许方(别的企业或个人)用特许方(罗牛山)的无形资产(企业名称、品牌形象)投入经营,要遵循特许方(罗牛山)制定的放心食品的质量管理体系和经营运作流程;作为回报,被特许方(别的企业或个人)除向特许方(罗牛山)一次性支付特许加盟费50元/平方米,还要缴纳品牌管理费3 000元/年和20 000元品牌质量保证金(期满退还)。

(八)采取电子商务的网络分销策略

随着互联网的普及,网上交易越来越受到消费者的青睐,这也是最符合绿色原则、潜力巨大的绿色营销渠道。为此,海南涉农企业要积极创建自己的电子商务网站,或充分利用专业绿色热带农产品网站,如"中国绿色食品网""中国热带农业信息网""海南大地农业信息网""海南农垦电子商务交易中心"等,搜集并发布绿色热带农产品信息,寻找代理商和经销商,进行网上分销。

网络营销是拓宽分销渠道的有效途径,通过整合网络营销和传统营销能促进海南绿色热带农产品的销售。2002年海南冬季瓜菜产销季节,海口和武汉两地通过"产销直通车"网上交易瓜菜,平均每天实现交易额150万元以上。2003年度,海南农产品电子商务与物流系统已累计实现冬季瓜菜交易额1 500万元。据海南省农业厅统计,2004年海南省直接销往岛外的农产品约500万吨,比2003年增长25%;加工出岛的农产品近150万吨,比2003年增长50%。海南热带农产品的销售市场主要分布在国内大中城市,供货期主要集中在冬春两季。网络营销给海南热带农产品的快速分销带来了巨大的商机,成为传统分销策略的有力补充。在网络经济日趋发达的当今社会,有效整合海南热带农产品的网络营销和传统营销,可以降低分销成本,拓展海南绿色热带农产品营销渠道。

(资料来源 http://www.chinaacc.com/new/287_294_/2010_3_25_wa95221342115 2301021550.shtml)

第九章  绿色产品促销策略

促销(promotion)就是营销者向消费者传递有关本企业及产品的各种信息,说服或吸引消费者购买其产品,以达到扩大销售量的目的。

促销实质上是一种沟通活动,即营销者(信息提供者或发送者)发出作为刺激消费的各种信息,把信息传递到一个或更多的目标对象(即信息接受者,如听众、观众、读者、消费者或用户等),以影响其态度和行为。常用的促销手段有广告、人员推销、网络营销、营业推广和公共关系。

企业绿色营销战略可根据实际情况及市场、产品等因素选择一种或多种促销手段的组合。

【导入案例】

贵州:为绿色优质农产品列出"促销时间表"

新华网贵阳5月12日电(王梅) 贵州省加大绿色优质农产品的市场开拓力度,列出"促销时间表",抓好省内销售市场,打通省外销售渠道,完善海外销售网络,推动贵州绿色优质农产品风行天下。

近日,贵州省政府办公厅印发《贵州省绿色优质农产品促销工作实施方案》,明确建立以"生态鸡"(乌骨鸡、土鸡、绿壳鸡蛋、土鸡蛋)、食用菌、黑毛猪、关岭牛和时令蔬菜、火龙果等水果为代表的贵州绿色优质农产品库。在省内市场销售方面,要在6月30日之前先后举办重点绿色优质农产品进医院、进机关、进企业、进饭店对接活动。8月20日前,省内主要旅游景区旅游购物场所、高速公路服务区商店要设立贵州绿色优质农产品展示销售点。

打通省外销售渠道,主攻广州、上海、北京、重庆等市场,适时辐射珠三角、长三角地区。重点以广州、上海、北京、重庆等核心目标城市和杭州、宁波、苏州、青岛、深圳、大连等对口帮扶城市为突破口,以优质优价充分参与市场自由竞争。7月31日前,在上述城市完成贵州省绿色优质农产品直营体验店或销售窗口设立工作。

在海外营销方面,贵州省将依托9月澳大利亚国际食品展、10月德国科隆国际高端食品与饮料展等国际重点展会,加强对绿色优质农产品的海外推广推介。培育发展绿色

优质农产品出口基地,以东南亚国家为重点,鼓励企业铺设边境贸易营销网络,推动绿色优质农产品出口。

贵州省同时创建以农产品为主的"绿色贵州"区域性产品公共品牌,打响贵州绿色优质农产品公共品牌,推动重点农产品在促销中形成统一品牌。6月30日前,完成贵州绿色优质农产品 VI 设计工作,并在全国和省内重点媒体、各大电商平台、推介展示活动中宣传推广应用。12月31日前,完成10家企业"绿色贵州"品牌认证和10家生态原产地保护产品认证,支持认定驰名商标、著名商标,争创名牌产品,形成10个左右打得出、叫得响的农产品品牌。同时形成一批农产品质量安全可追溯或食品安全云绿色优质农产品生产企业,实现重点绿色优质农产品源头可追溯、流向可跟踪、信息可查询、责任可追究。

来源:新华网　作者:王梅　2017-5-12 15:04:21

第一节　绿色产品促销

一、绿色产品促销的含义

绿色产品促销相对于普通产品,除了一般产品需要采取的手段外,区别主要体现在促销过程中重点突出产品本身"绿色"的信息特点。

二、绿色产品促销的方式

绿色产品促销的基本方式有人员推销、广告、营业推广和公共关系四种类型。

(1)人员推销,是指企业通过派出销售人员与一个或一个以上可能成为购买者的人交谈,作口头陈述,以推销商品,促进和扩大销售。人员销售是销售人员帮助和说服购买者购买某种商品或劳务的过程。

(2)广告,即广而告之之意。广告是为了某种特定的需要,通过一定形式的媒体,公开而广泛地向公众传递信息的宣传手段。广告有广义和狭义之分,广义广告包括非经济广告和经济广告。非经济广告指不以营利为目的的广告,又称效应广告,如政府行政部门、社会事业单位乃至个人的各种公告、启事、声明等,主要目的是推广;狭义广告仅指经济广告,又称商业广告,是指以营利为目的的广告,通常是商品生产者、经营者和消费者之间沟通信息的重要手段,或企业占领市场、推销产品、提供劳务的重要形式,主要目的是扩大经济效益。绿色广告即通过广告对产品的绿色功能定位,引导消费者理解并接受广告诉求。在绿色产品的市场投入期和成长期,通过量大、面广的绿色广告,营造市场营销的绿色氛围,激发消费者的购买欲望。

(3)营业推广是一种适宜于短期推销的促销方法,是企业为鼓励购买、销售商品和劳务而采取的除广告、公关和人员推销之外的所有企业营销活动的总称。

绿色推销与绿色营业推广即通过绿色营销人员的绿色推销和营业推广,从销售现场到推销实地,直接向消费者宣传、推广产品绿色信息,讲解、示范产品的绿色功能,回答消费者绿色咨询,宣讲绿色营销的各种环境现状和发展趋势,激励消费者的消费欲望。同时,通过试用、馈赠、竞赛、优惠等策略,引导消费兴趣,促成购买行为。

(4)公共关系(public relation)是指某一组织为改善与社会公众的关系,促进公众对组织的认识、理解及支持,达到树立良好组织形象、促进商品销售的目的的一系列公共活动。它本意是社会组织、集体或个人必须与其周围的各种内部、外部公众建立良好的关系。它是一种状态,任何一个企业或个人都处于某种公共关系状态之中。绿色公关即通过企业的公关人员参与一系列公关活动,诸如发表文章、演讲、影视资料的播放、社交联谊、环保公益活动的参与、赞助等,广泛与社会公众进行接触,增强公众的绿色意识,树立企业的绿色形象,为绿色营销建立广泛的社会基础,促进绿色营销业的发展。

三、绿色产品促销组合

企业在制定促销策略时,可以单独采用一种方式,也可以将促销手段中的两种或两种以上的促销方式有计划、有目的地综合搭配,协调使用,这就是促销组合。

第二节 绿色产品的广告策略

广告是由明确的主办人发起,通过付费媒体实施的一种非人员沟通方式,是公司用以对目标顾客和公众进行直接说服性沟通的四种主要工具之一。广告有许多作用:长时期内树立组织的形象(机构广告),长时期内建立某一特定品牌的形象(品牌广告),传播有关销售、服务或活动的信息(分类广告),公布某项专门性推销(推销广告)以及提倡某项事业(提倡性广告)。

绿色产品的广告是强调绿色产品"环境友好"的特性广告。所谓"环境友好",指的是可降解、可循环、低污染及节能等特性。绿色产品广告具有一般广告的内涵及特征,但是绿色产品的广告目标及重点、诉求对象和媒体选择都有其独有的特征。

一、绿色产品的广告目标及重点

所谓广告目标是指在特定时期内,对于某特定观众所要完成的特定的传播任务。许多特定的沟通和销售目标都可转让给广告。绿色产品的广告规划的一步就是确定广告目标。这些广告目标必须服从公司已制定的有关绿色产品目标市场及市场组合和营销组合诸决策。这些市场定位和组合战略限定了广告在整体营销规划中必须做的工作。

在我国现阶段,绿色企业在制订绿色产品广告目标时,必须考虑到我国消费者的绿色消费意识及其所处的阶段,绿色产品的特性及其所处的产品生命周期阶段,绿色产品的市场竞争状况等因素。因此,现阶段绿色产品的广告目标包括引导、告知、说服和提醒四个阶段。

绿色产品的引导性广告一般用在绿色需求尚不旺盛、绿色产品市场尚未大规模的形成阶段。在这一阶段,绿色产品的广告目标主要是引导消费者生活环境和生活品质的重视,增强大众的环保意识,从而促进绿色消费行为的产生,培育绿色产品市场。

绿色产品的告知性广告主要用于市场开拓阶段,其目的是向市场介绍绿色产品的特性,例如,产品成分的纯天然性,产品在使用过程中和使用后不会对环境造成危害及污染。

绿色产品的说服性广告在市场竞争比较激烈的阶段十分重要。这一时期,公司的目的在于建立对绿色产品品牌的选择性需求,吸引新顾客,促进绿色产品消费者购买本公司的绿色产品。

绿色产品的提醒性广告通过不断地向消费者灌输本公司的绿色产品的信息,使消费者在重复性地接受过程中,铭记本公司绿色产品的品牌。其目的是保持消费者对该绿色品牌的忠诚,让现有的消费者相信他们购买该品牌的绿色产品的决定是正确的。

二、绿色产品广告的诉求对象

信息传播者要决定对目标观众说些什么,以期产生所希望的反应,可以不同的称之为诉求的主题、构思或独特的推销主题。

(一)诉求的类型

诉求一般可分为三类:

(1)理性诉求:是观众自身利益的要求,它们显示产品能产生所需要的功能利益。它向观众展示产品质量、经济、价值或性能的信息。

(2)感情诉求:试图激发起某种否定或肯定的感情以促使其购买。信息传播者传播带有害怕、内疚和羞愧等要求的信息,以使人们去做该做的事或停止做不该做的事。

(3)道义诉求:用来指导观众意识分辨什么是正确的和什么是适宜的。它常常被用来规劝人们支持社会事业。

(二)诉求对象

一般来说,绿色产品的广告诉求对象主要包括三个方面:

(1)绿色产品。绿色产品是广告诉求的主题。绿色产品广告通常表现绿色产品最重要的绿色特性的信息,例如有利于身体健康、节能、对环境不会造成危害或污染较小等。

(2)绿色文化。在绿色消费意识淡薄、绿色需求不旺时,企业应该把绿色文化作为主要的诉求对象。绿色文化的核心是绿色价值观,它包括人热爱自然、与自然和谐相处的思想观念,追求安全、健康、高品质绿色生活方式等。

(3)企业。企业也是重要的广告诉求对象之一。通过广告,树立良好的企业形象。绿色产品广告向绿色消费者传播有关企业在环境保护、维护生态平衡等绿色行为的信息,赢得公众的好感,从而树立良好的企业形象。

(三)诉求主题

根据绿色广告的诉求对象,绿色产品的广告诉求主题主要包括以下几个方面:

(1)安全、健康、无污染。这主要是表现产品的绿色特性。

(2)舒适、和谐、高品质的生活方式。主要引导公众改变旧有的生活和消费习惯,增强环保意识,注重生活环境和生活品质,增强绿色消费观念。

(3)责任。通过宣传现在人类所面临的资源枯竭,生态环境破坏等,增强公众保护生态环境的责任感,从而转变消费行为。

三、绿色产品的广告媒体选择

媒体选择是有关寻找向目标顾客传达预期次数的展露的、成本效益最佳的途径问题。广告媒体日趋多样化、现代化,从传统的大众传媒(宣传单、报纸、杂志、电视、广播)发展到现在的电子网络媒介。各种不同的传播媒介有其特定的针对性和特点,因而在选择媒体时,要充分考虑各种媒体的特点,结合产品的性质、广告信息接受者的偏好及广告预算水平,选择最适宜的媒介。

在选择绿色产品的媒体时,除了必须了解各类主要媒体在触及面、频率和影响等方面所具备的能力及优缺点,而且还必须考虑以下几个重要的方面。

1. 绿色消费者的媒体习惯

绿色消费者一般都具有较好的经济生活水平,受过良好的教育,注重生活环境和生活品质,追求休闲、健康、安全的生活方式,因此网络、专业性休闲杂志对其有较大的吸引力。

2. 绿色产品所表达的主题

如果所表达的主题是树立一种健康、自然、和谐的高品质生活,那么用电视广告则能达到较好的效果。

3. 绿色产品的类型及特点

如果绿色产品是属于工业用品,具有节能、低污染和安全的技术特性,则适宜采用专业性杂志。

4. 媒体本身的绿色特性

也就是说,所选择的媒体本身应有利于环保或至少不污染环境,不破坏自然和谐,能够高效地使用资源,或者媒体所表达的内容具有宣传环境保护、维护生态平衡的特性。

因此散发宣传单或在风景名胜处竖立一块巨大的广告牌这类方式就不宜采用。

5. 广告费用"绿色"原则

应选择目标顾客涵盖率高、成本又较便宜的媒体来传递绿色信息,尽量节约广告费开支,减少资源的浪费。

第三节 绿色产品的公共宣传策略

公共宣传是一个重要的促销工具,特别是在广告媒体费用居高不下、干扰增多、观众越来越少的情况下,公共宣传是一些公司广泛采用的宣传形式。公共宣传包含"以不付费的方式从所有媒体获得编辑报道版面,供公司的顾客或潜在顾客阅读、看到、听到,以达到帮助实施销售的特定的目的活动"。良好的公共宣传,有时其效果是惊人的。由于绿色产品的促销和宣传应遵循"绿色"原则,应充分节约各种费用和资源,所以公共宣传这种低成本的宣传工具应成为绿色企业广泛采用的宣传方式。

一、公共媒体宣传

(一)公共宣传的任务

现在许多绿色企业建立公共宣传小组对产品促销和形象建立给予支持和协调。公共宣传小组的主要任务除了以不付费的方式得到印刷或广播媒体的编辑位置,用以宣传绿色产品、渠道或人物外,还需完成以下任务:

(1)辅助推出绿色产品。通过组织绿色新产品的技术鉴定会,向目标市场推出公司即将推出的新产品。

(2)辅助成熟产品重新定位。通过挖掘和宣传成熟产品在环保方面的特性,将其定位为绿色产品。

(3)培养对绿色产品的消费意识。通过公共宣传,增强人们对环境的保护意识及责任,从而改变消费习惯。

(4)增强绿色消费者对本公司绿色产品的信任度和忠诚度。通过组织报道来传播绿色信息以建立信任。

(5)树立绿色企业形象。通过参与环保活动及支持环保慈善事业,获得公众(特别是绿色消费者)好感,从而在市场树立企业的绿色形象。

(6)激励销售队伍和中间商。通过绿色公共宣传,企业可以和当地政府或社区建立良好的关系,从而有利于开拓市场,吸引中间商。

(7)降低营销费用。同出版社等、媒体单位及环保组织建立良好的关系,这些组织能够免费为公司做宣传,从而降低营销费用。

（二）公共宣传的主要工具

公共宣传小组通常采用以下几种工具来完成上面所提到的任务：

1. 出版物

公司在很大程度上依赖沟通材料——出版物来接触和影响目标市场。这些出版物包括绿色小册子、文章、视听材料和公司的业务通讯及杂志。在通知目标顾客时，绿色小册子扮演着重要的角色，它告诉绿色消费者产品所具有的绿色特性以及这种产品是如何生产或通过哪种绿色渠道到达目标市场。

2. 事件

绿色企业可以安排特殊事件来吸引对本公司绿色新产品及公司其他事务的注意。这包括新闻发布会、技术鉴定会、展览会及对环保组织或环境工程提供资助等可接触到目标公众的方式。

3. 新闻

公共宣传专家的一个重要职责是发现或创造有关公司、产品及人物的新闻。公共宣传人员不能只有制造新闻故事的技巧，让媒体接受新闻稿件或参加新闻发布会，还需要营销技巧和人际关系技巧。

4. 公众服务活动

公司通过慈善事业，特别是有关保护环境的事业作时间或资金上的贡献，能提高公众对公司的好感。

二、企业绿色行为宣传

企业绿色行为是指企业在生产经营过程中做出的有利于保护生态环境、减少污染，充分节约资源以及有利于健康的一系列活动。这些行为包含了向市场提供绿色产品使用不会或较少污染环境的设备，使用不会对环境造成危害的或可回收的包装，采用绿色技术参与社区的环境保护及建设，支持绿色团体等活动。企业把其所做的绿色行为告知消费者，争取绿色消费者的认同及好感，从而树立良好的绿色企业形象。因此，绿色企业行为宣传的主要目的是树立企业的绿色形象。

绿色企业不仅应承担更多的社会责任，在环保方面做出更多的绿色贡献，而且应该把其所做的绿色贡献及为社会创造或增加的绿色价值告诉消费者，使绿色消费者认同，接受绿色产品中所包含的绿色价值。企业在进行绿色行为宣传时应遵循客观、实在的原则，因为绿色消费者大多数是成熟的、谨慎的、要求严格的消费者，所以在进行绿色行为宣传时，要谨慎，不能有虚假和夸大行为，否则不但不能树立良好的绿色企业形象，反而会"声名狼藉"。

企业进行绿色行为宣传时，应强调这些行为对消费者直接切实可见的利益。尽管绿色消费者关心产品对环境的益处，但他们更关心产品对自己的主要利益。所以善于把绿色行为的利益表述成最直接可见的利益形式，同时让顾客意识到这些行为不仅能提供直接的物质利益而且亦有利于环保,更能增强公众的认同和信任。

还应注意的是企业绿色行为的一致性和连贯性。企业偶尔有破坏或污染环境的行为,一旦这种行为被公众获知,那么长期树立的绿色形象很快就会瓦解。如果企业没有后续的,进一步的绿色行为,公众认为以前的绿色行为只不过是偶尔的、一时的热情,从而无法保持企业在公众中的良好形象。

第四节 绿色产品的促销组合策略

一、绿色产品的促销组合因素分析

绿色企业在选择促销方式及决定促销组合时,受一些因素的影响和制约。这些因素包括:促销目标、市场特点、产品性质、产品的生命周期、产品的价格、分销渠道、促销预算等。

(一)促销目标

在不同的市场环境下,在不同的时期,企业所实施的特定促销活动都有其特定的促销目标。促销目标不同,促销组合也随之变化。例如,在一定时期内,某绿色企业的营销目标是在目标市场上迅速增加绿色产品的销售量,那么,该企业的促销组合就是要强调这种短期效益并为此服务,企业将更多地使用营业推广、人员推销和广告;若企业的营销目标是引导绿色消费方式,则更多地采用广告这一媒介;若企业的营销目标是树立良好的企业形象,以利于长远发展,则侧重于使用企业广告和公共宣传两种促销方式组合。

(二)市场特点

绿色消费者大多具有良好的经济条件和文化水平,一般都集中于大中城市。所以绿色企业在选择促销方式、决定促销组合时宜采用区域性电视广告、公共宣传、营业推广三种方式。

(三)产品性质

产品性质不同,消费者的购买习惯和购买行为及目标群体存在着很大的差距。如果该绿色产品属于纯天然没有受污染等特性的消费品,则其目标顾客是广大绿色消费者,这时宜采用广告这一大众媒介;若该绿色产品属于不会或很少污染和破坏环境的节能型工业用品,其目标顾客分散且数量较少,这时宜采用人员推销这一促销形式。

(四)产品的生命周期

在绿色产品导入期,潜在的绿色消费者对新产品比较陌生,接受能力低,这时促销的目的是将新产品所具有的绿色特性告知顾客,激发绿色需求,则宜采用引导性和告知性广告或人员推销;在产品成长期,消费者对产品已经逐步了解、熟悉,销量和利润上升,同时竞争对手开始进入市场。这时促销的目标是激发顾客的选择性需求,建立品牌偏好则宜采用说服性广告。在产品成熟阶段,产品全面进入市场,销售量的增长速度开始减慢,需求基本饱和,竞争者很多,但竞争态势比较稳定。在这一阶段,促销的重点是保持原有的顾客,提高顾客的忠诚度,树立企业的绿色形象,则侧重于采用提示性的企业形象广告,配合使用公共宣传媒介。在产品衰退阶段,这时应逐步削减促销预算,一般把营业推广作为重点,配合少量的提示性广告。

(五)产品的价格

对于价格低廉的日用消费的绿色产品,利润较低,需要大批量销售,采用广告效果好。对于价格较高的工业用绿色产品,则宜采用人员推销方式。

(六)分销渠道

如果绿色产品是工业用品,企业采用直接销售的方式,那么企业多采用人员上门访问推销的方式;日常消费的绿色产品,销售渠道较长,则通常采用广告促销方式。

(七)促销预算

由于绿色产品促销预算必须遵循"绿色原则",尽量节省和充分利用资源,所以不宜采用大量的电视广告形式,应多采用公共宣传的促销方式。

二、绿色产品的促销组合策略

企业的促销策略包括推式策略和拉式策略两种。

推式策略是指利用推销员把产品推销给中间商,中间商再把产品推销给消费者;拉式策略是指企业针对最终消费者,花费大量资金从事广告促销活动,以增加产品的需求,消费者向零售商要求购买产品,从而又促进中间商向企业购买产品。

企业是选择推式还是拉式策略来创造销售,对促销组合也具有重要的影响。

促销组合策略受一系列因素影响,诸如产品类型、市场类型特点、促销目标、产品生命周期等。然而在讨论促销组合策略选择时,最主要的考虑因素是产品类型。

绿色产品按环保特性划分为没有受污染的纯天然产品、节能的产品及对环境不会造成污染或危害的产品等三种产品类型。根据实际市场状况,结合目标顾客的类型,绿色产品可进一步主要划分为:①没有受污染的、纯天然的日常消费品;②节能的、不会对环境造成污染或危害的耐用消费品;③节能的、不会对环境造成污染或危害的工业用品。图9-1是针对绿色产品的类型所制定的促销组合模型。

由于绿色产品的促销应遵循"绿色原则",节约和充分利用资源,所以广告的使用幅度比一般商品要小。绿色消费者大多数文化层次较高,购买商品时充满理性,所以一般的营业推广如购买折扣、优惠券、有奖销售等对其吸引力不大、促销效果不佳,所以采用的幅度比一般商品要小。相反,企业绿色形象及行为的公共关系这一促销方式采用幅度比一般商品要大。当然,促销组合还应遵循两个重要原理:一是对于消费者来讲,其促销的主要工具应是广告;二是对于工业用品来说,其促销的主要工具应是人员推销。

第十章 绿色营销评价体系

绿色产品及绿色营销都是一个相对概念,是在与传统产品(营销)的比较中来进行确认的。由国际公认的权威组织建立起统一的评价标准,对企业的绿色产品及绿色营销进行评判和检验,是促进企业实施绿色营销的重要之举。本章主要介绍国际标准化组织颁布的ISO14000环保认证标准;对绿色产品等级进行评判的评价体系和量化分析模型;以及对企业实施绿色营销的效益评价。

【导入案例】

《绿色产品评价通则》等334项国家标准发布

日前质检总局、国家标准委批准发布《绿色产品评价通则》《机织婴幼儿床上用品》等334项国家标准,主要涉及百姓生活、公共安全、生态文明、信息技术等方面。

据悉,《绿色产品评价通则》明确提出绿色产品概念,即"全生命周期过程中,符合环境保护要求,对生态环境和人体健康无害或危害小、资源能源消耗少、品质高的产品"。该标准为下一步整合目前分头设立的环保、节能、节水、循环、低碳、再生、有机等单项体系奠定基础。

《机织婴幼儿床上用品》国家标准针对36个月及以下婴幼儿使用的机织类床上用品的安全性、理化性能、外观质量和工艺质量4个方面提出要求,标准中优等品的耐汗渍色牢度、耐水色牢度指标比强制性国家标准提高0.5级,标准要求耐久性标签应缝制于不与皮肤直接接触的位置,以防擦伤婴幼儿皮肤。

新版《轻型汽车能源消耗量标识》将标识范围从传统燃油汽车扩展到新能源汽车,填补新能源汽车能耗标识空白,推动提升新能源汽车节能水平,并针对消费者普遍反映综合工况燃料消耗量与实际消耗差别较大问题,突出市区工况燃料消耗量值标识,强化消费引导。

值得关注的是,此次还发布了《地震震级的规定》《地震应急避难场所 运行管理指南》两项基础标准,以及《中小学校地震避险指南》《医院地震紧急处置》两项具体场所应急标准。特别是《中小学校地震避险指南》对中小学校制定地震避险预案、开展地震避险知识教育和地震避险演练,以及震时避险和震后疏散方法都作了详尽规定,可以有效促

进中小学校防震减灾工作开展,最大限度地保护学生和教职工生命安全。(陈坚)

【资料来源:2017 年 06 月 08 日 11:35:58 新华网】

第一节　ISO14000 环保认证标准

1993 年,国际标准化组织(ISO)成立了环境管理标准技术委员会(SIO/TC207),将环境管理工作纳入国际标准化的轨道,颁布了 ISO14000 系列标准。ISO14000 系列标准的宗旨是通过建立、实施一系列环境管理体系,达到"全面管理,污染预防,持续改进"的目的。其中 ISO14000 环境标准制度,则是通过环境标志对企业的环保行为加以确定,以推动有益于环境的产品的发展,达到企业自觉改善环境、保护环境的目的,我国是 ISO/TC207 的成员之一,1995 年成立了全国环境管理标准化技术委员会和中国环境管理体系认证指导委员会,实施 ISO14000 环境指标的认证工作。1996 年 12 月将 ISO14000 系列标准等转化为国家标准,通过认证的企业可获得"绿色"标志。

一、ISO14000 系列标准及其特点

(一)ISO14000 系列的基本框架与内容

ISO14000 是一个国际环境管理系列标准,即"是一项关于某个组织与实施、维持或完成其涉及大气、水质、土壤、天然资源、生态等环境保护方针有关的包括计划、运营、组织、资源等整个管理体系标准"。其内容主要包括:环境管理体系,环境审计,环境标志,环境行为评价,生命周期评定及术语、定义等。

ISO14000 标准有 50 个标准号和 51 个备用标准号,50 个标准号从 ISO14000 ~ ISO14049;51 个备用标准号从 ISO14050 ~ ISO14100。目前公布的有:《ISO14001:环境管理体系——规范及使用指南》《ISO14004:环境管理体系——原则、体系和支撑技术通用指南》《ISO14010:环境审核指南——通用原则》《ISO14011:环境审核指南——审核程序——环境管理体系审核》《ISO14012:环境审核指南——环境审核员资格要求》《ISO14040:生命周期评估——原则与框架》等。

ISO14000 是适合于一切工矿企业、各个部门和机构的新的环境管理体系。它不解决绝对的量化标准问题、技术问题和产品标准的问题,主要解决是否符合环保法规,是否和承诺一致的问题。因此,无论发达国家还是发展中国家,无论什么单位实施 ISO14000 系列标准都是可行的。

(二)ISO14000 的特点

这一系列标准与我国制定的 364 个环境质量、污染排放等标准不同,是一个在国际

上通用的标准,是一个管理性标准,它具有如下特点:①以消费者行为为根本动力;②自愿申请,不带任何强制性;③没有绝对量的设置,以各国的法律、法规要求为基准;④强调持续改进和污染预防;⑤是一个管理体系,注重体系的完整性;⑥强调了生命周期思想的应用。

二、ISO14000 认证工作

(一)申请和认证的程序
(1)企业要在有关机构指导下建立起有效的环境管理体系(EMS);
(2)向认证机构提出申请;
(3)认证机构对企业进行评估、修改、审计;
(4)审查合格,发证。

(二)ISO14000 证书
ISO14000 证书主要证明申请企业已经建立了有效的"环境管理体系"(EMS)。这是一套一般性的、适用于所有工业的资源管理工具,企业可在系统框架下制定环保政策,确定环保任务、责任和做法,也可向员工提供训练、组织、规划。

ISO14000 系列与 ISO9000 系列标准有所不同:前者证明企业拥有有效的环保管理体系;后者证明企业的产品或服务已达到一定的质量;另外 ISO9000 系列是购买者对供应商的要求,而 ISO14000 主要由企业内部推动。

三、我国 ISO14000 系列认证工作情况

(一)认证机构的建立
(1)国家环境保护及环境管理体系审核中心(CCEMS)。
(2)全国环境管理标准化技术委员会。
(3)中国环境体系认证国家指导委员会。

(二)开展试点工作
1996 年 8 月 8 日,原国家环保局发出《关于开展环境管理体系 ISO14000 认证试点的通知》。国家环境保护局环境管理体系审核中心于同年 9 月 12 日赴青岛、厦门和上海,开始进行第一批 ISO14000 环境管理体系(EMS)认证审核工作。

1996 年 8 月 19 日,原国家环保局派员出席厦门市政府召集的宣传贯彻 ISO14000 会议,厦门市长洪永世宣布:把厦门建成全国环保示范城市,全面开展 ISO14000 认证试点工作。

1997 年 1 月 22 日,原国家环保局举行新闻发布会,宣告首批四家企业通过 ISO14001 认证;并在会上向这四家企业颁发证书,这四家企业是:厦门 ABB 开关有限公司、上海高桥 BASF 分散体有限公司、海尔集团公司和北京松下彩色显像管有限公司。

第二节 绿色产品的评价指标

一、绿色产品的评价指标

严格地讲,完全符合环境要求,对环境绝对不造成不良影响的产品是很少见的。因此,所有实施绿色标志的国家都公认,一种具有绿色标志的产品只是相对于其他功能相当的同类产品对环境的影响或危害较少些。而鉴定产品在环境影响方面的差异,需要对产品的整个生命周期即从原料、生产、销售(包括包装、运输)使用到后处置的全过程进行环境影响分析,以找出产品总的环境影响。国外已实施绿色标志的许多国家,为了选择环境标志产品种类和制定获得环境标志必须满足的标准通常采取如下步骤:

(1)产品种类选择;
(2)对初选产品种类进行产品整个生命周期的环境影响评价;
(3)建立恰当的考核产品环境性能的标准值;
(4)产品种类范围的精选。

其中对初选产品进行产品整个生命周期的环境影响评价是选择产品种类和制定绿色标志产品标准的依据,也是实施绿色标志的关键与核心。

二、建立绿色产品评价指标体系的基本原则

建立指标体系是一项较为复杂的工作,为了达到科学性、规范性和能在大范围内使用的目的,其建立必须遵循一定的原则:①目的性原则;②系统全面性原则;③科学性原则;④动态与静态相结合原则;⑤定量与定性相结合原则;⑥简明性、可比性和可操作性原则;⑦独立性原则;⑧侧重性原则。

三、绿色产品的评价指标

指标体系的确定是绿色产品评价的首要问题,根据绿色产品的评价标准,绿色产品的指标体系应包括资源利用指标、能源利用指标、环境状况指标及经济状况指标四大体系;每一指标都是由复杂的多元参量组成。具体如下:

(1)经济状况指标包括:社会成本、用户成本、生产成本等。
(2)能源利用指标包括:能源利用率、能源类型等。
(3)资源利用指标包括:人力资源、设备资源、材料资源等。
(4)环境状况指标包括:噪声污染、固体物污染、水体污染物、大气污染。其中水体污染物包括重金属和有机、无机及生物等。

按照建立绿色产品评价指标体系的基本原则,结合绿色产品的特征要求,在国际环境 ISO14000 体系及国家质量技术监督总局颁发的环境标准体系的指导框架下,根据评价目的,对评价总指标进行多层次分解(分组),排列成倒立树状目标层次结构,由评价总指标到下层指标,逐渐分解到下层子指标。原始数据只需要知道最下层子指标的数据就可以了。一个指标进行分解,是为了得到更具体的指标,以便进行量化,分解到一般可以计量的子指标时,分解就可以停止。因为一般突变系统某状态变量的控制变量不超过 4 个,所以,相应地一般各层指标(单指标的子指标)分解到不要超过 4 个。

这样,绿色产品的评价指标体系就是一个由目标层、准则层、指标层及分指标层构成的层状体系,其中目标层由准则层加以反映;准则层则由具体评价指标加以确定。

四、现行绿色产品的制造评价指标

为落实《工业和信息化部办公厅关于开展绿色制造体系建设的通知》(工信厅节函〔2016〕586号)要求,便于企业申报绿色设计产品时查找相关标准,现补充现行17项绿色设计产品评价标准文本,以供参考。具体见表10-1。

表10-1 现行绿色设计产品评价标准文本

序号	标准名称	标准编号
1	生态设计产品评价规范 第1部分:家用洗涤剂	GB/T 32163.1-2015
2	生态设计产品评价规范 第2部分:可降解塑料	GB/T 32163.2-2015
3	生态设计产品评价规范 第3部分:杀虫剂	GB/T 32163.3-2015
4	生态设计产品评价规范 第4部分:无机轻质板材	GB/T 32163.4-2015
5	绿色设计产品评价技术规范 房间空气调节器	T/CAGP 0001-2016,T/CAB 0001-2016
6	绿色设计产品评价技术规范 电动洗衣机	T/CAGP 0002-2016,T/CAB 0002-2016
7	绿色设计产品评价技术规范 家用电冰箱	T/CAGP 0003-2016,T/CAB 0003-2016
8	绿色设计产品评价技术规范 吸油烟机	T/CAGP 0004-2016,T/CAB 0004-2016
9	绿色设计产品评价技术规范 家用电磁灶	T/CAGP 0005-2016,T/CAB 0005-2016
10	绿色设计产品评价技术规范 电饭锅	T/CAGP 0006-2016,T/CAB 0006-2016
11	绿色设计产品评价技术规范 储水式电热水器	T/CAGP 0007-2016,T/CAB 0007-2016
12	绿色设计产品评价技术规范 空气净化器	T/CAGP 0008-2016,T/CAB 0008-2016
13	绿色设计产品评价规范 纯净水处理器	T/CAGP 0009-2016,T/CAB 0009-2016
14	绿色设计产品评价技术规范 卫生陶瓷	T/CAGP 0010-2016,T/CAB 0010-2016
15	绿色设计产品评价技术规范 木塑型材	T/CAGP 0011-2016,T/CAB 0011-2016
16	绿色设计产品评价技术规范 砌块	T/CAGP 0012-2016,T/CAB 0012-2016
17	绿色设计产品评价技术规范 陶瓷砖	T/CAGP 0013-2016,T/CAB 0013-2016

五、绿色产品的标准认证、标识体系的意见

2016年国务院办公厅印发《关于建立统一的绿色产品标准、认证、标识体系的意见》（以下简称《意见》），就贯彻落实《生态文明体制改革总体方案》提出的"建立统一的绿色产品体系"做出部署。

《意见》指出，要以供给侧结构性改革为战略基点，坚持统筹兼顾、市场导向、继承创新、共建共享、开放合作的基本原则，充分发挥标准与认证的战略性、基础性、引领性作用，创新生态文明体制机制，增加绿色产品有效供给，引导绿色生产和绿色消费，全面提升绿色发展质量和效益，增强社会公众的获得感。到2020年，初步建立系统科学、开放融合、指标先进、权威统一的绿色产品标准、认证与标识体系，实现一类产品、一个标准、一个清单、一次认证、一个标识的体系整合目标。

《意见》明确了7个方面重点任务。

一是统一绿色产品内涵和评价方法，基于全生命周期理念，科学确定绿色产品评价关键阶段、关键指标，建立相应评价方法与指标体系。

二是构建统一的绿色产品标准、认证与标识体系，发挥行业主管部门职能作用，建立符合中国国情的绿色产品标准、认证、标识体系。

三是实施统一的绿色产品评价标准清单和认证目录，依据标准清单中的标准实施绿色产品认证，避免重复评价。

四是创新绿色产品评价标准供给机制，优先选取与消费者吃、穿、住、用、行密切相关的产品，研究制定绿色产品评价标准。

五是健全绿色产品认证有效性评估与监督机制，推进绿色产品信用体系建设，运用大数据技术完善绿色产品监管方式，建立指标量化评估机制，公开接受市场检验和社会监督。

六是加强技术机构能力和信息平台建设，培育一批绿色产品专业服务机构，建立统一的绿色产品信息平台。

七是推动国际合作和互认，积极应对国外绿色壁垒。

《意见》提出了4项保障措施。一是加强部门联动配合，建立绿色产品标准、认证与标识部际协调机制，统筹协调相关政策措施。二是健全绿色产品体系配套政策，加强重要标准研制，建立标准推广和认证采信机制，推行绿色产品领跑者计划和政府绿色采购制度。三是营造绿色产品发展环境，降低制度性交易成本，各有关部门、地方各级政府应结合实际促进绿色产品标准实施、认证结果使用与效果评价，推动绿色产品发展。四是加强绿色产品宣传推广，传播绿色发展理念，引导绿色生活方式。

参考资料

[1] 万后芬主编:《绿色营销》,高等教育出版社,2006年。

[2] 刘敏主编:《绿色消费与绿色营销》,清华大学出版社,2012年。

[3] 卢升高主编:《环境生态学》,浙江大学出版社,2006年。

[4]《绿色农业营销与贸易理论》,人民出版社,2014年。

[5]《绿色企业文化》,ttps://baike.baidu.com/item//3451763？fr=Aladdin。

[6] 王梅:《贵州:为绿色优质农产品列出"促销时间表"》新华网. http://news.eastday.com/eastday/13news/auto/news/china/20170512/u7ai6766872.html2017-5-12 15:04:21。

[7]《绿色营销的评价体系》,http://www.360doc.com/content/17/1024/15/48802481_697722875.shtml。

[8]《现行绿色设计产品评价标准》,文本发布时间:2017-03-17 来源:节能与综合利用司。

[9] 国务院办公厅印发《关于建立统一的绿色产品标准、认证、标识体系的意见》国务院网[引用日期2016-12-08]。

[10] 张红明、张文惠:《绿色消费行为研究:回顾展望》,发布时间:2015/07/03 来源:《战略决策研究》。

[11] 黄祖庆主编:《逆向物流管理》,浙江大学出版社,2010年。

[12] 蒙吉军编著:《综合自然地理学》,北京大学出版社,2005年。

[13] 李龙熙:《对可持续发展理论的诠释与解析》,《行政与法》,2005年第1期。

[14] 钱俊生主编:《科技新概念》,中共中央党校出版社,2004年。

[15] 北京新起点学校MBA联考命题研究组编:《管理实践热点、动态简介》,中国建材工业出版社,2001年。

[16] 刘芃岩主编:《环境保护概论》,化学工业出版社,2011年。

[17] 李龙熙:《对可持续发展理论的诠释与解析》,《行政与法》,2005年第1期。

[18]《绿色营销渠道》,http://wiki.mbalib.com/wiki/。